版权声明

Coffee with Freud by Brett Kahr

Copyright © 2017 by Brett Kahr

Authorised translation from the English language edition published by Routledge, a member of the Taylor & Francis Group, LLC.

All rights reserved. No part of this book may be reprinted or reproduced or utilised in any form or by any electronic, mechanical, or other means, now known or hereafter invented, including photocopying and recording, or in any information storage or retrieval system, without permission in writing from the publishers.

Copies of this book sold without a Taylor & Francis sticker on the cover are unauthorised and illegal.

保留所有权利。非经中国轻工业出版社"万千心理"书面授权，任何人不得以任何方式（包括但不限于电子、机械、手工或其他尚未被发明或应用的技术手段）复印、拍照、扫描、录音、朗读、存储、发表本书中任何部分或本书全部内容（包括但不限于光盘、音频、视频等）。中国轻工业出版社"万千心理"未授权任何机构提供源自本书内容的电子文件阅览、收听或下载服务。如有此类非法行为，查实必究。

Coffee with Freud

与弗洛伊德的咖啡漫语
一场跨越时空的对话

[英]布雷特·卡尔（Brett Kahr） 著

段涤非 译

张沛超 审校

中国轻工业出版社

图书在版编目（CIP）数据

与弗洛伊德的咖啡漫语：一场跨越时空的对话／（英）布雷特·卡尔（Brett Kahr）著；段涤非译． 北京：中国轻工业出版社，2025.7． -- ISBN 978-7-5184-4820-3

Ⅰ．K835.215.1；B84-065

中国国家版本馆CIP数据核字第20255UB047号

责任编辑：林思语　　责任终审：张乃东
策划编辑：林思语　　责任校对：刘志颖　　责任监印：吴维斌

出版发行：中国轻工业出版社（北京鲁谷东街5号，邮编：100040）
印　　刷：三河市鑫金马印装有限公司
经　　销：各地新华书店
版　　次：2025年7月第1版第1次印刷
开　　本：710×1000　1/16　印张：22.5
字　　数：330千字
书　　号：ISBN 978-7-5184-4820-3　定价：138.00元
读者热线：010-65181109
发行电话：010-85119832　010-85119912
网　　址：http://www.chlip.com.cn　http://www.wqedu.com
电子信箱：1012305542@qq.com
版权所有　侵权必究
如发现图书残缺请拨打读者热线联系调换
231080Y2X101ZYW

献给 J. 和 R.，
致以最浓烈的深情与爱意

……春天很美，爱亦如是。

西格蒙德·弗洛伊德教授致
希尔达·杜利特尔（Hilda Doolittle）的信
1936 年 5 月 24 日
（Freud，1936b，p.180）

审校者序

心灵咖啡与茶

咖啡和茶差不多是我每天的"续命还魂水"。午后的咖啡是不可缺的,但茶可以陪伴我一整天,甚至是在与来访者工作的时候。按照弗洛伊德的说法,这应该是口欲期的满足;按照温尼科特的理论,这或许是"过渡性客体"?

在世界各地的精神分析从业者的书架上,占有率第一高的毫无疑问是这个传统的缔造者——弗洛伊德的著作。每当我有机会到精神分析同行的书房做客,一个必不可少的任务就是去看看他们的藏书。毫无疑问,厚重的弗洛伊德全集总会毫不意外地出现在显眼的地方,有些老者甚至拥有两套,因为第一套因年代过于久远已经成为适合陈列的古董。占有率第二高的你猜是哪位?这里把近乎所有的精神分析流派,甚至荣格学派都算在内,答案是温尼科特。同安娜·弗洛伊德和梅兰妮·克莱因不一样,唐纳德·温尼科特是位地地道道的英国人。而他的书早已跨过英吉利海峡和广阔的大西洋,出现在世界各地的精神分析学人的书架上。我一直有个计划,就是去维也纳和伦敦旅游。走一走弗洛伊德走过的路,吹一吹温尼科特吹过的风,但因全球大流行病推迟了这个计划,到现在这些都还是个未实现的梦想。好在有《与弗洛伊德的咖啡漫语》(*Coffee with Freud*)和《与温尼科特的茶会闲谈》(*Tea with Winnicott*)这两本书让我仿佛抵达了那个时空,甚至能感受到与两位大师同在,闻到咖啡和茶的香气。

坊间有关弗洛伊德和温尼科特的一手及二手著作汗牛充栋。弗洛伊德的全集尽管没有全部汉译,但以我个人的印象也出了十之七八。格外核心的著作，比如《梦的解析》(The Interpretation of Dreams)拥有几十个中文译本，从德文直接翻译过来的也已经有三种。至于温尼科特我则更为亲切，因为在十多年前温尼科特尚不如今日流行的时候，我参与过他的一部重要理论著作《人类本性》(Human Nature)的翻译。近些年来，有关弗洛伊德和温尼科特的导论性著作，如雨后春笋般涌现，令人应接不暇，这不可不谓是学人之福。

但是这些著作很难让我们体察到二位大师的生活。作者的文风尽管是人格的一种展现，但远非全部。弗洛伊德的文风是清晰而深刻的，你能在阅读的时候获得层层深入的理论快感；温尼科特的文风是亲和、如师在侧的，因为其著作大部分是面向大众的演讲集整理而成的。为了获得对大师生平的理解，我们需要阅读其传记，好在弗洛伊德传记中的几种，以及温尼科特的最为重要的传记都已经有中文译本。

但这些著作的特点是，告诉我们事实，而我们同事实的对话，需要我们自己完成。那么有没有既以曲径通幽的方式展现大师们的生平，又满足初学者的"八卦"心态的著作呢？那就是摆在各位面前的《与弗洛伊德的咖啡漫语》和《与温尼科特的茶会闲谈》，其各自都是独一无二的著作，甚至可以说是前无古人，后无来者。

说"前无古人"，是由于其体裁的新颖。虽然对话体其实是历史最为悠久的文体之一，柏拉图的对话录、中医学的基础经典《黄帝内经》都是对话体。但这种体裁的写作难度颇大。用精神分析的术语来说，这种文体对心智化（mentalization）的要求很高。如果是创作剧本，那么设想虚拟人物之间的对话尚且有足够的自由度，但是设想自己与一个真实的历史人物对话就不能天马行空，毕竟这两位人物去世不算很久且有大量著作流传。况且，如果这种对话的目的是使读者似乎抵达了现场，获得旁观旁听的效果，那就不得不思考：读者需要了解什么？有什么内容是如我们一般的读者好奇，而没有其他的了解渠道的？所以既要尊重史实，又要与读者充分共情的对话体恰恰是最难的。我很好奇作者的撰写过程，是一边撰写一边查阅资料丰富内容并修改细节呢？还是犹如扶乩一般，观想出栩栩如生的弗洛伊德和温尼科特并与之对话，然后再记录下来？

论"后无来者"，我觉得也并不夸张。我幸运地与直接被克莱因、比昂、弗洛姆分析过的人有过交往，所以多少能隔着一个人感受到这些教材中的人物的生活。但是弗洛伊德已经去世多年，温尼科特也差不多。为了获得对这二位的生活的直观体验，作者需要能够接触到足够多的与这二位有个人交往的人士。所幸布雷特·卡尔（Brett Kahr）教授有这样难得的机缘，如作者在本书末的致谢所述，除了能接触到多个弗洛伊德博物馆、档案馆的文物，他也设法访问了弗洛伊德在世的后代们。至于温尼科特，作者曾与其生前的秘书多次交谈。所有这些难得的机缘，随着岁月的流逝将变得不可重复。这也使得这两本书对弗洛伊德和温尼科特的模拟与再现，基本上达到了"起死回生"的效果。

由于几乎在同一时间审阅这两部著作的译稿，我得以对照比较二者的内容和文风的区别。《与弗洛伊德的咖啡漫语》充满了当年维也纳的诸多细节，从衣着到吃喝，再到弗洛伊德威严的腔调，让我很多时候都感觉身临那次访谈所发生的咖啡馆，乃至闻到咖啡及酒品的气味。文中的弗洛伊德会情不自禁地使用德语俚语，这完全不是作者在卖弄他的德语。对弗洛伊德而言，他的思维是德语式的，即便他可以流利地使用英语。但是这增加了翻译的难度，译者段涤非不厌其烦地将德语设法译出，并且竭尽所能地添加译者注以方便读者理解。而《与温尼科特的茶会闲谈》一书，则呈现了完全不同的风格，温尼科特亲和但略带拘谨，这样的风格与我所了解的温尼科特是高度吻合的。为了方便读者理解细节，译者唐可也尽可能地添加了有益的译者注。同一个作者，需要带入两种非常不同的想象对话，这不得不令人佩服，我猜想作者的临床能力毫不逊色于写作能力。

我一边喝着咖啡，一边品着茶，反复审读了这两部书稿，在突触间产生了难以名状的愉悦，是时候把这份快乐与各位共享啦！

张沛超

2024年4月于中国深圳

译者序

喜欢读书的人常有一个共识，即读书是与古今中外的杰出人物进行跨时空对话。本书作者布雷特·卡尔（Brett Kahr）则更为直接地将这种对话变成了"现实"。卡尔博士对研究作为一个"人"的西格蒙德·弗洛伊德有着极大的热情，并且他也有机会接触到一些直接与弗洛伊德打过交道的人，他从这些不同的人那里获得了有关弗洛伊德的第一手资料。因此我们可以相信，这本书中"想象的非虚构"采访，确实能够让我们有机会更接近弗洛伊德本人。

作为一名资深的临床心理学家，同时也是精神分析传统之下的学习者和实践者，作者能够与弗洛伊德进行这样一场"对话"，无疑是幸福的。但正如卡尔博士所提到的，研究弗洛伊德的书和文章的人已经不计其数，甚至有人以天为单位研究过这位伟大的精神分析开创者。我们为什么需要另外一本关于弗洛伊德的书呢？作者用这本书给出了答案，他以一种不同寻常的方式向我们提供了一幅弗洛伊德的肖像画，虽然不足以描绘弗洛伊德的生活和精神分析的方方面面，但是能让我们以一种更为"人性"、更有温度的方式接触弗洛伊德。当我沉浸在这次采访当中时，似乎也更能够近距离地去体会弗洛伊德的天才性及其敢于挑战传统、敢于正视真实人类的勇气。所以，这个邀请弗洛伊德教授回到维也纳喝咖啡的机会非常值得珍惜！

19世纪与20世纪之交的维也纳，在思想、文学、艺术及学术方面可谓"群星闪耀"，弗洛伊德和他的精神分析是其中最闪亮的星星之一。咖啡馆在今天听起来或许更多地与休闲或者需要提神醒脑的工作有关，但是在彼时的维也纳，咖啡馆则是知识分子们社交、交流思想的重要场所。维也纳的"咖啡馆文化"也为很多人所乐道。作者在这本书中向我们展露了这种大环境的一角，包括咖啡馆的氛围，一些有趣的咖啡和菜品，等等。像一篇时光旅行日志一样，本书让我们能够更生活化地去体验精神分析诞生的那个时代。

从弗洛伊德这样一位心理学大师身上，我们能够学到的远远不只是静态的知识和理论，他关于真实的人性、关于人类苦难的思考过程也能够让我们学到很多。这也是为什么很多史学家热衷于研究伟人的生活。在这本书中，同样可以看到卡尔博士作为一个精神分析实践者和精神分析历史学家的思考模式。通过呈现弗洛伊德所生长的环境、所接受的教育、所面临的19世纪传统精神医学的挑战……让我们更加近距离地体验和了解精神分析被创立的初衷，即希望真的看到人本身、看到人类不同的真实方面。

近些年来，"工具人"一词更多地为人所知，这也反映着人们在当今社会的生活中对于自身作为人本身的重视和思考，同时也让我们看到，在弗洛伊德逝世的一个多世纪之后，人类对于人性的思考也从未停止。当然，不论在弗洛伊德同时代，还是后世的很长时间当中，对弗洛伊德的批评也一直存在，比如将性放在其精神病理学的核心位置是弗洛伊德时常被批评的一个方面。诚然，弗洛伊德的这些思考有一定的历史局限性，但是在弗洛伊德之后，在精神分析的传统中，有更多精神分析师不断扩展着精神分析对人性理解的"版图"，也确实让我们看到了人类更为丰富的精神生活。在这个过程中，愿意对人性、对人类的内心世界保持好奇和开放的态度，是一直被传承下来的重要内容。正是带着这样的好奇心和开放性，精神分析也才能在一个多世纪之后的今天仍然在不同的领域焕发生命力。

除了对于弗洛伊德和精神分析的"近距离"体验，在翻译的过程中，我还欣喜于书中的一些很可爱的小细节，比如作者以德语原文的形式呈现了兰特曼咖啡馆（Café Landtmann）给弗洛伊德挑选的菜品和咖啡，仿佛想要将这些菜品和咖啡本来的风味呈现在我们面前；以及伟大的弗洛伊德教授在发现自己可以吃喝之后，马上想起并坚持自己的另外一个爱好——雪茄，并有些惋惜地抱怨现代人不会享受雪茄所带来的乐趣，像是一个找到心爱玩具的孩童；以及弗洛伊德在谈及自己的家人，谈及过世的女儿、妹妹，谈及他所处时代对于人类所遭受苦难的深刻共情时，都很让人动容……更多有趣的部分大家可以在书中去发现。

总之，这是一本很可爱，读起来很轻松和享受，同时也很深刻的书。它带来的感受是全方位的。所以在阅读的时候，可以尝试让自己也沉浸在这种与伟人对话的体验中，甚至跟着访谈的节奏，真正"去到"那个弗洛伊德所处的时代，去到彼时的维也纳，感受那些思想的火花。

最后，还想要提到的一点是，当我第一次翻开本书的英文版时，就深深地被致辞页上的句子所吸引："...Spring is beautiful and so is love（……春天很美，爱亦如是）"。而事实也证明，这本书确实在传递一种爱意：一种对于真实的渴望，对于人性的好奇，对于在苦难中却仍努力行走在这世间的人类的爱。

带着这份感动，希望可以和各位一起，在这次维也纳之旅中学到更多，并且玩得开心！

段涤非
2024年3月于中国临沧

中文版序

许多年前，作为一名年轻的高中生，我做出了一个大胆的决定，我要在大学学习心理学——这在20世纪70年代是一个相当不寻常的选择，当时我的大多数同龄人都致力于更传统的学科，如文学、数学或生物学。

尽管当时我对西格蒙德·弗洛伊德知之甚少，但我推测，在大学的第一个学期里，我会对这位先生有很多了解，因为普通大众中的每一个人都认得出这位著名的维也纳科学家的名字，都认为他是首屈一指的心理学家——事实上，是唯一一位享誉全球的心理学家。

你完全想象不到我那时有多惊讶！作为一名新入学的心理学本科生，我的教师们向我解释说，我们将把注意力完全集中在生物心理学、认知心理学、社会心理学、实证心理学及统计心理学等学科上，而且我们永远不会研究西格蒙德·弗洛伊德及其精神分析追随者的作品，因为我的讲师和教授们认为这些人相当不科学，而且过时了。

不用说，我感到相当震惊且担忧。究竟为什么弗洛伊德在流行文化中如此具有标志性——在几部好莱坞电影中都有所描绘——但却被大学心理学教师所忽视？这完全没有道理。毕竟，弗洛伊德撰写了很多作品，关于梦，关于性，关于童年，当然，还有关于人类思维的结构和功能的作品。毫无疑问，心理学家应该关注所有这些重要话题。

我花了很长时间才发现，早在20世纪70年代，以实证研究为基础的心理学家认为弗洛伊德不够科学，因为据我的老师说，他从来没有使用有统计学支持的随机临床试验来证明他的理论。虽然我很欣赏传统科学数据的重要性，但我也明白，就算弗洛伊德不是一个天才，即使他没有在19世纪末和20世纪初发表同行评议的医学文章，他在咨询室中的个人及专业的洞察也可以蕴含很多智慧。

幸运的是，我坚持了多年的心理学训练，我也很荣幸我能这样做，这极大地提高了我的科学知识广度。但我对弗洛伊德的爱并没有消失。事实上，随着年龄的增长和经验的丰富，我开始意识到，关于精神病理学的起源和"精神疾病"的治疗方法，弗洛伊德和他的追随者们比任何所谓的科学精神病学家和临床心理学家都能教给我们多得多的东西。这些精神病学家和临床心理学家中的大多数人会开出无效的药片或短程的认知行为疗法，这往往对患者的生活没有任何影响。

最终，我在各种精神分析领域接受了各类培训，从个人精神分析和婚姻精神分析到法医心理治疗，以及精神分析取向的婴幼儿心理健康——所有这些都基于弗洛伊德的工作。此外，多年来，我踏上了自己每周五次的个人精神分析之路，我发现这是最有帮助的。所以，尽管我早期的老师鼓励我避开弗洛伊德，但我选择了一条完全不同的道路，而且随着时间的推移，我成了一名更加坚定的弗洛伊德爱好者。最后，作为一名学术历史学家和医学历史学家，我还接受了进一步的培训，很快我便不只用英语——我的母语——阅读弗洛伊德的作品，还阅读了德语原著。实际上，非常出乎意料的是，从1987年起，我甚至开始在伦敦的弗洛伊德博物馆工作，担任过各种各样的职位，目前我担任新更名后的"伦敦弗洛伊德博物馆（Freud Museum London）"的荣誉研究员，同时也是该博物馆的名誉研究主任。

随着时间的推移，我逐渐发现，弗洛伊德不能简单地被认为是"不科学的性迷恋者"。相反，我开始越来越欣赏他改变这个世界中精神健康的方式。我们必须记住，在19世纪，大多数医生将有精神问题的人视为纯粹的"疯子"，并经常将这些病人终身关在精神病院里。当时有些精神病学家甚至对所谓"发疯的"病人进行虐待性手术，被诊断为"早发性痴呆"（早期对精神分裂症的称呼）的男性经常被切除睾丸，他们还经常对患有癔症的女性进行侵入式手术，经常从这些无辜和脆弱的人身上切除子宫、卵巢，甚至阴蒂。

相比之下，弗洛伊德从未侵犯过任何病人的身体。他只是邀请被分析者在他的私人咨询室里舒适的沙发上躺下，然后给那些男人、女人和孩子一个机会，让他们安静地、秘密地谈论他们的个人焦虑、想法和幻想。在这一点上，我向世界历史上最伟大的人道主义者之一西格蒙德·弗洛伊德致敬。

20世纪90年代，我在伦敦市中心的摄政学院（Regent's College），即现在的伦敦摄政大学（Regent's University London）担任心理治疗讲师，我有幸向我的年轻学员讲授弗洛伊德。大多数学生都带着对弗洛伊德的怀疑开始了他们的课程，但当我开始与他们分享我对这位杰出人物的热爱时，我解释了很多关于他的变革性贡献，还有他自己引人入胜的传记，以及他从癌症和纳粹中幸存下来的伟大力量，我的学员很快就对弗洛伊德产生了越来越浓厚的兴趣，他们中的许多人最终也和我一样热爱弗洛伊德。事实上，我的许多年轻学生不仅完成了普通心理治疗的培训课程，一些毕业生最终还成了弗洛伊德派精神分析师。

有一天，我非常高兴地与我亲爱的同事奥利弗·拉思伯恩（Oliver Rathbone）共进午餐，他是一位经验丰富的出版商，当时拥有著名的英国精神分析出版社卡纳克图书公司（Karnac Books）。在谈话中，我向奥利弗解释说，我渴望为新学员写一本书，分享我对弗洛伊德的热爱，同时希望这本书也能被大众读者所接受。奥利弗回答说，太多人编写了关于弗洛伊德的介绍性教科书，他发现其中许多相当枯燥乏味。我完全理解奥利弗的担忧，这一评论促使我创造了一种更独特、更有趣的方式来介绍弗洛伊德，即精心设计一套全新的系列丛书"与偶像对话（Interviews with Icons）"。在这本书中，我将努力让弗洛伊德"起死回生"，在他经常光顾的维也纳兰特曼咖啡馆，享受一边喝咖啡一边和他聊天的时光。

奥利弗·拉思伯恩热情地支持我的计划，即撰写一本名为《与弗洛伊德的咖啡漫语》的书，以及另一本名为《与温尼科特的茶会闲谈》的书，后者会根据我对著名儿童精神分析师唐纳德·伍兹·温尼科特（Donald Woods Winnicott）博士的研究来撰写。结果就是，2015年我完成了《与温尼科特的茶会闲谈》，2016年我成功地完成了《与弗洛伊德的咖啡漫语》。

我决定将"与偶像对话"系列中的作品描述为非虚构作品，因为作为一名历史学家，我一直致力于百分之百地传达有据可查的事实。但是，由于该系列作品描写的是我与1939年离世的弗洛伊德以及1971年离世的温尼科特进行的对话，我将这些访谈称为"想象的非虚构"实践。这些书包含完全准确的人物刻画，但以一种通俗易懂、引人入胜（甚至略带戏剧性）的风格呈现。

在过去的几年里，我感到非常高兴和荣幸，因为这么多年轻的学生，甚至这么多年长的同行，都读过这些书，并向我坦白说，他们也开始与这些精神分析史上的偶像人物建立更深厚的"感情"。

目前，我已经开始准备一本题为《与弗洛伊德共品雪茄》（Cigars with Freud）的后续作品，在这本书中，我将与西格蒙德·弗洛伊德谈论他职业生涯的最后几年。我还希望自己能活得足够久，能够再写几部"与偶像对话"系列图书，探讨安娜·弗洛伊德（Anna Freud）、梅兰妮·克莱因（Melanie Klein）和约翰·鲍尔比（John Bowlby）等重要人物，因为我从这些项目中获得了极大的乐趣，而且我也乐于提醒年轻同行们，从我们的先辈那里，我们还有很多东西要学，尤其是在如今这个科技时代！

毫无疑问，得知《与弗洛伊德的咖啡漫语》即将出中文版，我感到非常感动和感激。作为生活和工作在遥远的英国的人，这给我带来了很多喜悦。我真的希望我们的世界能变得更加亲密，不同国家的人能更顺利地彼此了解，从而以更加紧密合作的方式认识我们共同的人性。因此，我在这里能够帮助中国的新朋友和同行认识这位古老的奥地利天才西格蒙德·弗洛伊德，本人承蒙厚爱，荣幸之至，不胜感激。

我衷心希望弗洛伊德能给地球上每一个国家的人提供一些洞见。在我看来，他仍然配得上"共情之王"和"理解之王"的称号，我渴望我们每个人都能尽可能充分地吸收他的许多发现。感谢你花时间来阅读对这样一位杰出的非虚构偶像人物的采访。

布雷特·卡尔教授
2024 年 4 月于英国伦敦

目 录

导语 001
序幕 002

采访

1 西格蒙德·弗洛伊德教授归来 005
2 超越疯人塔：对精神病学的批判 027
3 摩拉维亚的童年 049
4 译者弗洛伊德 071
5 来一支雪茄 091
6 本韦尼斯蒂夫人躺椅上的波兰酒 111
7 挖掘古物 133
8 溪七鳃鳗、鳗鱼和少量可卡因 155
9 多产的弗洛伊德 185
10 释放情绪：如何治疗癔症 209
11 自杀的王储和被谋杀的皇后 235
12 在梦的边缘 255

结语　我是如何认识弗洛伊德的 287

德语词汇表 297
致谢 307
参考文献 311

你的咒语能起死回生，
让先知显现。
"撒母耳，抬起你埋于地下的头颅！
国王，请看那个预言家的幽魂！"

Thou whose spell can raise the dead,
Bid the prophet's form appear.
"Samuel, raise thy buried head!
King, behold the phantom seer!"

《索尔》（"Saul"），乔治·戈登（George Gordon），
拜伦勋爵（Lord Byron）
收录于《希伯来旋律》（*Hebrew Melodies*），1815年
（Byron, 1815a, p.26）

Dessen Wort die Toten ruft,
Sprich, dass der Prophet sich zeigt,
"Heb, dich, Samuel, aus der Gruft!
König, sieh, der Schatten steigt."

《索尔》，乔治·戈登，拜伦勋爵
该安娜·弗洛伊德的德语译文收录于
《安娜·弗洛伊德：诗歌、散文、翻译作品》
（*Anna Freud: Gedichte. Prosa. Übersetzungen*），
布丽奇特·施普赖策（Brigitte Spreitzer）编辑，2014年
（Byron, 1815b, p.243）

导 语

在西格蒙德·弗洛伊德去世77年后,我有幸与他一起喝咖啡。

令我欣喜万分的是,尽管弗洛伊德教授起初有些犹豫,但最终还是同意接受关于他的生活和工作的采访。

我谨在此提供此次访谈的未经删节的文字记录,希望心理学、心理治疗和精神分析的学习者,以及其他关注人类心灵及其治疗的人,能对这些内容感兴趣。

序 幕

西格蒙德·弗洛伊德（Sigmund Freud） 教授，精神分析之父（1939年9月23日逝世）

威廉·科尔（Wilhelm Kerl） 在1881—1916年间身为兰特曼咖啡馆（Café Landtmann）的老板（1922年逝世）

布雷特·卡尔（Brett Kahr） 教授，采访者（健在）

时间：现在

地点：奥地利维也纳内城区大学环路4号兰特曼咖啡馆

采 访

库尔特·艾斯勒(Kurt Eissler)博士:

"Bier hat der Professor nicht getrunken?"

["教授不喝啤酒吗?"]

沃尔特·施密德贝格(Walter Schmideberg)博士:

"Soviel ich weiss, nein! Nur Kaffee, wie jeder Wiener."

["据我所知,不喝!像其他维也纳人一样,只喝咖啡。"]

> 西格蒙德·弗洛伊德档案馆秘书库尔特·艾斯勒博士
> 1954年7月20日与沃尔特·施密德贝格博士的谈话
> 转载自美国华盛顿特区美国国会图书馆
> 西格蒙德·弗洛伊德藏品中
> 西格蒙德·弗洛伊德论文中一篇未公开发表的文字记录
> (Eissler, 1954, p.16)

1

西格蒙德·弗洛伊德教授归来

[威廉·科尔走近餐桌，鞠躬。]

科尔：Willkommen im Café Landtmann（欢迎来到兰特曼咖啡馆）①，卡尔先生。

---

① 为了保留原作的风格，也为了方便中国读者流畅阅读，原书中以德语（少数为法语或其他语种）出现的词语、短语或短句在中文译本中首次出现时保留原文，并于后面的括号中标注中文翻译，后续再次出现时，仅保留中文翻译，并以斜体来标识，以提示读者此处原文为非英文的外文语种。同时，书后附有德语词汇表，读者可随时查阅。——译者注

卡尔：谢谢，科尔先生。我非常荣幸能到这儿来，也非常感激您同意我在这家历史悠久的店里采访弗洛伊德教授。

科尔：弗洛伊德教授一直都是我们最尊贵的客人之一。他选择兰特曼作为他的 Kaffeehaus（*咖啡馆*），是我们莫大的荣幸。

卡尔：维也纳一直以拥有许多令人赞叹的 Kaffeehäuser①（*咖啡馆*）而自豪。

科尔：Ja, ja（*对，对*）。我们有很多咖啡馆，确实是这样。不过你要是采访弗洛伊德教授，得用维也纳人的方式来说话。看得出你并没有学过维也纳式德语，我说得没错吧？

卡尔：您说得没错。

科尔：我知道这个，是因为你在说"Kaffeehäuser"这个词的时候，把重音放在第一个音节。德国人会这样说。他们会说"Kaffee"，用你们的话来说就是咖啡。相比起来，我们维也纳人说这个词会像说法语，我们说"Kaffee"，把重音放在最后一个音节，而不是第一个。弗洛伊德教授通常都会要一杯"Kaffee"。我想你需要了解这一点。

卡尔：非常感激，科尔先生，谢谢。

科尔：不要紧。弗洛伊德教授的英语也说得非常好。

卡尔：确实如此。

科尔：我们刚刚在说维也纳的*咖啡馆*。

卡尔：啊，是的……

科尔：你得知道，在它的全盛时期，在那场战争之前……

卡尔：第二次世界大战？

科尔：Der Zweite Weltkrieg（*第二次世界大战*），是的。在第二次世界大战之前，我们的咖啡馆在维也纳人的生活中占有很特殊的位置。每个人都会光顾。而且如果他们来了，就会停留一阵。不像你们现在的星巴克②那样，人们总是来去匆匆。在我们那个时候，维也纳人每次会来

---

① Kaffeehäuser 是 Kaffeehaus 的复数形式。——译者注
② 星巴克（Starbucks）是一家美国咖啡公司，在世界各地有众多门店。——译者注

1 西格蒙德·弗洛伊德教授归来

这儿待几小时,他们会喝咖啡,读报纸,吃点心,见朋友……

卡尔：更像一个社交俱乐部。

科尔：一个喝咖啡……吃东西……谈天说地的地方。你可以把它称为社交俱乐部。但同时也是一个知识分子俱乐部。

卡尔：我认为作家和艺术家总是会对*咖啡馆*有独特的偏好。

科尔：作家总会花大量时间泡在这儿,创作一首又一首诗歌,一页又一页小说。很多艺术家也成了 Stammgast。

卡尔：Stammgast？常客？

科尔：是的,"常客",你们会这么说。

卡尔：啊,是的。然后弗洛伊德教授成了兰特曼咖啡馆的*常客*。

科尔：我们最珍视的*常客*。他如此惠顾我们,我们一直都感到很荣幸。你知道,弗洛伊德教授完全可以常去克尔市场（Kohlmarkt）的德梅尔咖啡馆（Café Demel）,我听说德梅尔有非常棒的点心。还有多罗泰尔巷（Dorotheergasse）的哈维尔卡咖啡馆（Café Hawelka）,古姆潘多夫费尔大街（Gumpendorferstraße）的斯班咖啡馆（Café Sperl）。但他却来到了我们这儿,来到了兰特曼咖啡馆。

卡尔：你们肯定很自豪。

科尔：非常自豪。

卡尔：我记得我读过一本迷人的回忆录,是奥地利作家约瑟夫·威施伯格（Joseph Wechsberg）写的……

科尔：我没听过这个名字。

卡尔：他是一个很不错的作家,我想他应该是 1939 年移民到美国的。威施伯格先生对维也纳的咖啡馆进行了非常有趣的观察。他打趣说："据说某些男人可能不止有一个女人,但只有一间咖啡馆。"

科尔：千真万确。他们会为了 Jause 来这里。

卡尔：Jause？

科尔：这的确是维也纳人的发明：一段下午的小憩,老顾客们会喝加了掼奶油的咖啡，吃点心，然后沉浸在各类绯闻八卦中！

卡尔：跟我说说这间*咖啡馆*的历史吧，科尔先生。

科尔：这间咖啡馆最早是1873年在环城大道（Ringstraße）开张的。弗朗茨·兰特曼（Franz Landtmann）创立了这间咖啡馆，他是一位非常著名的咖啡馆老板，店名也由他的姓氏命名。然后，在1881年，兰特曼先生把这间咖啡馆转给了我和我的哥哥鲁道夫（Rudolf）。

卡尔：但你们保留了兰特曼这个名字。

科尔：*对*，我们保留了兰特曼这个名字，现在仍如此。

卡尔：你们离大学也很近，维也纳大学 (Universität zu Wien)。这对在那儿教书的弗洛伊德教授来说应该相当方便。

科尔：我们这儿有很多从大学过来的顾客，他们来喝咖啡、吃蛋糕、读报纸。他们当中很多是来自大学的受过良好教育的人士。

卡尔：在 Weltkrieg（*世界大战*）之前……在大学里教书，确实是不得了的事情。

科尔：我们一直对学者怀有深深的敬意。就像他们对兰特曼咖啡馆有着深深的尊重那样。

卡尔：您之前提到过第二次世界大战——den Zweiten Weltkrieg——但是那个时候您早就已经过世了。我记得您在这里工作的时候，应该是 dem Ersten Weltkrieg——第一次世界大战期间。

科尔：那时我们的确遇到了一些困难。维也纳在战争期间饱受管制和物资短缺之苦。食物短缺非常严重。

卡尔：还有那令人痛苦的寒冬，我能理解有多艰难。

科尔：确实是这样。你知道吗，在1915年8月的时候，我不得不把 Einspänner 咖啡①从我们的菜单上移除，因为我们很难买到牛奶。同样还有 Sacher

---

① 又称为马车夫咖啡，是由一位名叫 Einspänner 的奥地利马车夫发明的。以前奥地利的马车很多，马车夫会边工作边喝咖啡，但一手端咖啡、一手驾驭马车很容易撒翻咖啡，因此他们在黑咖啡上加一层厚厚的鲜奶油，这样咖啡就不会泼出去了。——译者注

Torte（*萨赫蛋糕*）……它的制作也需要鲜奶油。然后在同年 11 月，我们不得不用糖精来代替糖，这是最让人痛苦的。但不论怎样，我们活下来了。奥地利人也是在多年之后才再次享用到 Schlagobers。

卡尔：*加攒奶油的咖啡。*

科尔：*对，加攒奶油的咖啡。*

卡尔：*咖啡馆在维也纳人的心中确实占据了一个特别的位置。*

科尔：非常特别，确实非常特别。而且我很高兴你现在开始用我们维也纳人的方式说"Kaffeehaus"这个词了。

卡尔：谢谢。我会尽力的。

科尔：我相信你有维也纳血统。

卡尔：很乐意告诉您，我确实有。

科尔：我从你的姓卡尔能看出来，我认为，这不是一个盎格鲁–撒克逊人的姓。

卡尔：我的很多家庭成员确实是几代前从奥地利过来的，所以我对你们的国家很感兴趣，特别是你们的首都。

科尔：但你自己从来没有在维也纳居住过。

卡尔：很遗憾，还没有。

科尔：那真的挺遗憾。维也纳是一个很特别的地方，不仅因为这里有咖啡馆，你知道的。

卡尔：确实，我知道。

科尔：很抱歉，我注意到我的 Oberkellner 没有给你任何吃的或喝的。

卡尔：Oberkellner？

科尔：我想想，你们会叫，"领班服务员"……或 Herr Ober（领班服务员先生）。

卡尔：啊，没错。其实我觉得我可以先等等，弗洛伊德教授还没来。

科尔：但是你从伦敦远道而来。我可以给你来点 Kipferln（*维也纳可颂*）或者 Gugelhupf（*圆环蛋糕*）？

卡尔：确实很诱人，但我觉得还是等等吧。

科尔：当然可以。

卡尔：看得出来，您有一支庞大的工作团队。

科尔：是的，作为咖啡馆老板，我的任务就是监督这些在我手下工作的服务员，以及在我手下工作的 Pikkolo 男孩们。

卡尔：Pikkolo 男孩？

科尔：一些帮忙倒水的孩子们。

卡尔：我想在 21 世纪的今天，雇佣他们是不被允许的。

科尔：也许是的。

卡尔：感谢您为我解释了这间咖啡馆的"一生"。我觉得我现在准备得更充分了。

科尔：不客气。但我看到弗洛伊德教授已经到了。

卡尔：噢，天哪，是他到了。

科尔：你有些紧张？

卡尔：我非常紧张。

科尔：不过他是一个很有礼貌、很友善的人。你不必感到紧张。

卡尔：您要知道，科尔先生，我几乎一生都在研究弗洛伊德教授的作品。

科尔：他听到这个会非常高兴的。看，他来了。请放松，我来向他介绍你。

［西格蒙德·弗洛伊德教授走进主餐厅；科尔先生以最恭敬的方式鞠躬，然后优雅地挥动手臂，示意他来桌边。］

科　　尔：Herr Professor（*教授先生*），我和我的所有员工向您致以最热烈的欢迎。

弗洛伊德：科尔先生，我们多长时间没见了？

科　　尔：很久，*教授先生*。太久了。今天我们非常荣幸您能回来。

弗洛伊德：我来这里见一个人，他想采访我。

科　　尔：请让我向您介绍卡尔先生，Aus England（*来自英国*）。

[弗洛伊德教授缓慢地将他的拐杖从右手换到左手，然后伸出右手与卡尔握手。]

弗洛伊德： *来自英国？* 那我得说英语了。欢迎来到维也纳，卡尔先生。
卡　　尔： 弗洛伊德教授，我几乎不知道要说什么了。我不知该如何感谢您能回到这里和我交流。
弗洛伊德： 你的感谢说得早了些。或许你最好还是等等，在感谢我之前先看看我是不是真的能讲一些有用的东西。

[威廉·科尔先生为弗洛伊德教授拉出一把椅子。]

科　　尔： 不过您应该已经很累了，在您从……赶来，您知道我说的是哪儿。*教授先生*，请坐吧。
弗洛伊德： 我是累了，不过我还是很难相信我又回到了维也纳。我还没有回来过这里，自从……让我想想，我是什么时候离开的？
卡　　尔： 您是1938年6月4日离开的。
弗洛伊德： 科尔先生，这个人的确在研究我的生活。
科　　尔： 他还从英国赶了很远的路来见您。
弗洛伊德： 这不是很明智。我是在英国去世的。我们不能在那儿见面吗？
卡　　尔： 我有想过，弗洛伊德教授，但能和您在维也纳谈话是一件非常令人高兴的事，您在这里开创了精神分析。
弗洛伊德： 当然，当然。不过，你要知道，对我来说回来的路还是非常遥远的。
卡　　尔： 嗯，是的，我明白。所以我才会说，我真的非常感激您。
科　　尔： 先生们，我相信你们将拥有一次最令人愉悦的访谈。如果你们有任何需要，我和我的服务员随时为你们效劳。弗洛伊德教授，本人能有幸为您送上您的第一杯咖啡吗？

弗洛伊德：暂时不用，科尔。我还在适应眼前的情形，这么长时间之后我好像又活过来了。作为一个科学工作者，我无法理解这一点。所以现在，比起喝杯 Kaffee（咖啡），我更渴望知道这是如何实现的。

科　　尔：好的，*教授先生*。那我晚点再来。祝你们拥有美好的一天，先生们。

卡　　尔：非常感谢，科尔先生。

弗洛伊德：是的，谢谢你。不过在你走之前，我还想问问：怎么没见到你哥哥呢？

科　　尔：谢谢您的惦记，弗洛伊德教授。我哥哥鲁道夫离开兰特曼咖啡馆一段时间了。

弗洛伊德：这样啊。我相信他应该很好。

科　　尔：他已经过世了……在很久很久之前。

弗洛伊德：而你还在这里。

科　　尔：我也是为了这次采访回来的，*教授先生*。卡尔先生邀请我回到这里，以便让您尽可能地感到舒适。

弗洛伊德：啊，这太好了。而且你也不用赶那么远的路。

科　　尔：是的，我一直住在维也纳。

弗洛伊德：谢谢你，老朋友。我想稍后如果我们想要吃点或者喝点什么会和你说的，除非卡尔先生现在需要……

卡　　尔：不用，我很愿意等一会儿，弗洛伊德教授。

科　　尔：好的，先生们，祝你们谈话愉快。

［科尔先生从桌边离开。］

卡　　尔：弗洛伊德教授，您今天出现在这里就是我们的荣幸。

弗洛伊德：只要稍加观察我就能看出我们在兰特曼咖啡馆，但和我记忆中的模样不完全相同。

1 西格蒙德·弗洛伊德教授归来

卡　　尔：我想这间咖啡馆近年来已经重新装修过很多次了。

弗洛伊德：而且从你的西装还有兰特曼里其他人的衣着上，我可以推断，从我所处的那个时候到现在，时尚确实变了很多。大家看起来都穿着随意，简直就像农夫。似乎你和我是唯一还系着领带的人。

卡　　尔：是的，21世纪要非正式很多。

弗洛伊德：你知道我出生在19世纪，生命的大部分时间生活在20世纪。那时候没有任何一个专业人士会像这些人一样穿着开领衬衫出现在公共场合。只有劳工会穿成这样。这一切都很有趣，但并不全符合我的品味。不过，你为什么要打领带？

卡　　尔：嗯，通常我在见病人的时候都会打领带……

弗洛伊德：我又不是你的病人。

卡　　尔：当然不是，我想表达的是，在重要场合我通常都会打领带。

弗洛伊德：你知道的，我一度怀疑这次采访很可能是一个梦。毕竟，我在1939年就死了，而且我所受的科学训练也告诉我，死人是不会说话的。

卡　　尔：从某个层面来说是这样的，但是通过您的作品，还有您留下的"遗产"，几十年来您一直在向我们大声地讲述着。尽管您在1939年去世了，但西格蒙德·弗洛伊德的声音依然极具影响力。因为您的学说，您的声音已成为不朽。

弗洛伊德：就算这样，这仍然可能是一场梦。正如你知道的，我发现了梦是愿望的满足。谁不希望听到自己成为不朽呢？

卡　　尔：我知道，过了这么久之后又回到世间一定很奇怪，但这确实不是梦。

弗洛伊德：不管这是不是梦，都是不可能的。我已经死了。死人是不会做梦的。这一整场谈话都不合理。

卡　　尔：我同意，不过这一次……

弗洛伊德：我是一名科学家，卡尔先生，而且我也是一名医生。我还告诉过你我已经死了。我觉得应该是在 9 月 22 日。

卡　　　尔：没错，实际上您是在 1939 年 9 月 23 日清晨去世的，在犹太赎罪日①那天。

弗洛伊德：你怎么知道我是什么时候死的？

卡　　　尔：您的内科医生，舒尔医生……

弗洛伊德：你认识舒尔医生？

卡　　　尔：唔，不认识，不过他写了一本书叫《弗洛伊德：生与死》（*Freud: Living and Dying*），这是一本非常完整、全面地介绍您的疾病和死亡的书。

弗洛伊德：我从来没想过马克斯·舒尔（Max Schur）还能写书。我死之后他一定克服了一些他的神经症性压抑。在我还活着的时候，他从来没写过书或文章。我确信他只写过处方笺！

卡　　　尔：我可以想象，以这样的方式复活一定非常奇怪。

弗洛伊德：是的，你未经我的许可就让我复活了……

卡　　　尔：我很抱歉已经这样……

弗洛伊德：看起来你是一个很严肃的人。我知道你想采访我，不过现在我只想睡过去。我其实已经准备好在 1939 年 9 月死去了。那时世界刚刚又一次陷入战争。而且相当坦率地说，我还是想做一个死人。癌症太让我痛苦了。

卡　　　尔：我知道这一切肯定让您很困惑，但我仍然希望您能给我这次采访的机会。

弗洛伊德：但是你为什么要采访我呢？可以肯定的是，我已经留下足够多的书，也够你忙活一阵子了。

卡　　　尔：关于您和您的工作我们了解得非常多了——有人甚至质疑是否太

---

① 犹太赎罪日（Yom Kippur）：犹太人一年中最庄严、最神圣的日子。对于虔诚的犹太人教徒而言，这还是一个"禁食日"，在这一天完全不吃、不喝、不工作，而是到犹太会堂祈祷，以期赎回他们在过去一年中所犯的或可能犯下的罪过。——译者注

过了——但我们仍有很多悬而未决的疑惑。您给我们留下了如此丰富的遗产，您的作品持续激励着世界各地成千上万的精神健康专业人员。

弗洛伊德：但我累了，卡尔先生。

卡　　尔：如果您能和我谈谈您的生活，即使只花很短的时间，对于那些投身于这一事业却遗憾没有见过您的学生们，都会有极大的帮助。

弗洛伊德：但是我从来不接受采访。我太老了，也太累了，而且，这似乎也太"死"气沉沉了。

卡　　尔：好吧，但您也许可以回想起来，在职业生涯中，您实际上同意过几次采访。

弗洛伊德：我想不起来了。说真的，我想让这一切都过去。

卡　　尔：您还记得在1909年9月您去美国访问的那次吗？

弗洛伊德：当然。克拉克大学的霍尔教授——他称自己为"G. 斯坦利·霍尔（G.Stanley Hall）"——邀请我到马萨诸塞州伍斯特做5场精神分析演讲。

卡　　尔：这是您第一次，也是唯一一次造访美国。

弗洛伊德：是的，而且我不太喜欢美国。你知道的，我在那里是用德语讲课的。

卡　　尔：嗯，您在克拉克大学期间，确实接受过媒体的采访。

弗洛伊德：我不太确定了。

卡　　尔：我们知道的是，比如，在1909年9月8日，一位叫阿德尔伯特·阿尔布雷希特（Adelbert Albrecht）的先生在霍尔教授家里对您进行了一次采访，这篇文章几天后刊登在了一份波士顿的报纸上。

弗洛伊德：但那次采访发生在我去世前30年。你怎么可能从一份不起眼的美国报纸上得知这次采访呢？你看起来还没有那么年长，不可能在1909年读过波士顿的报纸——尤其是，如你所言，我们现在处于21世纪……对这点我仍然不太相信。

卡　　　尔：事实上，成百上千的历史学家事无巨细地记录了您的生活。有些人甚至以天为单位重建了您的整个人生。所以我们对您很了解，不仅通过您的作品，还通过您的信件，以及那些认识您的人写的诸多回忆录。

弗洛伊德：不过这太难以置信、太不可思议了。你面前也没有任何笔记。你是怎么能记得 9 月 8 日这样一个具体日子的？你不会有强迫性神经症吧？

卡　　　尔：是的，也许有一点，但我只是众多年复一年研究您生活和工作的人中的一个。我一直在给我的学生开设关于您的研讨班，有 30 多年——实际上，将近 40 年了。您已经成了一个传奇人物，弗洛伊德教授。

弗洛伊德：我曾经的确很有名，但还称不上传奇。列奥纳多·达·芬奇（Leonardo da Vinci）是传奇人物，你们自己的威廉·莎士比亚（William Shakespeare）是传奇人物。当然还有歌德（Goethe）。

卡　　　尔：但在很多方面，您都能与这些伟人并肩，甚至在某些方面超过他们。

弗洛伊德：我承认，我在发现谈话疗法，以及认识神经症的童年起源方面做出了重要贡献……

卡　　　尔：毫无疑问。

弗洛伊德：也许还有对压抑的机制的发现。

卡　　　尔：嗯，如果您知道人们写了成千上万本关于您和您作品的书，也许还有数万甚至数十万篇关于您的文章，您会感到惊讶吗？

弗洛伊德：弗里茨·维特尔斯（Fritz Wittels）给我写的传记非常不尽如人意。里面存在许多不准确之处，我已经告诉过他了。

卡　　　尔：是的，维特尔斯博士写了第一部弗洛伊德传记，于 1924 年出版。但从那时起，许多基于更细致研究的传记出现了，其中最著名的是您的威尔士弟子欧内斯特·琼斯（Ernest Jones）博士所写的三卷本，研究得非常详细，受到了高度称赞。

弗洛伊德：欧内斯特写了一部三卷本传记？是关于我的？

卡　　尔：是的，这本书出版于20世纪50年代，他把这部非凡的传记献给了您的女儿，Fräulein（*小姐*）安娜。

弗洛伊德：安娜怎么样了？安娜在哪儿？

卡　　尔：她也成了心理学史上影响深远的人物。您去世后，她发展了儿童精神分析领域的工作。

弗洛伊德：你知道，我鼓励她和孩子工作。

卡　　尔：是的，没错。她确实以令人惊叹的方式接受了这个挑战。

弗洛伊德：不过这也不奇怪。在我还活着的时候，安娜就发表了不少文章。你应该知道她的专著，*Das Ich und die Abwehrmechanismen*？1936年出版的。

卡　　尔：说英语的心理学家会将这本书称为《自我与防御机制》（*The Ego and the Mechanisms of Defence*）。

弗洛伊德：啊，所以它已经有英文版了？Sehr gut（*很好*）！我真为安娜感到高兴。我去世之后她怎么样？

卡　　尔：她在伦敦的梅尔斯菲尔德花园（Maresfield Gardens）创办了一家诊所，也就是您生命的最后几个月所住的那条街道。

弗洛伊德：一家诊所？在我们的房子里？

卡　　尔：不是，最后她买了马路对面的一栋楼，梅尔斯菲尔德花园21号。

弗洛伊德：我们住在20号。

卡　　尔：是的，在第二次世界大战（后来人们这样称呼这场战争）期间，您的女儿帮助了许多在伦敦可怕的空袭中失去家园的孩子，其中还有一些失去双亲的孤儿。

弗洛伊德：伦敦的空袭？野蛮行径永远不会停止吗？我强调人类的原始本性是正确的，你难道不这么认为吗？我们就是野蛮人。不过和我说说，安娜还做了些什么？

卡　　　尔：她创办了汉普斯特德儿童治疗诊所（Hampstead Child-Therapy Clinic），并最终为儿童精神分析和心理治疗的学生创立了一个非常高强度的培训项目。

弗洛伊德：为什么她今天没有来和我们一起喝咖啡呢？确实，她很少来兰特曼咖啡馆。这里允许女士进入，但大多数时候，我来这家咖啡馆遇到的都是男性。

卡　　　尔：遗憾的是，您的女儿在1982年去世了。不过她活了很长时间，享年86岁。

弗洛伊德：我是83岁离世的。所以她多活了3年。但我很高兴她度过了漫长且充实的一生。告诉我，她结过婚吗？我希望，在我多次生病，她不再照顾我以后……

卡　　　尔：您女儿一生未婚，但她和您以前的病人桃乐茜·伯林厄姆（Dorothy Burlingham）生活在一起。伯林厄姆夫人成了安娜·弗洛伊德小姐在家庭和职业上的长期伴侣。

弗洛伊德：我一直很喜欢桃乐茜。

卡　　　尔：事实上，在您去世后，伯林厄姆夫人开始在梅尔斯菲尔德花园亲自接诊病人。您可能会觉得好笑又惊讶，伯林厄姆夫人有一段时间甚至用过您的那张精神分析躺椅——我想，这是得到了您女儿的许可的。

弗洛伊德：她用我的躺椅分析病人？

卡　　　尔：是的。在20世纪80年代，我甚至见过其中一位病人，在我刚开始研究您的生活以及精神分析历史的时候。

弗洛伊德：请和我说说。

卡　　　尔：好的，我见过伯林厄姆夫人的一个病人，一名女士，她在梅尔斯菲尔德花园接受过分析，就在您的躺椅上！

弗洛伊德：这不会使移情变得复杂吗？病人可能会不清楚她是来找谁做分析的，是伯林厄姆，还是弗洛伊德。

卡　　　尔：确实。这个病人——她最终凭借自己的能力成了一名精神分析师——一直对您忠心耿耿。

弗洛伊德：你知道，忠诚常常是敌意的伪装。

卡　　　尔：我知道，没错。

弗洛伊德：但是你提到了所有这些关于我的传记，还有那些以天为单位研究我生平的学者。

卡　　　尔：嗯，弗洛伊德学派的精神分析——如今已有一百多年的历史了——已经在我们的文化中根深蒂固，甚至催生了一个专注于精神分析历史、高度发达的学科领域。

弗洛伊德：有人毕生致力于研究我创立这一学说的历史吗？

卡　　　尔：是的，弗洛伊德教授。您可能有兴趣知道，在世界各地的大学中，精神分析史现已成为一个愈发成熟的学术研究领域。苏格兰的爱丁堡大学出版社（Edinburgh University Press）甚至出版了一份期刊——一份 Zeitschrift（*期刊*）——称为《精神分析与历史》（*Psychoanalysis and History*）。德国的同行创立了一份专门研究这一领域的*期刊*。我们伦敦著名的精神分析出版商——卡纳克图书公司——也赞助了一套关于精神分析史的系列专著。

弗洛伊德：你是精神分析历史学家吗？

卡　　　尔：我想是的。

弗洛伊德：你知道，我仍旧认为这是一个梦。毕竟，你一直在告诉我，我已经获得了不朽的名声。多年来我都忍受着批评者和敌人的迫害，我获得了不朽的名声，会是真的吗？毫无疑问，这是纯粹婴儿式的愿望实现，纯粹婴儿式的愿望满足。这不可能是真的。这要么是一场梦，要么是一种人格解体的状态……

卡　　　尔：就像您前往雅典卫城一样，您难以相信自己真的到了这个从小就在书中读到的地方。

弗洛伊德：我看得出你认真地研究了我的作品。而且，你似乎还记住了我的生活。阿德尔伯特·阿尔布雷奇特（Adelbert Albrecht），没错！但既然你这么了解我，我还能告诉你什么呢？我现在想起来了，我之前也和其他采访者谈过，他们并没有准确地描写我。我很犹豫。

卡　　尔：我想知道，您是否对汉斯·冯·卡尔滕伯恩（Hans von Kaltenborn）还有印象？

弗洛伊德：我记得他，冯·卡尔滕伯恩先生。如果我没记错的话，他肯定不是个有教养的绅士，尽管他有这样一个名字①。

卡　　尔：您还记得1921年冯·卡尔滕伯恩对您的采访吗？

弗洛伊德：我想我记得。但我的记忆有点模糊了。

卡　　尔：显然，这个人以"H. V. 卡尔滕伯恩（H.V.Kaltenborn）"的名字发表了文章。我相信您答应了《布鲁克林老鹰日报》（*Brooklyn Daily Eagle*）的邀约，给了他5分钟时间让他采访您。

弗洛伊德：《布鲁克林老鹰日报》？真不可思议。这听起来甚至不像一份真正的报纸。

卡　　尔：噢，他写了你们的相遇，他的文章标题是《与精神分析师弗洛伊德博士的谈话》（"A Talk With Dr.Freud, Psycho-Analyst"）。您可能从来没有看过这篇文章，但卡尔滕伯恩说，当他来到伯格巷（Berggasse）——您在维也纳的家时，他看到三四十人在您的等候室里排队等候。当然，这不可能是真的。

弗洛伊德：真让人生气。一节精神分析治疗需要整整1小时。当然，几年后，我稍微缩短了时长。不过还是……我怎么可能在一天之内见三四十人呢？他是不是想把我描绘成一个贪财的江湖骗子？我的等候室里有三四十名病人！这是彻底的诽谤！

卡　　尔：我可以想象，某些采访者，比如冯·卡尔滕伯恩，会让您对公开

---

① von（通常译为"冯"或"万"）一般出现在名字中，加在德国或奥地利姓氏前，而且多半只有贵族才有。如果名字中有von，那么这个人或其祖先一定是有封地的贵族。——译者注

谈话感到担忧。

弗洛伊德：你在尝试找到我不情愿的根源，而且你做得不错。

卡　　尔：嗯，我只是想……我的意思是，我知道，我要求得确实有点多。我明白我要求的不仅是一次采访，而且是一次逝世后的采访。

弗洛伊德：不过，你给我的印象是一个对我的工作非常负责的学生。而且显然，你为了安排我们今天的会面费了不少心思。我能想象，这可能不太容易。

卡　　尔：嗯，确实不那么容易。

弗洛伊德：既然如此，我会接受你的采访要求，不过如果我们发现这一切只是一场梦，我一点也不会惊讶！

卡　　尔：非常感激，弗洛伊德教授。但在我们开始之前，我想知道您是否想要来些茶点？

弗洛伊德：兰特曼咖啡馆总能提供非常棒的咖啡。我希望他们一直保持着水准。那边的那些人，隔着几张桌子，你看到了吗？

卡　　尔：看到了。

弗洛伊德：你看他们……穿着短裤和奇怪的鞋子？

卡　　尔：在英国，我们称这种鞋为"运动鞋（trainers）"……在美国，被称为"球鞋（sneakers①）"。

弗洛伊德：球鞋？多么可笑，而且很不礼貌。我很高兴看到服务员还是穿着正式服装。

卡　　尔：和我说说您光顾兰特曼咖啡馆的事情吧。

弗洛伊德：我那个时候经常会来这里——喝咖啡，在治疗间隙喘口气，见朋友，读报纸，你知道的。和我同时代的人都这样。

卡　　尔：维也纳的咖啡馆是中产阶级知识分子聚集的地方，这已享誉全球。

弗洛伊德：没错，我们不像我们的皇帝弗朗茨·约瑟夫（Franz Josef）或者那

---

① 美式英语中的 sneaker，也可以表示"鬼鬼祟祟的人"，最早用于形容穿软底运动鞋走路无声的特性。——译者注

些贵族，我们没有宫殿。所以我们在像这样的咖啡馆会面。科尔先生可能更愿意相信，我之所以在众多咖啡馆中选择兰特曼是因为这里的咖啡和食物很棒。但我选择兰特曼，是因为它离我的故宅很近。

卡　　尔：不知道我说得对不对，有时您也常去其他咖啡馆吧？据我所知，有时您会和同事一起去鲍尔咖啡馆（Café Bauer）。

弗洛伊德：你是怎么知道的？

卡　　尔：您的意大利学生爱德华多·韦斯（Edoardo Weiss）博士，曾回忆起和您在那家咖啡馆的一次谈话。我相信在那次谈话中，您和他聊到了心灵感应这个话题。

弗洛伊德：嗯……韦斯博士是个有才华的人，他在意大利为我做了很多工作，推动了那个国家精神分析运动的发展。

卡　　尔：没错，但请多讲讲您在兰特曼咖啡馆的经历吧。我猜，您是每天散步之后来这里喝咖啡的吧？

弗洛伊德：是的，我会在和病人工作的间隙走路过来。

卡　　尔：您也喜欢读报纸。如果我没弄错的话，您偏爱《新自由报》（*Neue Freie Presse*）。

弗洛伊德：你不必这么扭捏，这么外交范儿。你显然很清楚我会读《新自由报》。

卡　　尔：当然。而且您也时不时会来下棋。

弗洛伊德：没错。除了诊治病人和写书，人总得找点别的事做。这些工作可是非常消耗的。

卡　　尔：让我看看我们点些什么好……啊，看，科尔先生来了。

［科尔先生回到桌边。］

科　　尔：弗洛伊德*教授先生*，再次向您问好。*教授先生*想要点些什么呢？

您现在准备好享用由兰特曼咖啡馆特供的*咖啡*了吗？

弗洛伊德： 谢谢你，科尔先生，但由于我口腔和下颌长了肿瘤，我无法轻松地活动面部。无论进食还是饮水，都让我感到很困难。

科　　尔： 但是*教授先生*不想尝尝咖啡和我们的美食吗？您可能会发现，离世之后，身体上所有的疼痛都会消失，吃喝只会带来愉悦。

弗洛伊德： 好吧，科尔先生，就让我们尝试一下你们的咖啡和美食。我已经很久没有吃过或喝过了，都有些记不清了……

科　　尔： 我向您推荐我们的 Großer Brauner Kaffee（*大杯棕色咖啡*），您会喜欢的，我确定……如果您允许，我会带一些点心，一些*维也纳可颂*，一些 Strudel①（*果馅卷*）？

弗洛伊德： 我很不情愿……你知道，我的口腔……

科　　尔： 也许*教授先生*会更喜欢 Kleiner Schwarzer（*小黑咖啡*），或者 Kaffee verkehrt（*牛奶咖啡*）？甚至*加攒奶油的咖啡*？

弗洛伊德： 谢谢，科尔先生。选你觉得最适合我这个老人的就可以。我还不能确定我的人工下颌是否好用。癌症把我的整张脸都毁了，为此我做了多次手术，也接受了大量的放射治疗。我的脸已经不再是原本的样子了。你瞧，我脸上所有这些变色的地方都是灼伤导致的——放射治疗留下的纪念品。

科　　尔： *教授先生*，我确信您一定能够进食和饮水。我很快就会带着您的食物和咖啡回来。

弗洛伊德： 谢谢你，科尔先生。

［科尔先生动身去厨房，为弗洛伊德教授准备咖啡和点心。］

弗洛伊德： 他是科尔先生……而你是卡尔先生……真希望我能记住这两者的

---

① 一种源自奥地利的传统糕点，由薄如纸的面皮包裹着丰富馅料，经过烘烤而制成。——译者注

区别！不过你也是一位*教授先生*，对吧？而且我猜你的名字应该是奥地利风格的吧？尽管你显然不是奥地利人，我能从你的口音听出来。

卡　　尔：是的，没错，弗洛伊德教授。实际上，我的祖辈来自维也纳。

弗洛伊德：啊，很好，所以你确实对这里的环境有所了解。

卡　　尔：遗憾的是，我从未有幸在维也纳长时间生活，但我对维也纳人的世界非常向往。

弗洛伊德：你一定不要理想化维也纳。

卡　　尔：但毫无疑问，您见证了这座城市文化的巅峰时期，那时它拥有伟大的艺术、文学和音乐。

弗洛伊德：但你一定不能忘了反犹太主义。

卡　　尔：当然。

弗洛伊德："Schön bist du, doch gefährlich auch."

卡　　尔："你虽美丽绝伦，却也暗藏危机。"

弗洛伊德：*对，对*！弗朗茨·格里尔帕策（Franz Grillparzer）对我们城市的颂词，出自他的诗歌"Abschied von Wien"。

卡　　尔：《告别维也纳》（"Farewell to Vienna"）。

弗洛伊德：你知道的，我爱维也纳，我也恨她。你知道格里尔帕策（Grillparzer）吗？

卡　　尔：那个奥地利的剧作大师？

弗洛伊德：是的，没错。

卡　　尔：能够理解，您和这座城市有着复杂的关系。尽管您从1859年到1938年间住在这里——接近80年！我很难想象您离开家的时候是怎样的感觉。

弗洛伊德：对此我实在没什么可说的。一个人必须做他该做的事情。盖世太保^①来到出版社办公室，然后……

卡　　尔：您的精神分析出版社——国际精神分析出版社（The Internationaler Psychoanalytischer Verlag）？

弗洛伊德：是的，他们来到出版社，把所有的文件、书和账目翻了个底朝天。他们拿走了他们想要的一切。然后他们审问我的儿子马丁（Martin），他当时是出版社的 Direktor（*主管*）。然后他们闯进我家，把安娜带走了。

卡　　尔：你们一定都惊呆了。

弗洛伊德：我们不知道发生了什么。我们不知道安娜会不会被折磨，甚至被杀死。

卡　　尔：舒尔医生……

弗洛伊德：我的 Leibarzt（*家庭医生*）……

卡　　尔：对，您的家庭医生，马克斯·舒尔事先给她开了一些佛罗那^②（Veronal）——一种巴比妥酸盐，也给您儿子马丁开了这种药。

弗洛伊德：你是怎么知道的？

卡　　尔：舒尔医生和您的家人都向您保守了这个秘密，以免您担心。

弗洛伊德：Mein Gott（*我的天哪*）！

卡　　尔：是的，但幸运的是，您的女儿不需要服用这些药，审讯结束后，她安然无恙地回到了伯格巷。

弗洛伊德：那是一个糟糕的时代。然后我们知道……我们知道……我们必须得离开这座城市了——她那么"schön（*美*）"却那么"gefährlich（*危险*）"。

卡　　尔：谢天谢地，您和您的直系亲属都安全地离开了维也纳。你们逃离了。

---

① 德语"国家秘密警察"（Geheime Staatspolizei）的缩写 Gestapo 的音译，指纳粹德国时期的国家秘密警察。——译者注

② 一种长效类催眠药，具镇静、催眠、抗惊厥及抗癫痫的作用。——译者注

弗洛伊德：对于我这样一个老人来说，离不离开影响并不大。我知道我不久就会离世。但我也确实希望能在自由中死去，而且我希望我的妻子和孩子有机会活下去。我相信他们在伦敦会做到的。

卡　　尔：是的，弗洛伊德 Frau Professor（*教授夫人*）又享受了十多年的时光，您所有的孩子都在各自的领域过着丰富、充实、富有成就的生活。

弗洛伊德：听你这么说真是太好了。你知道，我所有的门生都称我的妻子玛莎（Martha）为*教授夫人*。也许你无意识里想成为我的门生。

卡　　尔：哪个心理学家不希望自己曾是您在维也纳的学生呢？

弗洛伊德：*对，对*，我明白。不过你看，你大费周章地把我带到这儿来肯定不是为了讨论家庭问题的。也许现在我们可以正式开始采访了。不然，夜幕降临的时候，兰特曼咖啡馆就要关门了。

超越疯人塔：对精神病学的批判

弗洛伊德：那么，和我说说吧，卡尔教授先生，关于我的工作，你想要问我什么？

卡　　尔：嗯，关于您的贡献，大家早已知道很多了。它们已经深深地内化为我们日常用语的一部分。

弗洛伊德：什么意思？

卡　　尔：如今，在21世纪，每个人都可以不假思索地使用您的一些技术语言。比如"自我（ego）"和"俄狄浦斯（oedipal）"，还有一些像"同胞竞争（sibling rivalry）""无意识的内疚感（unconscious guilt）"……甚至还有"弗洛伊德式口误（Freudian slip）"这样的短语……这些都已经在我们的思想和语言中根深蒂固。

弗洛伊德：当然了，你说的是英文用法。"ego"不是我的用词，而是译者的用词。我说的是"das Ich"①。

卡　　尔：没错。但是您认可了很多早期的译作，并且一直和很多英国同行就翻译工作保持着紧密联系。

弗洛伊德：欧内斯特·琼斯确实在这个过程中帮我做了很多事情，他在一些我的弟子当中进行协调，比如里维埃夫人和斯特雷奇先生。他们为精神分析运动非常努力地工作，把我的德文作品翻译成英文。

卡　　尔：是啊，早期的一些精神分析师，比如琼·里维埃（Joan Riviere）和詹姆斯·斯特雷奇（James Strachey），他们的"弗洛伊德英语化"运动，确实帮助弗洛伊德式思想嵌入了英语世界的基本结构当中。而且尽管人们相当随意和口语化地使用像"ego"——也就是"das Ich"——这样的词，这些概念也真的改变了我们的说话方式。

弗洛伊德：请解释一下。

卡　　尔：比如，听到一个人对另一个人惊呼："天哪，她这个人太以自我为中心了，让人难以忍受"或者"那个男人太自恋了"，这类表达屡见不鲜。

弗洛伊德：这很有意思，尤其是我曾经写过"ego"是一个心理代理者，是一种精神结构。

卡　　尔：没错。但是现在它成了一种代表整体"我"的象征。

弗洛伊德：但"自我"在精神分析同行那里还能保持它原本的技术性内涵吧？还有"自恋（narcissism）"也是吧？

---

① ego 是英文的"自我"，"das Ich"是德文的"自我"。——译者注

卡　　　尔：哦，确实是这样。然而，弗洛伊德学说已经扩张到了专业领域之外。精神分析师也不再拥有或者掌控精神分析。

弗洛伊德：是的，我认为这样的趋势在我还活着的时候就已经开始了。精神分析是从一个很小的男性团体开始的，这个小团体里的大多数人都是犹太医生。我们在我伯格巷诊所的等候室会面。后来，我们逐渐发展壮大。非犹太人也加入了我们的行列，甚至还有女性，但他们大多来自维也纳及其周边地区。

卡　　　尔：是的，精神分析最初是一场地方性运动，但最终您开始吸引一些海外的学生，特别是在第一次世界大战之后。

弗洛伊德：很多富有的美国医生来跟着我学习。

卡　　　尔：我想，您向他们收取的是美元吧。

弗洛伊德：Natürlich（当然），难道你不会这样做吗？不过，还是和我多说说我所使用的词语和观点是如何广泛传播的吧。我非常有兴趣。

卡　　　尔：精神分析……还有精神分析的概念……如今都变得非常大众化了。在流行文化作品——不管是电影、文学作品，还是在一种叫作电视的新奇发明中播出的剧目——中，几乎都能找到它们的身影……

弗洛伊德：我在报纸上读到过"电视"，但是我还没见过……

卡　　　尔：嗯，这种娱乐形式确实是在您去世后才发展起来的。我们也许可以把它描述为一种电影和收音机的结合体……人们可以把这件物品放在自己家里，它能让他们在观看动态画面的同时听到声音。就像客厅里的迷你影院。

弗洛伊德：你改天得给我展示一下这个"电视"，不过我觉得我可能不会喜欢它。

卡　　　尔：我很乐意向您展示我们现在所说的电视。但我想说的是，现如今，人们经常能在电视节目里见到精神分析师或心理治疗师的角色。躺椅也成了一种象征。当看到有人斜躺在长沙发椅上，我们就知道这代表弗洛伊德的"谈话治疗",不久之后,一个由演员扮演的病人就会开始用自由联想的方式诉说他的人生故事,一个医生则会坐在躺椅后面,处于病人的视野之外,时不时记笔记并做出评论。这个被大量复制的场景已经成了现代世界中精神分析的象征。

弗洛伊德：我觉得这很有趣。但是精神分析师在治疗中绝不应记笔记。你肯定知道,我在那个患有强迫性神经症的男性的案例中写过这一点。

卡　　尔："鼠人",我们现在这么叫他。

弗洛伊德：Der Rattenmann(*鼠人*),*对*,*对*。你知道的,他在*世界大战*中死了,很悲惨。

卡　　尔：他被俄国人俘房了,非常不幸,尤其是您还花了那么多精力和他一起工作,帮他治疗严重的神经症。

弗洛伊德：这很让人难过。但就像我说的,我们都是野蛮人,我们把自己的儿子送去赴死。你知道的,我最大的儿子马丁最后也被抓进了监狱。我们都很担心他。

卡　　尔：幸运的是,他后来安全地回到了维也纳。

弗洛伊德：他能回来真是太幸运了。但我们还是先不要打断这个话题,我们说的是精神分析师一定不会在病人面前记笔记。

卡　　尔：当然,临床心理工作者,特别是那些精通精神分析的医生,几乎从不在治疗中记笔记,就像您在1909年对我们的建议那样。因为我们知道这会引起病人的焦虑——他们会担心我们记不住他们的人生故事,或者担心我们会让别人看这些笔记。

弗洛伊德：完全正确。

卡　　尔：但是在电视节目和电影当中,精神分析师一手拿着笔记本,一手握着钢笔的形象已经成了经典。我想这会让分析师这个通常沉默和久坐不动的角色对观众来说更具视觉吸引力。

弗洛伊德：我能理解。但我还是不建议记笔记,那是错误的。

卡　　尔：当然。我想,即便是在您生前,当然尤其是在您去世之后,您不得不对精神分析放手，因为它现在已经发展成一个如此庞大的行业，超出了任何个人或专业团体的控制或监督范围。精神分析已经属于大众了。实际上，弗洛伊德教授，我们英国的一位诗人——您可能不记得他了——W.H. 奥登（W.H.Auden），他……

弗洛伊德：奥登？

卡　　尔：是的，威斯坦·休·奥登（Wystan Hugh Auden）。在您去世后他给您写了一篇颂词，最初以《致西格蒙德·弗洛伊德》（"For Sigmund Freud"）为题发表在《凯尼恩评论》（*The Kenyon Review*）上……

弗洛伊德：《凯尼恩评论》？

卡　　尔：是的，一份美国文学期刊。

弗洛伊德：明白了。

卡　　尔：但随后，奥登在他的作品集《另一种时间：诗》（*Another Time: Poems*）中又以《纪念西格蒙德·弗洛伊德（1939年9月）》["In Memory of Sigmund Freud（d.Sept.1939）"] 为题重新发表了这首诗。弗洛伊德教授，他对您的赞赏如今已被广泛引用，以至于变得有些老生常谈了。奥登认为，您不再是一个人，而是"一种整体的思想氛围（a whole climate of opinion）"。

弗洛伊德：真是这样？

卡　　尔：是的，千真万确。

弗洛伊德：这非常令人欣慰。非常欣慰。如此看来，我已然成了世界的一部分了。要是你们的诗人都在为我写纪念诗，那我恐怕确实已经不在人世了。

卡　　尔：嗯……

弗洛伊德：我对死亡并不惊讶，我唯一惊讶的是我又活过来了！所以，这个奥登……和我多说说他的诗吧。你知道的，我总是说，诗人比心理学家更了解人类的本性。

卡　　尔：没错。我想，您会发现奥登的那首诗相当动人。在这首诗的一个版本中，他称您为一位非常重要的人物，您致力于研究"暗夜中的动物"。

弗洛伊德：这是一个非常优美的表达，"暗夜中的动物"。确实是这样。你知道富塞利的那幅名为《梦魇》（"The Nightmare"）的画吗？我想，它是在18世纪于你们的皇家美术学院（Royal Academy）首次展出的吧？

卡　　尔：是的，我知道亨利·富塞利（Henry Fuseli）的这个作品。这幅画描绘了一个躺在床上熟睡的女人，正在被停栖在其躯体上的恶魔所折磨。

弗洛伊德：正如你描述的，这个恶魔实际上是梦淫妖①。

卡　　尔：是的。这幅画经常作为插画出现在和您有关的一些书中，用于展示潜伏于无意识中的丑陋和恐怖。奥登所说的"暗夜中的动物"，虽然言辞优美，但我认为它并不完全符合您对无意识的看法。富塞利的画作更好地强调了梦境和夜晚世界的危险和恐怖。

弗洛伊德：这是最重要的一点。没错，我们是暗夜中的生物。但是这些栖存于我们内心的生物并不温和。正是这些生物创造出了希特勒（Hitler）这样的人。但是我发现有一点也很重要，就是你忽略了一个事实，富塞利画作中的梦淫妖是一个与性相关的怪物。他以一种可能会侵犯这个女人的方式停栖在她的身体上。也许你不太愿意讨论性。

卡　　尔：完全没有。实际上，我写过不少有关性幻想的文章。

弗洛伊德：是这样吗？好吧，那可能你不太想和我这样一个老人谈论性。

卡　　尔：弗洛伊德教授，我希望我们能以真正的自由联想的传统，畅谈任何事情。

弗洛伊德：嗯，或许也不是任何事情。根据临床保密原则，有的事情必须得

---

① 在中世纪的西方民间传说中，梦淫妖会在人的睡梦中与人交合，乘机吸收其精气。以男性形象出现的被称为男性梦淫妖（incubus），以女性形象出现的被称为女性梦淫妖（succubus）。——译者注

保密。

卡　　尔：当然。

弗洛伊德：你能理解的。我看得出来。

卡　　尔：嗯，我也很惊讶，我们的谈话在短时间内有了很大的进展，从点咖啡……谈到了夜晚心灵的恐怖和对性的恐惧。

弗洛伊德：我们不仅需要记得我们对性的恐惧，还要记住……我们对性的渴望。你知道的，即使儿童也会有强烈的性欲望。

卡　　尔：是的，对性的渴望。弗洛伊德教授，也许这是一个很好的切入点，从这里开始可以更系统地探讨您的生活和工作。在您漫长的一生中，您写了很多关于精神分析的书。而且在您去世后，您的学生和批评者也写了成百上千的书。对于学习者来说，找到一条可靠的学习路径已经变得相当困难。

弗洛伊德：是的，是的，我明白你想要什么，而且现在我又活过来了，至少今天活过来了。我会答应你不同寻常的要求，接受这次逝世后的采访。

卡　　尔：不胜感激。也许我们可以从广泛的、最全局的视角开始，谈谈您认为自己最重要的成就。您做了那么多贡献，它们也都经受住了时间的考验，但如果您必须概括您的工作……

弗洛伊德：如果说我做出过什么重大贡献的话，我认为只有一个，而这个贡献又可以分为三部分。

卡　　尔：请继续。

弗洛伊德：简而言之，我发明了精神分析。

卡　　尔：漂亮的概括……

弗洛伊德：是的，精神分析……它是我创造的。当然了，我也有老师——约瑟夫·布洛伊尔（Josef Breuer）还有其他人——他们帮助我获得了创造这种新的心理学所需要的经验。但是本质上，这是我自己的发明。而且就像我说的，它不止是一个发明，而是三个。

卡　　尔：愿闻其详。

弗洛伊德：第一，精神分析是一种用于治疗精神疾病的心理学疗法。当然，是治疗神经症。第二，精神分析是有关人类精神的结构、内容和运作方式的一套完整理论。我想不出另外一种比精神分析更全面、更具体和更精细的理论。第三，精神分析是一种方法，它是一个理解的透镜，一个诠释的透镜。精神分析是一种看待世界及其本质现象的方法。

卡　　尔：这些都是里程碑式的、颠覆性的贡献。我想即使是您最坚定的批评者也会同意，您创造了一个庞大的理论体系，并且获得了大量临床数据的支撑。即使那些反对您的人也不得不承认，精神分析确实代表了一种内容丰富、引人入胜的心理学流派。您的一些支持者——我可能也属于这一类——认为精神分析不仅是心理学流派之一，而且是整个心理学的必要基石。

弗洛伊德：*对，对*。它确实是，一块必要的基石。

卡　　尔：不过也许我们可以更详细地检验一下刚才提到的精神分析成分，即精神分析是一种疗法，精神分析是一套理论，以及精神分析是一种方法论，一种更详细地研究这个世界的方式。

弗洛伊德：没错。但我想我们必须得暂停一会儿了，我看到科尔先生带着食物过来了。

［科尔先生带着一个大托盘回到桌边，上面放着盛着咖啡的杯子和装着维也纳美食的盘子。］

卡　　尔：科尔先生。这看起来太棒了。

弗洛伊德：我明白了，你把厨房里的东西全拿来了吧。而且你还亲自送过来。

科　　尔：*教授先生知道我通常不会亲自端咖啡上桌*，一般都是由我们的服务员来做。但您是一位十分特别的客人——事实上，您是有史以来在兰特曼咖啡馆用过餐的最出名的人——所以我亲自来为您服务。

卡　　　尔：我们对您不尽感激，科尔先生。

弗洛伊德：Er ist ein richtiger Gentleman（*他真是一个绅士*）！

卡　　　尔：他确实是一个绅士。

弗洛伊德：但请告诉我，科尔，你给我们带来了什么？我们没可能吃完如此丰盛的筵席。我这把年纪，加上我这有问题的下颌，我甚至都不知道我还能不能咀嚼。

科　　　尔：但*教授先生*享用我们的甜点应该没有问题，它们很软，很美味，而且也很容易消化。我们精选了一些兰特曼最好的烘焙美食。我给您带了一些我们的 Buchteln——一种填满果酱的面包，还有一些 Krapfen……

卡　　　尔：我们管它叫甜甜圈。

科　　　尔：甜甜圈，*对*，这些是甜甜圈。还有一些 Gugelhupf，我想也就是你们说的，*圆环蛋糕*。当然，还有我们出名的*果馅卷*以及一些*维也纳可颂*。但是我不知道用英语怎么说。

弗洛伊德：你需要一个法语词。这些是"Croissants（*羊角面包*）"。

科　　　尔：啊，"Croissants"。

弗洛伊德：我还是学生的时候在巴黎住了几个月，你知道的，在伟大的沙尔科（Charcot）导师手下工作。我得说在 1885 年我的腰身可没这么苗条，因为那时我享用了很多法国美食和美酒。

科　　　尔：先生们，这是你们的咖啡。我们美味的*马车夫咖啡*，ein kleiner Mokka, mit Schlagobers。

卡　　　尔：摩卡加搅奶油。

弗洛伊德：我的医生不会允许我吃这些美食的，科尔先生。不过，你可以把这些食物放在这里，我们再看看如何处理。

科　　　尔：*教授先生*，如果有任何需要，只要能让您更舒适，您尽管开口。

希望你们的谈话圆满成功。

卡　　　尔：非常感谢您，科尔先生。

［科尔先生恭敬地鞠躬，然后离开。］

弗洛伊德：无论如何，我们都得吃点喝点，我也要尝一口。但我们绝不能让这些琐事分散了我们采访的注意力。

卡　　　尔：当然，*教授先生*。

弗洛伊德：不过你或许该找一个更安静的房间，避免任何干扰。

卡　　　尔：我确实考虑过在一间小咨询室和您见面，但是我想我们可能时不时会需要一些茶点。

弗洛伊德：安静的房间最好，不过既然葆拉不在这里为我们服务，就得麻烦科尔先生了。

卡　　　尔：葆拉·费希特尔（Paula Fichtl）？您的管家？

弗洛伊德：就是她。不过让我们继续吧……

卡　　　尔：不论如何，我很感激您在心理学和医学领域做出的巨大贡献，您把医生从嘈杂的医院病房带到了安静的私人咨询室。

弗洛伊德：是的，在我生活的那个年代，精神病院的精神科医生把所有的病人都集中在一间大病房里，那里没有隐私可言。一点隐私都没有。但最终，我把我的病人带入没有观察者、没有第三方的咨询室。只有这样，他们才能私密地和我谈论他们的性生活。

卡　　　尔：我认为，通过这种将隐私引入医学的方式，您取得了惊人的成就。

弗洛伊德：我同意你的看法，*对*，我同意你的看法。

卡　　　尔：或许我们可以继续之前的话题。就在科尔先生带来这些美味佳肴之前，我们已经开始讨论精神分析的三个相互关联的方面：治疗、理论和方法论。

弗洛伊德：是的，让我们继续。首先，也是最重要的，你知道，精神分析是一种旨在缓解病人神经症症状和痛苦的治疗方法。

卡　　　尔：我相信，您创造精神分析，以真正代替19世纪那些诸如镇静剂、监禁甚至忽视的"治疗方法"。

弗洛伊德：你说得很对。我们会用链子和皮带，把疯了的人捆在床上。但大多数情况下，精神科医生什么也不做。我希望，因为我做的工作，这一状况得到了很大的改善。

卡　　　尔：如今，当人们遭受焦虑症状、神经症性抑制（neurotic inhibitions）、抑郁或其他心理障碍时，他们通常会去看全科医生，在大多数情况下，医生会给他们开一些药，即进行躯体治疗。在您1939年去世后，药物学取得了惊人的发展。现在我们有一种非常受欢迎的药物——被称为"抗抑郁药"的小药片。

弗洛伊德：我可以想象那是什么东西。

卡　　　尔：抗抑郁药物试图调整神经递质的平衡。

弗洛伊德：我对神经递质十分了解，那是大脑中的化学物质。

卡　　　尔：是的。

弗洛伊德：当然，我认识奥托·洛伊（Otto Löwi），他来拜访过我。他在脑化学方面做了开创性的工作，所以我对这个领域很熟悉。洛伊获得了诺贝尔奖，而我从来没有获得过，虽然我的支持者们也曾竭力为我争取提名。

卡　　　尔：是的，那一定很令人失望。

弗洛伊德：嗯，这真的也不重要了，尤其是现在；而且从你给我讲述的情况来看，弗洛伊德的名字比洛伊更家喻户晓。我记得你之前是不是说过"一种整体的思想氛围"？

卡　　　尔：没错，一种整体的思想氛围。

弗洛伊德：不过我们又一次自由联想了。和我说说你们国家的那些抗抑郁药。

卡　　　尔：仅在英国，医生开具的抗抑郁药物处方就多达数千万张，这些药物包括西酞普兰（citalopram）、舍曲林（sertraline）、阿米替林

（amitriptyline）、帕罗西汀（paroxetine）……这份清单很长，不一而足。

弗洛伊德：所以什么都没改变。我们那个年代没有这些"抗抑郁药"，但我们有类似的东西。溴化物，镇静剂。我所有的病人都用过这些药物。我所有的同行都开过这些药物。在我神经病学职业生涯的起步阶段，也开过这些药。但这些药物无一能帮助到病人，无一能治愈疾病。你所说的"躯体治疗"——你说得没错——就是个谬论。心理疾病不能用躯体疗法来治疗。心理疾病只能用精神分析来治疗。其他所有方法都会失败。

卡　　尔：但确实，许多人都被神奇药效的承诺所诱惑。

弗洛伊德：奇迹般的疗效是一种婴儿式的愿望满足；但精神分析师不能把治疗建立在愿望之上。精神分析师必须努力工作才能取得成效。而且你会发现，大多数精神分析师都可以用我的谈话疗法治愈病人。这是事实。

卡　　尔：您说这些话的时候充满激情……而且十分确信。

弗洛伊德：这种确信建立在我一生从未停止的工作……不断的探索之上。

卡　　尔：毫无疑问。

弗洛伊德：让我们继续谈治疗吧，因为这非常重要。我成为一名医生是在……什么时候……让我想想，我在1881年通过了最终的医学考试。我那时候还不到25岁。那是很久之前了……但我从医学院毕业了，第二年，我成了 K.K. Allgemeines Krankenhaus（或者 Allgemeines Krankenhaus）的员工——你可能知道，这是维也纳最好的一所医院，我在那里担任过很多职务。里面的 K.K.，你可能也知道，代表"Kaiserlich-Königliches"。

卡　　尔：我想是"帝国–皇家"。

弗洛伊德：是的。帝国–皇家综合医院可能是一种不错的译法。我成了一名 Aspirant……

2 超越疯人塔：对精神病学的批判

卡　　尔：我想，是临床助理……
弗洛伊德：*对，对*，临床助理。接下来我成了一名 Sekundararzt。我不知道你会如何为你的读者翻译这个词。
卡　　尔：我想我们会说初级医生，或住院医师，甚至实习医生。
弗洛伊德：是的，最后我成了一名精神科住院医师，在梅纳特（Meynert）*教授先生*手下工作。
卡　　尔：特奥多尔·梅纳特（Theodor Meynert）。将梅纳特教授形容为维也纳弗洛伊德之前的弗洛伊德是否合适？
弗洛伊德：哦，有意思的说法。是的，在我之前的那个时代，他在精神病学方面确实拥有显赫的地位。他是一位成就卓越的人——你知道的，他写诗，也写科学书籍和论文——但是，尽管如此，他对心灵一无所知。

［弗洛伊德教授停下来，喝了第一口咖啡。］

弗洛伊德：这种*咖啡*的味道比我想象中的好。我们一会儿可以尝尝食物。
卡　　尔：哦，真是松了一口气。我很高兴您能再次享用兰特曼的咖啡。
弗洛伊德：不论如何，或许这儿用来做一场逝世后的采访，倒也并非是个糟糕的地方。
卡　　尔：不过请务必和我们说说，在您还是一名年轻的医学生，以及之后作为一名年轻医生的时候，精神病学和心理医学领域的情况。
弗洛伊德：嗯，那确实是一个与 Frühmittelalter……也就是中世纪早期，相似的时期。大多数患有心理疾病的病人——诸如癔症、强迫症和抑郁症等神经症，以及偏执等更严重的疾病——根本没有得到任何帮助。任何帮助都没有。他们默默忍受着痛苦。有一些人的家人能包容他们……有一些则惩罚他们。但他们苦不堪言，生活中毫无乐趣可言。或许他们最终的状况反而更好，因为那些来到综合医院接受精神科治疗的人，嗯……

卡　　尔：他们受到了非常无情的对待？

弗洛伊德：Unsympathisch（*无情*）……korrekt（*正确*）！你说得没错。他们接受了非常无情的治疗。实际上，我想说，他们受到了非常残忍的对待。大多数时候，我们把病人留在床上——那是非常糟糕的床，在又大又冷的开放式病房里，毫无隐私可言，嘈杂喧闹，无人关心。每天，教授都会带着他的学生和年轻医生们从一张床走到另一张床，他经常仅仅根据躯体表征来确认或否定诊断。他从来不会和病人私密地交流。事实上，他是在谈论病人，而不是和病人交谈，他让病人暴露无遗。梅纳特甚至会羞辱他们。他从来没有试图理解他们症状的含义，更不用说这些症状的童年起源了。一次也没有！

卡　　尔：将19世纪晚期的精神病学描述为一个被忽视的时期，这样的说法公平吗？

弗洛伊德：忽视，毫无疑问。这种忽视基于无知和残忍。你瞧，梅纳特对脑解剖学非常痴迷。当然，我们都很痴迷。显微镜技术变得越来越精密，病理学也一样。神经学作为一门专业开始蓬勃发展。所以我们都想了解疯子或神经症患者的大脑。梅纳特和其他许多人一样——克雷佩林（Kraepelin）、阿尔茨海默（Alzheimer）等——这些人想找到大脑中导致疯狂的受损部分。他们不断尝试。他们不断地把人死后取得的大脑样本置于显微镜之下观察，却什么也没发现。

卡　　尔：在综合医院，你们是不是有一座专门用来关押精神病人的建筑物？

弗洛伊德：你见过"Narrenturm（*疯人塔*）"？

卡　　尔：是的，我参观过了。一座令人感到不祥的堡垒——又高又圆，几乎没有窗户——位于主干道后面，即使在今天看来也非常可怕。

弗洛伊德：一座野蛮的建筑物。就像疯子的监狱，愚人的堡垒。有五层楼那么高。

卡　　　尔：我想，我们桌上的这块*圆环蛋糕*，就像在纪念疯人塔的外形。

弗洛伊德：我认为你说得对。*圆环蛋糕*确实很像疯人塔，又高又圆。你知道的，在我生活的那个年代，疯了的病人会被人用链子拴在地上，锁在*疯人塔*的墙上。当然，那个时候我们不会用很重的金属链子，但当病人变得歇斯底里的时候，我们会用皮革约束装置把他们绑在床上。*非常无情*。

卡　　　尔：我读过一篇关于*疯人塔*的令人毛骨悚然的描述，是美国医生普林尼·厄尔（Pliny Earle）博士在 1853 年写的。我猜，他曾探访过欧洲大陆的精神病院。这篇文章发表在了《美国精神病杂志》（*The American Journal of Insanity*）上。

弗洛伊德：厄尔博士说了什么？

卡　　　尔：他用相当阴森的措辞描述了*疯人塔*——外形像一个圆筒，当然，"光线微暗"，窗户上有铁栏杆，地板和墙壁上安有铁环。

弗洛伊德：我想这些是用来锁住疯子的。

卡　　　尔：是的。

弗洛伊德：真令人毛骨悚然。

卡　　　尔：那些疯子睡在稻草上。

弗洛伊德：到我所处的那个时代，至少还是有床的。

卡　　　尔：厄尔博士写道，"他们没有浴室，没有书，没有娱乐活动，没有乐器，也没有做礼拜的场所。"

弗洛伊德：你知道，1853 年我还没有出生，但我想，如果厄尔博士随后几年再来拜访，他会给出非常相似的描述。

卡　　　尔：没有"浴室"让我深切地感受到这里被忽视……

弗洛伊德：是的，但没有做礼拜的场所又怎么说呢！当时，天主教对哈布斯堡王朝的领地有着强有力的控制。虔诚的天主教徒被剥夺宗教礼拜场所，这简直是不可想象的。但你看，那些疯子根本不被考虑在内。

卡　　尔：多么重要的观察……

弗洛伊德：应该建一个小礼拜堂。

卡　　尔：我认为您创造的"谈话疗法",确实为传统的19世纪精神病学提供了一种替代镇静剂、溴化物和监禁……以及忽视……的方法。

弗洛伊德：我在综合医院的时候,确实尝试了这些方法,但最终我发现它们没什么用。

卡　　尔：但是这些方法代表着当时精神医学治疗的"黄金准则",您为什么不像其他医生一样,接受这些备受推崇的传统治疗方法呢？您为什么反对并因此开发了一种新方法呢？

弗洛伊德：这确实是个该考虑的问题！

卡　　尔：当然了,作为一个出身贫寒的年轻医生,您很有抱负。关于您的这些,我们都很了解,所以能理解您想出人头地的愿望。但是为什么……

弗洛伊德：我不知道我能否完整地回答这个问题。当然,我是站在人道主义立场反对标准的精神疾病治疗的。我的反对态度如此坚决,你知道的,以至于我从未成为一名精神科医生。因此,我决定专攻神经学。在我生活的那个年代,精神病医生不过是钥匙保管人。他们有权力锁门和开门,但他们没有为病人做任何实事。一旦成为精神病人,这个人就永远是精神病人。你知道吗？大多数被送进医院的病人再也没有回过家。基本上,他们余生都被锁在里面。所以,一方面,我反对对病人的治疗,另一方面,我想找到一种更好的心理学理论。

卡　　尔：您一生都在谴责野蛮的精神病治疗。这也让我想到多年后您写的评论文章,批评了在第一次世界大战中使用电击作为惩罚装病士兵的残酷手段。

弗洛伊德：是的,我向一个调查当时的电击使用情况的委员会提供了书面证词。我批判了这种所谓的治疗。这是真的。你会发现给这些年轻人开电击处方……只不过是人类无意识的施虐癖。我们在本质上是非常残忍的。

卡　　尔：但我相信，您想要创立精神分析，是期待着发展出一种方法，从而能够以非残忍、非忽视的方式来处理心理痛苦。

弗洛伊德：是的，精神分析当然不残忍，虽然可能很难。它会挑战阻抗和压抑，这可能会让病人不舒服一段时间。但从根本上说，这并不残忍。它是一种允许精神分析师花大量时间与病人在一起的治疗方法……倾听病人……并认真对待病人。没错，我们鼓励我们的被分析者躺在床上——躺在躺椅上，就像亨利·富塞利的画《梦魇》那样，但我们不会在病人的胸口放一个梦淫妖。

卡　　尔：有人可能会说，实际上精神分析师是在帮病人将梦淫妖从胸口移开。在英语中，我们甚至有一句俗话来描述这种释放重负的感觉。我们可能会说，"噢，能够把这些从胸口移开的感觉真好①"。

弗洛伊德：一点没错。精神分析会卸下负担。而且我们带着尊重来治疗病人。我们倾听，然后分享我们的理解。这要人性化很多。

卡　　尔：我认为"谈话疗法"确实在医学史和医疗保健史上开辟了重要的新天地，这得益于您重新定位了医生的角色，让医生成了一个采用"非侵入"方法的人。从古至今，医生总是有权利触摸病人，并在病人身上进行各种手术——通常是致命的、痛苦的手术。但在精神分析中，您开创了一种不用触摸就能和病人相处的方式。事实上，精神分析反对身体接触。

弗洛伊德：你知道，在我从医之初，我是按传统方式行医的。我会给病人做身体检查，当我要求他们脱衣服时他们就脱。然后我可能会把听诊器放在他们的胸部，或者可能会触诊他们的背部，等等。当然，我从未当过外科医生，尽管我确实有一些做手术的经验。在所有医生里，外科医生尤其特殊，他们通过身体接触来切割病人。我

---

① 英文为 it felt good to get that off my chest，意译是"把我的心事说出来的感觉真好"。——译者注

认为，我们医生并不总是对病人的身体给予足够的尊重。

卡　　尔：我们知道至少有一次，您曾在一场讲座上，让一个病人在一群医生面前脱光衣服，对他进行检查。

弗洛伊德：嗯，我们都这样做过。在我生活的那个年代，大多数临床教学都是在大讲堂进行的。通常*教授先生*会在助手的簇拥之下走进来，接着就一个特定主题为我们进行讲授。在个过程中，病人会被护送进房间，房间里通常有数百名男性医生或医学生。病人——通常是女性——有时得脱掉部分衣服，有时要全部脱光，这取决于问题的性质，你知道的。

卡　　尔：我想起了 1886 年您在 Kaiserliche und Königliche Gesellschaft der Ärzte——维也纳帝国和皇家医师学会 (Imperial and Royal Society of Physicians) 上做的演讲，就在您 30 岁生日的几个月后。

弗洛伊德：我记得那个场景。

卡　　尔：如果我没记错的话，您报告了一个病例，叫作"奥古斯特·P.（August P.）"，在您的描述中他是一个 29 岁的雕刻师，有癔症症状。

弗洛伊德：是的，在那个时候，很少有人相信男性会患癔症，但我在巴黎跟随沙尔科导师学习的时候知道，两性都会受到癔症的折磨。

卡　　尔：也许我们可以在合适的时候讨论一下您跟随沙尔科的那段经历，因为我知道他对您的工作产生了非常深远的影响。

弗洛伊德：我会说它具有启蒙性。我真的是这么认为的。

卡　　尔：但还是和我们说说"奥古斯特·P."吧，那个雕刻师。

弗洛伊德：好吧，如果我没记错的话——毕竟都过去这么久了——有一位叫冯·贝格扎齐的年轻匈牙利喉科医生知道我对癔症有兴趣，就把这个病例寄给了我。

卡　　尔：朱利叶斯·冯·贝格扎齐（Julius von Beregszászy）？

弗洛伊德：是他，是的。不过你是怎么知道他的？

卡　　尔：他促成了著名外科医生亨利·特伦瑟姆·巴特林 (Henry Trentham Butlin) 的一篇重要英语论文的德语版出版。

弗洛伊德：我不知道这位亨利·巴特林。

卡　　尔：巴特林曾经担任过英国皇家外科医学院（Royal College of Surgeons of England）的伊拉斯谟·威尔逊病理学教授（the Erasmus Wilson Professor of Pathology）。他写了一本非常重要的关于舌头疾病的书。您的同事冯·贝格扎齐把这篇文章从英语翻译成了德语。

弗洛伊德：我不知道冯·贝格扎齐做过这件事。

卡　　尔：您也曾通过做翻译赚钱。

弗洛伊德：是的，是的，毫无疑问之后我们会谈到这个话题。不过你想了解这个病人？

卡　　尔：是的——"奥古斯特·P."。

弗洛伊德：他有很多典型症状，比如心悸、睡眠紊乱、消化问题、头痛、带自杀倾向的抑郁、眼部疼痛，等等。你知道，他遭受过创伤，一个女人指控他偷窃，在这之后，他变得更糟糕，出现了更多症状。

卡　　尔：我想他还开始感到喉咙痛了，对吧？

弗洛伊德：是的……还有耳鸣，失忆，等等。最引人注目的是，他身体的左侧变麻木了。这些都是癔症的特有症状。在这种情况下，我们也许会说病人的一切都不对劲，然而与此同时，病人又没有任何不对劲。我们无法找到这些症状表现的器质性基础。

卡　　尔：然后您当着同事的面给这个病人做了检查。

弗洛伊德：是的——我进行了一次检查。

卡　　尔：我明白了。

弗洛伊德：你想知道，我是如何从一个会触摸病人的医生，变成一个除了偶尔进行维也纳式握手之外，完全不碰病人的医生的。

卡　　尔：那可就帮大忙了。这代表了着重点的重要转变。

弗洛伊德：我同意。但早在 1886 年，通过"奥古斯特·P."的病例，我就已经了解到了布洛伊尔的宣泄工作的潜力，比如精神宣泄、允许病人说话等，但我当时还没有成为这种方法的熟练实践者。不过，可以说，我已经踏上了这条道路。

卡　　尔：所以，作为一名年轻医生，您那时使用了传统的身体检查方式？

弗洛伊德：是的。如果我没记错的话，那个病人脱下衣服，然后我向我的医学同行展示了他身体左侧的半身麻木状态。我记得我把一张卷起来的纸塞进了他的左耳，但他没有反应。我还把纸塞进了他的左鼻孔，但同样……没有反应。

卡　　尔：然后您认为这是癔症的证据。

弗洛伊德：很典型。

卡　　尔：对了。教授，您的*马车夫咖啡*怎么样？您还能承受吗？

弗洛伊德：*很好*！我似乎可以喝东西了。但请不要让我分心。

卡　　尔：原谅我。我一直有些担心您的下颌。

弗洛伊德：它挺好的。在患了这么多年癌症之后，现在的状态已经相当不错了。

卡　　尔：我能理解。

弗洛伊德：你说得没错，我们会以一种戏剧化的方式来展示病人。我在维也纳的老师们经常这样做。沙尔科经常这样做。如果你来到我的诊室，你会看到一幅尤金·皮罗登（Eugène Pirodon）的石版画，它是根据安德烈·布鲁耶（André Brouillet）的一幅著名油画制作的，描绘了沙尔科在许多男医生面前演讲，正在向众人展示一个昏厥的女性癔症患者。

卡　　尔：布兰奇·惠特曼（Blanche Wittman）？

弗洛伊德：*对*，*对*，那是她的名字。布兰奇·惠特曼。

卡　　尔：在此之后，她成了一部广受好评的小说的主人公，该小说声称惠特曼小姐曾是玛丽·居里（Marie Curie）的研究助理。

弗洛伊德：我不认为那是真的。

卡　　尔：当然，历史学家对此表示非常怀疑。
弗洛伊德：但是她确实患有癔症，当沙尔科抱着她，触碰她时，所有男医生都围拢过来。她成了一个医学展品。
卡　　尔：而且是一个性欲化的医学展品。艺术家安德烈·布鲁耶画里的惠特曼小姐，衬衣被拉下，肩膀裸露，背部拱起，胸部凸显。
弗洛伊德：没错，一个性欲化的医学展品。而且或许正因为如此，男人才乐于展示女性，以此满足他们被压抑的性快感。也许在某些情况下，也没那么压抑！
卡　　尔：没错。而您在很大程度上改变了这一点。您创造了一种更善解人意的、更有尊严的方式来让病人"暴露"，而不用脱掉衣服。
弗洛伊德：这描述得不算糟糕……精神分析确实能帮助病人"暴露"，同时让他们保持衣着完整。
卡　　尔：我想我们都遇到过这样的病人，他们在治疗过程中，时不时会提到一种"精神裸体"的体验。
弗洛伊德：当然。当然。你和我提起"奥古斯特·P."是对的，现在我们聊到了布兰奇·惠特曼，还有很多其他人。你瞧，当我开创精神分析时，我采用了一种截然不同的方法。我不再触碰我的病人，也不再在公开场合展示他们。我用一种非身体接触的、私密的方式和他们工作。
卡　　尔：从历史角度来看，这是一项重大成就。
弗洛伊德：你这么说真是太客气了。我确实在努力开创一些新东西—— 一些能让我们超越我所在时代的那种粗糙的精神病院治疗的东西。
卡　　尔：我们甚至还没有开始讨论 19 世纪精神医学最糟糕的方面。
弗洛伊德：你脑海中出现了什么？
卡　　尔：嗯，我想到了许多在女性身体上进行的不必要的、野蛮的手术，比如阴蒂切除术、卵巢切除术，等等。我们还知道，一些德国医生会对患有早发性痴呆（我们现在称之为精神分裂症）的男性进行阉割。

弗洛伊德：没错，这都是些残忍至极的疗法，是对病人身体的恶毒攻击。我认为我们绝不能忘记，医生曾经施行过如此愚蠢、如此错误的手段……而且这一切都被冠以医学之名。

卡　　尔：在我看来，精神分析提供了一个与患者交谈的机会，而许多更注重身体层面的治疗方法——监禁、生殖器切割、药物治疗……

弗洛伊德：都是医生对患者实施的某种操作。医生并没有与患者在一起。

卡　　尔：是的，这非常重要。这个着重点的改变。

弗洛伊德：在我开始实践精神分析之后，我就不再触碰病人了。我会在会谈开始或结束时握手，仅此而已。我不会让病人脱衣服。我也从未在病人身上进行过任何身体操作或诊断检查。我只是让病人躺在舒适的躺椅上！

卡　　尔：是的，您提供了一个保密、私人的空间让病人可以休息，真的可以把脚翘起来放松一下。

弗洛伊德：说到休息，我觉得我得站起来一会儿了。我在这把椅子上坐得太久，腿都开始抽筋了。有人可能会认为，作为一名精神分析师，我应该习惯了久坐不动，但有时我们必须既关注心理，也关注身体。

卡　　尔：是的，好主意。让我们暂停一会儿，稍微活动一下身体。有时，心理治疗师和精神分析师在努力关注心理的过程中会过于轻视身体。

弗洛伊德：你可以搭把手吗？在我这个年纪是需要一些帮助的。

卡　　尔：当然可以，*教授先生*。

弗洛伊德：我有拐杖，它能帮上忙，但有时从坐变换到站，即使在死后，也有点困难。

［弗洛伊德教授缓慢地走过兰特曼咖啡馆的房间，然后回到桌边。］

弗洛伊德：我觉得这很有用。现在我们继续吧。

3

摩拉维亚的童年

弗洛伊德： 我必须承认，伸伸腿然后重新坐下来让我感到很轻松。大脑可以如此活跃和敏捷，而身体却总是背叛我们，这真令人烦恼呀。

卡　　尔： 确实非常令人烦恼，特别是我们中的许多人在那种令人愉快的婴儿式全能感状态下长大，完全不用为身体操心。

弗洛伊德： 看得出来，你确实读过我的作品。在这种情况下，确实是一种婴儿式全能感。婴儿完全被初级过程和躯体满足所支配。他们不必担心衰老、癌症和死亡。这些烦恼是专门留给我们这些上了年纪的人的。

卡　　尔：但我不认为您会把婴儿期描述为一个平静的时期，对吧？毕竟，婴儿也有自己的挣扎。事实上，在您去世后崭露头角的精神分析师——如梅兰妮·克莱因，特别是英国的唐纳德·温尼科特（Donald Winnicott）——把婴儿期描述为一个非常可怕的时期，充满了对坠落与失整合的恐惧和焦虑。

弗洛伊德：梅兰妮·克莱因这个名字我知道，不过我不太喜欢这个女人。我相信，她曾试图抢安娜的风头，而且我认为她对我女儿的工作也不够尊重。但我不认识唐纳德·温尼科特。

卡　　尔：20世纪30年代中期，他在伦敦获得了精神分析师的资格，但直到您去世后几年，他才以精神分析作家的身份声名鹊起。不过，在您从维也纳回来后不久，温尼科特医生确实拜访了您在伦敦的家，想要询问您的健康状况，但似乎他并没有直接见到您。

弗洛伊德：可能他见到的是我女儿安娜和管家葆拉。她们通常会站在门口，帮我挡掉一些不必要的访客。来访的人实在太多了，你知道的。

卡　　尔：所以您没有遇到温尼科特医生本人，但即便如此，他还是非常希望您在经历了这场磨难后安全抵达。

弗洛伊德：你是说我从纳粹那里逃出来。

卡　　尔：是的。

弗洛伊德：那为什么不直接说出来呢，在这一点上我们不需要这么委婉。

卡　　尔：当然。

弗洛伊德：但我刚刚打断了你……你得原谅一个老人。

卡　　尔：我们已经开始谈论自您在世以来精神分析的发展。

弗洛伊德：我想，这个行业已经发展起来了，并且经历了某些变化。我希望我会喜欢这些变化。

卡　　尔：这个行业已经变得相当庞大了。现在几乎在每个国家都有精神分析取向的同行，甚至在中国也有。

弗洛伊德：我在维也纳有一些来自日本的学生，但是中国人……从来没有。

卡　　尔：我相信，早在1929年您就和一位对您的工作很感兴趣的著名中国人士有过简短的通信。

弗洛伊德：噢，天啊，我都忘了。收到这位先生的信，我和安娜都很感兴趣。我想，他是想翻译一些我的作品。

卡　　尔：是的，当时的中国教育总长章士钊曾请求获得翻译您作品的许可。我想他是从翻译您的自传开始的。

弗洛伊德：我无法想象我的作品用那种外文书写会是什么样子。

卡　　尔：如今，中国人已经真正开始接受精神分析，来自世界各地的分析师最近都与中国建立了联系，提供培训。我在美国的几位同事通过一种叫作Skype①的新技术对中国心理健康专业人士进行了精神分析。

弗洛伊德：Was ist das（这是什么）？ Skype？

卡　　尔：您应该还记得我们早些时候讨论过的电视吧？

弗洛伊德：当然。你觉得我的记性有那么差吗？如果没有记性，我还算哪门子精神分析师？

卡　　尔：我只是想让我们再次想象那个画面，因为Skype很像电视和电话的结合。无论身在何地，两个人可以通过Skype互相交谈，也能看到对方。因此，在纽约的美国分析师和在北京（过去被称为北平）的中国被分析者可以用这种方式进行分析。

弗洛伊德：这一点我实在不理解。但没关系，你们的现代世界有很多让我困惑的地方。还有很多东西我并不欣赏……尤其是着装太随意。看那边的那位女士，她腿上没有任何衣物遮盖，我妻子要是在这儿一定会被吓坏的。但我们必须接受这些变化。如果我们不这样做，我们就是在否定现实原则。

---

① 一款即时通讯软件。——译者注

卡　　　尔：当然，您一定很高兴知道您的工作在全世界有如此大的影响力。

弗洛伊德：是的，当然，不过前提是我能确信它被妥善地传承了。这些年来，我遭遇了太多背叛，许多人一开始拥护我的学说，随后却以离经叛道的方式将其曲解。你肯定知道我心里想的是哪些人。

卡　　　尔：我猜有威廉·斯特克尔（Wilhelm Stekel）……

弗洛伊德：那个卑鄙小人！没错，他是其中一个。

卡　　　尔：还有阿尔弗雷德·阿德勒（Alfred Adler）以及卡尔·古斯塔夫·荣格（Carl Gustav Jung）。

弗洛伊德：那完全是另一码事了，我现在感觉没法谈这些。也许稍后……如果我不太累的话。这些人背叛了我，你应该明白，我不想因过于关注而给予他们的背叛任何尊重。

卡　　　尔：我注意到我们已经开启了这么多话题，我有点担心我们可能无法在今晚兰特曼咖啡馆关门之前讨论完所有这些话题。

弗洛伊德：嗯，我们尽量吧。所以让我们集中精力。你想了解精神分析的三个方面？

卡　　　尔：治疗、理论，以及方法论。

弗洛伊德：嗯，我们已经就治疗进行了一些讨论：精神分析是一种特殊的治疗神经症的非药物疗法。我们可以开始谈理论和方法论的部分了。

卡　　　尔：我也非常希望我们能回顾一下您的人生故事，您的传记。

弗洛伊德：但那并不是很有趣。

卡　　　尔：噢，我想学生们会非常乐意听您讲述您生命中真正重要且具有变革性的时刻，一方面是为了教育自己，另一方面是为了从中获得启发。

弗洛伊德：但你告诉过我，舒尔医生为我写了一本传记，欧内斯特·琼斯也写过。我记得他写了三卷，是吧？

卡　　　尔：他确实写了三卷。我知道他还有他的夫人凯蒂（Kitty）……

弗洛伊德：约克尔（Jokl）女士，是的，我很清楚地记得她。但是在琼斯遇到这位女士前，他曾想娶我的女儿安娜，你知道的，但是这事最后没成。我不确定是否真的想让琼斯做我的女婿，特别是后来我发现了他的许多风流韵事。但除此之外，在精神分析运动中，没有人比他更努力了。不过约克尔小姐怎么样，或者我该叫她琼斯夫人？

卡　　尔：在20世纪50年代期间，琼斯博士几乎全身心地致力于撰写您的传记。我从各种渠道听说，他和帮助他进行研究的琼斯夫人读了您的许多私人信件，对您的日常生活非常了解……

弗洛伊德：他们读了我的信？什么信？

卡　　尔：我想，您的女儿安娜很信任琼斯，她特许他阅读大量家庭信件。毕竟，琼斯在帮助你们一家逃离维也纳一事上出了不少力。

弗洛伊德：即便如此，这也是侵犯隐私。精神分析师不应该读别人的私人信件。

卡　　尔：不用担心，琼斯写了一部对您赞誉有加的传记。许多人甚至认为它过于恭维了！

弗洛伊德：不过你好像有些看法想表达。

卡　　尔：是的，欧内斯特·琼斯和他的妻子过去经常一起玩一个游戏。他们中的一个人会从您的生活中选择一个日子，然后问另一个人您在那一天做了什么。通常他们都知道答案。

弗洛伊德：就像说："1927年3月5日弗洛伊德教授在哪儿？"

卡　　尔：就是这样。

弗洛伊德：他们记住了我的生活。好吧，琼斯这人确实有点强迫，所以我也没那么惊讶。但我得再问一次，既然琼斯如此详尽地记录了我的生活……那么，为什么过了这么久，我们还要再讨论我的传记呢？

卡　　尔：由于有众多学者写了大量关于您的生活和工作的文章，关于西格蒙德·弗洛伊德的文献已经变得相当庞杂。事实上，关于您的传记研究，我们确实有成百篇，甚至上千篇。因此，刚开始学习的学生很难知道从哪里开始。如果您能以一种真实的方式亲自指导我们了解您的生活和职业，我认为这将非常有价值。

弗洛伊德：那好吧，我会尽力帮助你的，但我得说，我更愿意做那个听别人讲述生平的人。

卡　　尔：也许我们可以试着重现您的生平，或者至少浏览一些重要时刻，然后看看进展如何？

弗洛伊德：很好，Herr Kollege（*同行先生*），我听你安排。或许我们可以在讲述生平的过程中，适时穿插相关理论。

卡　　尔：好主意。

弗洛伊德：确实。

卡　　尔：我看见科尔先生等候在拱门旁边。您想再来点咖啡吗？我注意到我们一直在忙着谈话，都还没动这些点心。我觉得，如果我们不尝上几口，他会伤心的。

弗洛伊德：你知道我的右脸装了一个木制下颌。所以我不知道该怎么做。但也许我可以尝一点*圆环蛋糕*。

［弗洛伊德教授拿了一个勺子，尝了一口点心。］

弗洛伊德：嗯……Sehr köstlich（*非常美味*）。

卡　　尔：是吧，我也尝尝。

弗洛伊德：你知道，我不是特别喜欢吃甜食。我对此感到很高兴。因此，我的体重从来没有出现过大问题。

卡　　尔：这个确实非常美味。

弗洛伊德：噢，看，他过来了。

［科尔先生向桌边走来。］

弗洛伊德：科尔先生，请代我们向糕点师致意。*圆环蛋糕*一如既往地出色。真让人怀念。

科　　尔：弗洛伊德教授，听到您说喜欢我们的甜点我很高兴。请告诉我，*马车夫咖啡*怎么样？

弗洛伊德：比我想象的还令人满意。谢谢你。

科　　尔：那么如果有任何其他需要……

弗洛伊德：Nein, nein（*不用，不用*），科尔。如果我们需要你，我们会叫你的。

科　　尔：我相信你们的访谈会顺利的，先生们。

卡　　尔：谢谢，科尔先生。

［科尔先生鞠躬，离开。］

弗洛伊德：那么，我们吃饱了，喝饱了。口欲已经完全得到满足了。现在让我们动用嘴巴，不是为了吃喝，而是为了交谈。这是一种更高级、更升华的口欲形式，你同意吗？

卡　　尔：我当然同意，*教授先生*。

弗洛伊德：我们该从哪开始？

卡　　尔：唔，或许您可以和我说说弗洛伊德家族的起源。

弗洛伊德：弗洛伊德家族在莱茵河（Rhein）畔的科隆（Köln）生活了多年，但在14世纪或15世纪，家族为了躲避对犹太人的迫害，可能逃到了立陶宛。我听说，在19世纪，我父亲的亲戚搬到了加利西亚，就像许多德国犹太人那样。

卡　　尔：我相信，加利西亚的人口构成十分多元，包括波兰人、捷克人、斯洛伐克人等，还有大量犹太人。

弗洛伊德：确实是的。一个大熔炉，就像你说的。但我父亲并不是在伦贝格（Lemberg）——那是利沃夫（Lvov）的意第绪语名字——长大的，这里确实是犹太文化的中心。我父亲来自一个名叫泰斯曼尼茨（Tysmenitz）的小镇，当时还是哈布斯堡帝国（Habsburg Empire）的一部分。

卡　　尔：自 19 世纪初以来，这些国家的名称变更过很多次，但值得一提的是，这些城镇和城市现在是乌克兰西部的一部分。

弗洛伊德：我的族群来自一个被俄罗斯、波兰、德国、奥地利、罗马尼亚等国家环绕的地方。但这就是流浪犹太人的命运。我也一样，成了一个流浪的犹太人。谁能想到，我会在伦敦结束我的生命呢？

卡　　尔：您的父亲，雅各布·弗洛伊德（Jakob Freud），出生在一个历史悠久的哈西德派犹太人世家。

弗洛伊德：他的父亲——我的祖父——什洛莫·弗洛伊德（Schlomo Freud），我就是以他的名字命名的。他曾经是一位"先生（Reb）"，也可以说是一位绅士。

卡　　尔：一些学者认为"什洛莫先生（Reb Schlomo）"这个名字表明他曾经是一位拉比[①]。

弗洛伊德：我不这么认为，我的家人都受过一定程度的教育。当然，我父亲会读、会说意第绪语和德语，但他祖先的出身要卑微得多。

卡　　尔：而宗教在早期弗洛伊德家族中扮演着很重要的角色。

弗洛伊德：就像 19 世纪的所有犹太人一样。而我确实是家里第一个无神论犹太人，但我从不否认我的传统。从来没有。

卡　　尔：在您最后的家，伦敦西北部的梅尔斯菲尔德花园……现在是弗洛伊德博物馆（Freud Museum）……

弗洛伊德：我家现在是博物馆？ Ein Freud-Museum（*弗洛伊德博物馆*）？

卡　　尔：事实上，您的两个家都成了博物馆。伦敦的弗洛伊德博物馆每年吸引成千上万的游客。位于维也纳的西格蒙德·弗洛伊德博物馆

[①] 拉比（Rabbi）犹太人中的一个特别阶层，是老师，也是智者的象征，指接受过正规犹太教育，犹太教负责执行教规、律法并主持宗教仪式的人。——译者注

（Sigmund Freud Museum）也同样受到游客的欢迎，它就坐落在您长期居住的伯格巷的家庭公寓里。

弗洛伊德：我确实觉得这很有趣。

卡　　尔：嗯，您真是举世闻名，弗洛伊德教授。

弗洛伊德：看起来是这样。

卡　　尔：我刚准备说，在您位于梅尔斯菲尔德花园的故居里，在那间两倍长度的咨询室中，仍然能看到犹太教"烛台"。

弗洛伊德：那是每年用来纪念犹太光明节的仪式灯。是的，我确实保留了一两件古老的犹太纪念品。

卡　　尔：我记得，您的父亲成了一名售卖羊毛的商人，对吗？

弗洛伊德：嗯，他是羊毛制品进出口商，是的……但规模很小，你知道的。

卡　　尔：他在很年轻的时候就结婚了……和一个叫萨莉·坎纳（Sally Kanner）的女士。

弗洛伊德：那位夫人给他生了两个儿子，我的两个同父异母的哥哥，埃马努埃尔（Emanuel）和菲利佩（Philipp），他们比我年长23岁和22岁左右。哎呀，我不记得他们确切的生日了。

卡　　尔：但是萨莉·弗洛伊德（Sally Freud）——您父亲的第一位妻子——在很年轻的时候就去世了。

弗洛伊德：她去世了，然后父亲再婚了，这次是和我的母亲。

卡　　尔：一些历史学家推测，在萨莉·坎纳和您的母亲阿玛莉亚·纳坦森（Amalia Nathansohn）中间，您的父亲还有另一个妻子，一个叫丽贝卡（Rebekkah）的女人。

弗洛伊德：如果你愿意，让我们坚持事实，而不是猜测。

卡　　尔：当然。

弗洛伊德：我只知道一个母亲，那就是我自己的母亲。正如你所说的，她的名字叫阿玛莉亚·纳坦森，她也来自加利西亚，虽然不是来自泰斯曼尼茨，也不是伦贝格，她在布罗迪（Brody）长大，那也是犹太人的聚居点。

卡　　尔：他们是1855年结婚的吗？

弗洛伊德：1855年7月29日。我的父亲比我的母亲大得多——事实上，比母亲大19岁多一点。他们在维也纳成婚。

卡　　尔：不久之后，您的母亲生了您，您是她最大的孩子。

弗洛伊德：所以你看，他们没有浪费一点时间。我在10个月后就出生了！

卡　　尔：这时候，您父亲离开了泰斯曼尼茨，您的母亲也离开了布罗迪。

弗洛伊德：*正确。*

卡　　尔：他们迁居至摩拉维亚（Moravia）的弗莱堡（Freiberg），这是不断扩张的奥地利帝国（Austrian Empire）的另一个社区。

弗洛伊德：弗莱堡是一个小镇，只有少数犹太人，离喀尔巴阡山脉（Carpathian Mountains）不远。当然，弗莱堡的意思是"自由的山"。所以我们周围的地貌非常美丽。

卡　　尔：弗莱堡最终被称为普里博尔（Příbor），是捷克共和国的一部分。

弗洛伊德：古老的奥地利帝国不复存在。非常令人悲哀。

卡　　尔：由于发生了如此多暴乱和战争，想要及时了解中欧地图的变化，需要下很大功夫去研究。

弗洛伊德：我完全可以想象。

卡　　尔：我想，您的父母没有给您起名叫"西格蒙德·弗洛伊德"吧。

弗洛伊德：没错，他们叫我西格斯蒙德（Sigismund）——我的德语名字，你知道的，还有"什洛莫"……

卡　　尔：什洛莫……我想这是您的希伯来名字？

弗洛伊德：是的，我的希伯来名字。他们选"什洛莫"是为了纪念我的祖父什洛莫·弗洛伊德先生。"西格蒙德·弗洛伊德"这个名字是很久之后才开始用的。

卡　　尔：您是在1856年5月6日下午6点30分，在舒罗塞巷（Schlossergasse）117号来到这个世界的，对吗？

弗洛伊德：是的，我们住在一栋两层的小房子的一间屋子里，房东是一个锁匠，叫扎季奇（Zajíc）。

卡　　尔：您的家人喊您西格斯蒙德还是什洛莫？

弗洛伊德：大多数时候他们叫我的小名，"西格（Sigi）"。

卡　　尔：您在几年后改了名字。

弗洛伊德：是的，我不想拥有这样一个冗长拗口的名字。

卡　　尔：我认为，有时候您甚至觉得"西格蒙德"都太长了，所以在给亲密的朋友和同事写信时，您常常只签"西格蒙（Sigm）"。

弗洛伊德：你看过我的一些书上的题字了吧。

卡　　尔：是的，我们珍藏了很多您的书，它们被保存在伦敦的弗洛伊德博物馆里。

弗洛伊德：既然我们已经回到维也纳了，我想知道我们是否还有时间再去一趟伯格巷呢？

卡　　尔：您想去看看吗？

弗洛伊德：我知道，从这儿步行过去并不远，但我感到很疲惫。我年纪太大了，太累了……别忘了，我已经不在人世了。

卡　　尔：好吧，让我们看看进展如何。

弗洛伊德：是的，让我们看看进展如何。

卡　　尔：所以您是您母亲的长子，却是您父亲的第三子。您有两个同父异母的哥哥，他们几乎和您母亲年纪相仿。欧内斯特·琼斯曾好奇，您是否会因此感到困惑。

弗洛伊德：困惑？为什么我会觉得困惑？

卡　　尔：他曾认为，您或许会把您父亲的身份和某个哥哥的身份搞混。

弗洛伊德：你难道觉得我无法区分我的家庭成员吗？

卡　　尔：但你们住得这么近……所有人挤在一间卧室里……这会让您对家庭生活中的性动力更敏感吗？这是否会引起您对家庭生活中的情欲部分的兴趣？

弗洛伊德：谁对家庭生活的情欲部分不感兴趣呢？当然，能成为精神分析师的人，难免会对自己父母的性生活感到好奇，也想知道婴儿从何而来。

卡　　尔：这是否启发了您关于原初场景的思考？后来您写到病人希望进入父母的卧室，无法忍受被排除在外，等等。

弗洛伊德：确实如此。

卡　　尔：不久之后，你们这个小家庭开始壮大，先是有了一个弟弟，紧接着五个妹妹也相继出生。

弗洛伊德：是的，没过多久，我母亲就生下了我众多同胞中的第一个。1857年，我的弟弟朱利叶斯（Julius）出生，但他很小就夭折了。接着，1858年，母亲生下了我的第一个妹妹安娜。

卡　　尔：您的妹妹安娜·弗洛伊德，而不是您的女儿安娜·弗洛伊德。

弗洛伊德：我想有的人可能会对此感到困惑。

卡　　尔：弟弟的死对您有什么影响？

弗洛伊德：关于这件事我写过不少文章，所以我猜你已经知道这个问题的答案了。

卡　　尔：作为一个年龄稍长的孩子，我记得您曾经在一次游戏中扮演过杀害"朱利叶斯·恺撒（Julius Caesar）"的古罗马政治家"布鲁图斯（Brutus）"。如果我对您的自我分析理解正确的话，您似乎从扮演布鲁图斯和杀死朱利叶斯中获得了一些乐趣——而朱利叶斯也是您弟弟的名字。

弗洛伊德：是这样的。

卡　　尔：我想这让您很早就意识到了同胞竞争这个话题，它后来成为古典和当代弗洛伊德思想的核心内容。

弗洛伊德：是的，我以一种很私人的方式了解了同胞竞争。

卡　　尔：您的继兄埃马努埃尔，也就是您父亲第一次婚姻中的儿子，我想他在这个时候有了两个孩子。所以您不仅有弟弟妹妹，还有其他玩伴——您的侄子和侄女。

弗洛伊德：确实。埃马努埃尔有几个孩子，一个儿子叫约翰（Johann），一个女儿叫波琳（Pauline），然后又生了几个孩子……他们是我最早的玩伴。但在某个时候，我记得，在我4岁生日后不久，也许更早，埃马努埃尔和菲利佩以及家族中的那一整支系——我父亲第一任妻子的那一血脉——都移民到了英国。所以我在很小的时候就对丧失有所了解。

卡　　尔：你们一直保持着联系，你在十几岁的时候还去曼彻斯特看望他们。也许正是有了这些"英国"亲戚，您的英语才这么出色。

弗洛伊德：噢，毫无疑问，感谢上天。你知道的，在1914—1918年的第一次世界大战之后不久，我的美国和英国病人就比奥地利病人还多了。当然，我可以向他们收取更高的费用，并且坚持要求用美元支付。如果没有这些费用，我的家人可能就得饿肚子了。

卡　　尔：所以英语就像天赐的礼物一样。

弗洛伊德：我不会用"天赐"这个词。在我听来，这太宗教化了——我认为宗教信仰反映了我们婴儿式的需求，需要被某种更高的力量照顾。

卡　　尔：是的，灵性贯穿于我们的语言结构中，甚至在无神论者中也是如此！

弗洛伊德：确实是这样，确实。

卡　　尔：您会怎么形容您的父母呢？

弗洛伊德：对精神分析师来说，这是一个合理的问题，但也是一个天真的问题。我相信，从你自己的精神分析实践中，你会知道，一个人无法在神圣的咨询室外如实地回答这样的问题。你只会得到谎言和歪曲的事实，半真半假的说辞和捏造的故事。

卡　　尔：当然，当然，但我想知道，您能否给我们提供一些关于雅各布·弗洛伊德和阿玛莉亚·弗洛伊德的描述。

弗洛伊德：同样，我已经在 *Die Traumdeutung*（《梦的解析》）中写过很多有关他们的内容。

卡　　尔：《梦的解析》（*The Interpretation of Dreams*）一书，在许多人（即便不是所有人）眼中，是您最有价值、最具开创性的巨著。

弗洛伊德：是的，它确实是我第一本非常重要的精神分析作品，是我独立完成的，不像 *Studien über Hysterie*（《癔症研究》）。

卡　　尔：英文书名是 *Studies on Hysteria*，和约瑟夫·布洛伊尔医生合著的。

弗洛伊德：毫无疑问，我们之后会谈到布洛伊尔。

卡　　尔：当然，您确实在《梦的解析》中写过您的父母，不过请和我们说说……

弗洛伊德：你可真是够执着的。我们都有闯入别人卧室的愿望。

卡　　尔：嗯，您确实在更偏向自传体的作品中坦率地谈论了您自己的家庭卧室，我猜，您这样做是为了描绘人类生活中的无意识动力。

弗洛伊德：是这样的。唔，我能说什么呢？我的母亲是一个非常令人敬畏的女人。她把家里打理得非常好。在她那个时代，我认为她非常美丽，有着坚强的意志。作为她的第一个孩子，而且还是男孩，我想她非常理想化我。她让我觉得自己有一天可能会成为一个重要人物。

卡　　尔：您的母亲是否参与过您的精神分析工作？

弗洛伊德：她对我的工作不感兴趣——你知道的，她对具体内容不感兴趣——我想她没有读过我的书。但当她知道我很成功……成了一个名人后，她有作为母亲的强烈自豪感。

卡　　尔：您的母亲也很严厉，尤其是对您的妹妹们。我相信她也会训斥她的女仆。

弗洛伊德：这倒是真的，也许我的确得到了母亲最好的对待。

卡　　尔：在您关于文学巨匠约翰·沃尔夫冈·冯·歌德（Johann Wolfgang von Goethe）的文章中，您写道，"Wenn man der unbestrittene Liebling der Mutter gewesenist..."

弗洛伊德：是的，我记得很清楚。这是斯特雷奇先生为我翻译的文章的其中一篇吗？他是怎么表达的？

卡　　尔：我相信这段文字如今已经广为人知，全文是这样的："如果一个男人一直是他母亲无可争议的宠儿，那么他一生都会保持胜利的感觉、对成功的信心，这往往会带来真正的成功。"

弗洛伊德：这确实是我的经历，像歌德的经历一样。但我必须说，刚才听到我自己写的话……用我的母语说出来……这让我回想起许多往事。我是在火车上写的那篇论文，我想那是1917年，我在塔特拉山（Tátra Mountains）过完暑假回维也纳的路上。

卡　　尔：在匈牙利？

弗洛伊德：是的，在匈牙利。

卡　　尔：现在是斯洛伐克共和国的一部分。

弗洛伊德：你去过塔特拉山吗？

卡　　尔：没有，挺遗憾的。

弗洛伊德：我建议你去看看。那里的温泉浴场非常漂亮。费伦齐……

卡　　尔：您的匈牙利同行……桑多尔·费伦齐（Sándor Ferenczi）博士……

弗洛伊德：是的，他一开始就提议让我去塔特拉的温泉。在第一次世界大战之前，费伦齐常去那里。我们住在海拔1200米的克索尔巴托湖（Csorbató）——一个壮丽的山间湖泊——畔的一栋别墅里。那里的景色美不胜收，但是，唉，那个夏天太冷了。

卡　　尔：您总是很认真地对待您的假期。

弗洛伊德：精神分析师每年必须休长假。我们和病人的工作非常消耗。

卡　　尔：是的，在英国，毫无疑问在很多国家也是如此，大多数从业者都会在八月休一整个月的假，有时候甚至更长。

弗洛伊德：我很高兴听到这个传统得以延续。否则我们将无法做必须做的工作。

卡　　尔：说回您的父母……

弗洛伊德：我看出来了，你知道如何让会谈行进在正确的轨道上，而不被病人的阻抗所诱导……

卡　　尔：嗯，我很希望我们能尽可能地描绘一幅完整的画面，充分利用这个难得的与您交谈的机会。

弗洛伊德：所以，我的母亲和父亲……

卡　　尔：是的。

弗洛伊德：我母亲非常长寿，享年95岁——这很令人惊叹。我知道自己活不了那么久。不过，如你所说，我变得非常有名，所以也许我活得更久。

卡　　尔：您曾非常担心您会比她先死。

弗洛伊德：对于父母来说，没有什么比失去自己的孩子更具毁灭性的了。我不希望我的母亲不得不埋葬我。

卡　　尔：这让我感到很悲伤，因为我知道您埋葬了自己的孩子……您深爱的女儿……

弗洛伊德：我的索菲尔（Sopherl①）。

卡　　尔：索菲·弗洛伊德·哈尔伯施塔特（Sophie Freud Halberstadt），您六个孩子中的第五个。

弗洛伊德：是的——她已经结婚了，还有年幼的孩子。

卡　　尔：她是1920年去世的。

弗洛伊德：当时她只有26岁，死于流感性肺炎。还有什么比这更悲惨的吗？

卡　　尔：您和您的家人不得不忍受这样可怕的丧亲之痛，这一定非常令人心碎。

弗洛伊德：我不希望再深入谈这个话题了。毕竟，有谁能做到呢？我可怜的索菲尔……死了……然后她的儿子，也死了，我的小外孙海纳勒（Heinerle②）。

---

① Sopherl 是 Sophie 的昵称。——译者注

② Heinerle 是 Heinz 的昵称。——译者注

卡　　尔：海因茨·鲁道夫·哈尔伯施塔特（Heinz Rudolf Halberstadt）。

弗洛伊德：不久之后，他跟随他母亲进入了坟墓，死于粟粒性肺结核。

卡　　尔：如此悲惨而不公。

弗洛伊德：确实。不过，告诉我，索菲的另外一个儿子——年长一些的男孩恩斯特尔（Ernstl①）怎么样了？

卡　　尔：恩斯特·沃尔夫冈·哈尔伯施塔特（Ernst Wolfgang Halberstadt）。

弗洛伊德：我想我的外孙如今已不在人世了吧？

卡　　尔：您应该会很高兴知道他度过了漫长且富有成就的一生，他于2008年去世，享年94岁！

弗洛伊德：那他是做什么的？

卡　　尔：您的外孙继承了您和您女儿安娜的事业，他也成了一位杰出的精神分析师，并使用了弗洛伊德这个姓氏。

弗洛伊德：真的吗？

卡　　尔：是的，他以W. 欧内斯特·弗洛伊德（W. Ernest Freud）这个名字而闻名。我想"W."代表"沃尔夫冈（Wolfgang）"。

弗洛伊德：这并不让我惊讶。由于他的母亲和弟弟都去世了，他可能不太认为自己是哈尔伯施塔特家族的人，而我的女儿们……我幸存下来的女儿们……在照顾他的时候，他一定觉得自己更像弗洛伊德家族的一员。

弗洛伊德：那他写书吗？写文章吗？

卡　　尔：他在儿童精神分析领域取得了杰出的成就。

弗洛伊德：Kinderanalyse（*儿童分析*）？

卡　　尔：是的，*儿童分析*。而且他尤其擅长对婴儿心理以及婴儿对父母的依恋的评估。

弗洛伊德：嗯，不用成为精神分析师也能知道他兴趣的来源。所以，家族传

---

① Ernstl 是 Ernst 的昵称。——译者注

统延续下来了。

卡　　尔：可能比您意料到的还要多。您的孙女，您儿子马丁的女儿……

弗洛伊德：索菲？

卡　　尔：是的，她叫索菲·弗洛伊德（Sophie Freud），我想是为了纪念您的女儿。

弗洛伊德：我也这么觉得。

卡　　尔：实际上，她成了一名社工，同时也是精神分析师。

弗洛伊德：所以，我对他们产生了影响。

卡　　尔：是的，您确实产生了影响。

弗洛伊德：不过我们好像一直在跑题。

卡　　尔：和我们多说说您的父亲吧，雅各布·弗洛伊德。

弗洛伊德：Mein Vater（*我的父亲*）有着强烈的宗教热忱。他对《旧约》非常熟悉，经常阅读路德维希·菲利普逊（Ludwig Philippson）的《圣经》译本，该译本有德语和希伯来语对照页面。如果我没记错的话，菲利普逊在萨克森-安哈尔特（Saxony-Anhalt）州的马格德堡（Magdeburg）当过拉比，并且为希伯来文学术研究做出了巨大贡献。

卡　　尔：可以感觉到，您的父亲如果能成为一名全职学者，一定会非常快乐。

弗洛伊德：噢，毋庸置疑。虽然他几乎没有接受过正规教育，但像当时的许多犹太人一样，他自学了《圣经》，而且学得很好。我为他不得不成为商人而感到难过，他本可以在学术领域有所建树的。但我非常感激他，因为他让我接受了教育。

卡　　尔：您父亲在经商上历经坎坷。

弗洛伊德：他品德高尚，工作勤奋。但他并没有取得很大的成功。有好几次，他都陷入了穷困潦倒的境地，尤其是当我同父异母的哥哥埃马努埃尔和菲利佩恩蠢地投资了南非鸵鸟羽毛，损失了一大笔钱的时候，他更是遭受了重创。

卡　　尔：鸵鸟羽毛？

弗洛伊德：是的。在19世纪晚期的大部分时间里，所有时髦的女士都会戴鸵鸟羽毛。我不知道他们业务的确切细节……也许这类奢侈品的吸引力开始减弱……但不管怎样，我的哥哥损失了很多钱。

卡　　尔：在《梦的解析》中您写了对没有一位更强大的父亲的羞耻感。

弗洛伊德：每个小男孩都希望父亲能成为伟大的英雄、伟大的保护者，甚至伟大的战士。也因为这个原因，我喜欢汉尼拔①（Hannibal）和亚历山大大帝②（Alexander the Great）这样的人，他们激发了我童年时的征服幻想。

卡　　尔：但您最为辛酸地描述了一个您父亲跟您讲的故事。多年前，一个非犹太裔人在弗莱堡的街上贸然搭讪您父亲，随后将他的新皮帽打落在地。

弗洛伊德：是的，他对着我父亲大喊大叫，让他从人行道滚开。

卡　　尔：我猜，您曾希望您父亲会与这个非犹太裔人战斗，但他只是弯下腰捡起他的帽子。

弗洛伊德：我父亲很明智。当然了，一个犹太人单独面对一个非犹太裔人，也许没有别的办法。但在一个小男孩的幻想生活中，他需要一个更强大的父亲。

卡　　尔：在《梦的解析》中，您分享了对父亲和这个非犹太裔人的故事的自由联想。您还记得吗？我知道您写这件事是在一百多年前了。

弗洛伊德：哈米尔卡·巴卡（Hamilcar Barca）？

卡　　尔：是的，哈米尔卡·巴卡，迦太基将领，强大的汉尼拔的父亲。

弗洛伊德：这位父亲让儿子在家里的祭坛前发誓，一定要为罗马人在第一次

---

① 全名为汉尼拔·巴卡（Hannibal Barca；前247年—前183年），北非古国迦太基统帅、行政官，军事家、战略家。——译者注

② 亚历山大大帝（前356年—前323年），世界古代史上杰出的军事家和政治家。——译者注

布匿战争（First Punic War）中取得的胜利报仇雪恨。

卡　　尔：您希望您的父亲，雅各布·弗洛伊德，可以更像一个战士。

弗洛伊德：噢，当然。

卡　　尔：但也许通过征服19世纪精神病学中的原始力量，您也以自己的方式，对罗马人进行了复仇。

弗洛伊德：我同意。

卡　　尔：那么，从一种更全面的角度来看待您的父母，您会认为他们是好父母吗？

弗洛伊德：在很多方面……是的，当然。他们给予我生命。一个人怎么能不对此感恩呢？我有食物可吃。后来，我还有了自己的房间。

卡　　尔：能感觉到，您有时觉得家庭生活很压抑，渴望独处。有人可能会说，您开创了一个全新的职业领域，在这个领域中，一个人可以与另一个人进行非常安静的交谈，而且，即便在这样的交谈中，通过使用躺椅，一个人甚至不需要与另一个人进行眼神接触。

弗洛伊德：你得记住我是一名科学家。从事科学的人需要独处、反思、隐私和安静。但我也是一名医生，我一生都致力于了解病人。所以一个人需要参与，但也需要抽离。

卡　　尔：有些人可能会说，精神分析代表了对深度参与的推崇，但它也为必要的撤离提供了可能性。毕竟，精神分析师努力不透露任何关于自己的信息——而且理由充分。他（她）必须专注于病人。

弗洛伊德：是的，是这样的，我很同意你说的，这是一种不同寻常的关系。

卡　　尔：我一直认为心理治疗的相遇是两个人之间的单向关系。

弗洛伊德：是的，没错。两个人在交谈，但这是一种单向的谈话。但你似乎在暗示这源于我与父母和家人相处的经历？

卡　　尔：唔，我只是单纯想知道……

弗洛伊德：我对父亲的恨和对母亲的爱？

卡　　尔：我希望我没有暗示一些如此粗俗的东西。

弗洛伊德：粗俗出自我口。毕竟，是我首先提出，每个孩子对父母都怀有强烈的情欲和谋杀态度。当然，对于男孩来说，我们爱着照顾我们身体的母亲，我们认为父亲是这种亲密关系的入侵者。我们希望他们死。因此，在这方面，我认为，精神分析的情况确实横跨了对深度亲密的复杂愿望，以及一定程度上的推远和保持距离，它们全都同时存在。

卡　　尔：这非常有趣。

弗洛伊德：但是你看，阳光已经开始暗淡，时间紧迫，而我们在我的幼年时期之外几乎没有进展。照这样下去，我们的访谈永远无法完成。至少在持续的精神分析中，一个人没有这样的时间压力。

卡　　尔：我们有一节会谈 50 分钟这个时间期限。

弗洛伊德：我们是有这个期限的……确实是这样，但在一次治疗后，只需等 24 小时就可以进行下一次治疗了。不过，我很怀疑，我们明天是否还会在兰特曼咖啡馆……毕竟，我是被召唤回来的——嗯……你理解的……

卡　　尔：当然。让我们坚持下去。

弗洛伊德：我想，我们还在说我出生的地方，弗莱堡。

卡　　尔：所以，您从您弟弟朱利叶斯的死亡中挺过来了，然后您有了一个妹妹，安娜·弗洛伊德。

弗洛伊德：一个与我女儿非常不同的安娜·弗洛伊德。

卡　　尔：一个非常不同的安娜·弗洛伊德。据我所知，您的母亲在照顾年幼的孩子们时得到了一些帮助。你们有一个保姆。

弗洛伊德：是的，我们有一个 Kinderfräulein（*保姆*）。一位女天主教徒，她会带我去教堂。

卡　　尔：这会让您感到疑惑吗？一个犹太小男孩去天主教堂？

弗洛伊德：也许会。当然，这也拓展了我的视野。

卡　　尔：您是否会觉得发现了其他概念化这个世界的方式，例如天主教神学……

弗洛伊德：这是否使我成了一个更有创造性的医生和科学家？

卡　　尔：是的。

弗洛伊德：那确实有可能。很有可能。但更重要的是，这个保姆还向我介绍了其他东西。

卡　　尔：哦？

弗洛伊德：这个*保姆*不仅向我展示了其他文化——一个更广阔的非犹太世界——她还帮我探索了性方面的议题。

卡　　尔：怎么说？

弗洛伊德：她会很亲密地给我洗澡，有时她还会把我放在她自己泡过的洗澡水里。我记得水是红色的，所以我怀疑她可能把我放在一个装满她经血的浴缸里。

卡　　尔：在我看来，在一间全家人共用的小卧室里长大，还有一个可能用她的经血给您洗澡的保姆，这让您对家庭生活有一种很深刻的体验：非常亲密、高度复杂，奇怪地交织在一起，又常常极具侵入性。您了解爱，了解丧失，了解竞争，了解仇恨。

弗洛伊德：当然，但每个人都会有这样的体验。

卡　　尔：也许吧。

弗洛伊德：我看到你正在寻找一个令人满意的解释，来说明我是如何成为精神分析的创始人的。

卡　　尔：答案可能，也许，不是那么简单。

弗洛伊德：也许不是那么简单。

4 译者弗洛伊德

卡　　尔：弗洛伊德教授，您早年是在一个小地方度过的，生活条件十分简朴。考虑到您相对卑微的出身背景，加上有些不谙世事且经常经济拮据的父母，人们可能从未想到，您会成为20世纪最具开创性的思想家。

弗洛伊德：那在21世纪呢？

卡　　尔：嗯，您的影响力现在已经跨越了两个世纪，甚至可以说是三个世纪了！

弗洛伊德：是的——我在 1895 年发表了 Studien über Hysterie。

卡　　尔：《癔症研究》。

弗洛伊德：没错，这是在 19 世纪的事。而你告诉我，我们现在在 21 世纪，对吗？

卡　　尔：是的。

弗洛伊德：那么，你读过《癔症研究》吗？我想你读过。

卡　　尔：这本书是真正的经典之作。

弗洛伊德：我把这本书看作我理论发展的一个转型阶段，因为正是在这本书中，我和布洛伊尔医生正式引入了"谈话疗法"的整个概念。

卡　　尔：当然，这本书——是您第一本真正的心理学著作……

弗洛伊德：在此之前我也出版过一些书，你知道的。

卡　　尔：是的，当然，您写过有关失语症的专著……

弗洛伊德：我在 1891 年春天完成了那本书，但是卖得不是特别好。那是一本很薄的书……

卡　　尔：但是很有价值。

弗洛伊德：也许吧。那本书共 107 页。第一年只卖出了 142 本。然后在接下来的 9 年里，只卖出了 115 本。总共卖出 257 本——这让我很失望。

卡　　尔：但我们确实记得您关于失语症和语言障碍方面的书，因为在一百多年后的今天，我们仍然在谈论它。

弗洛伊德：我想，确实是这样。不过，你把《癔症研究》说成我的第一本真正的心理学著作，那就大错特错了。关于失语症的书——Zur Auffassung der Aphasien: Eine kritische Studie...

卡　　尔：翻译成英文的书名很简单，叫作《论失语症：批判性研究》（On Aphasia: A Critical Study）。

弗洛伊德：但更准确的标题可能是《论失语症的概念：批判性研究》（On the Concept of the Aphasias: A Critical Study）。

卡　　尔：是的，当然。而且我记得您把这本书献给了布洛伊尔医生。

弗洛伊德：是的。那个时候我们非常亲密。我认为，我的失语症研究既可以算作心理学作品，也可以算作神经病学作品。

卡　　尔：当代人对您的失语症研究著作可能不太熟悉。事实上，我的一些同事可能甚至不知道什么是失语症。

弗洛伊德：这并不让我惊讶。只有神经学家才能真正欣赏那本书。

卡　　尔：当然，可能确实是这样。尽管如此，许多只有最基本的神经学知识的精神分析师和精神分析历史学家，还是仔细研究了这部失语症专著，并认识到它是一本重要的书——它批判了关于语言障碍的主流观点，也预示了您后续在精神分析领域的贡献。

弗洛伊德：是的，是的，是这样的。在某个层面上，这本关于失语症的书思考了言语的力量，并认为其与症状形成相关。

卡　　尔：在许多方面，关于失语症的专著和关于癔症的专著有许多共同之处。两本书都和言语及语言困难有关，您的病人"埃米·冯·N.（Emmy von N.）"，还有布洛伊尔医生的病人"安娜·欧（Anna O.）"，都曾患缄默症。安娜·欧会说多种语言，有时从德语切换到英语，自己却浑然不觉。

弗洛伊德：是的，我们可以假设每个神经症患者都有言语方面的障碍。

卡　　尔：我想是通过变得沉默、解离，或者甚至使用外语交谈……

弗洛伊德：哦？

卡　　尔：这些症状都可以被理解为避免说出真相的无意识策略，至少不是以直接的方式说出来。

弗洛伊德：正是如此。

卡　　尔：嗯，如果一个人遭受了创伤，不管是遭遇性诱惑还是丧亲之痛，就像您早期的癔症病人所经历的那样，直接说出这些经历对他的心智来说就会很困难。

弗洛伊德：因此身体就代替我们发声，产生症状，包括言语障碍。

卡　　尔：所以有关缄默症的工作可以被理解为……

弗洛伊德：我写那部专著是为了试图推翻我的前辈们的主流理论——你知道的，像梅纳特这样的人，我们谈到过他。

卡　　尔：特奥多尔·梅特纳，精神科医生。

弗洛伊德：还有韦尼克。

卡　　尔：神经学家，卡尔·韦尼克（Carl Wernicke）？

弗洛伊德：是的，卡尔·韦尼克。我想他是一个普鲁士人。他曾来过维也纳一段时间，跟随梅特纳教授学习。但他从自行车上摔了下来，年纪轻轻就去世了！

卡　　尔：真是悲剧……

弗洛伊德：对韦尼克个人来说是悲剧，但对神经学来说不是。

卡　　尔：为什么？

弗洛伊德：唔，韦尼克做出了重要贡献，他研究了各种大脑结构（如颞上回）的损伤是如何导致语言缺陷的，就像我们在失语症患者身上观察到的那样。

卡　　尔：但您的理论就非常不同——是一种更加偏向心理学的理论。

弗洛伊德：当安娜·欧小姐和埃米·冯·N.夫人——我使用的是她们的假名，你也明白，这是维护医疗裁量权①所必需的……

卡　　尔：当然。

弗洛伊德：这两位女性有语言的症状，无论是忘记词语还是无法表达词语，等等。我只能推测，像梅纳特或韦尼克这样的人可能会把这些表现归因于大脑的特定损伤……只存在于大脑的某个特定区域。但我得出了一个截然不同的结论。

卡　　尔：您攻击了当时所谓的 Gehirnmythologie（*大脑神话*）的观点。

---

① 指医疗专业人员在执业过程中，基于专业知识、临床经验和伦理准则，对患者的诊疗方案、信息披露等事项自主做出判断和决策的权力。——译者注

弗洛伊德：大脑神话（brain mythology）——是的，的确如此。我发现，通过催眠，以及后来的"谈话疗法"，这些语言症状可以完全消失，病人可以被治愈。我没见过有多少脑损伤能仅仅通过交谈就得到恢复，你见过吗？

卡　　尔：没有。

弗洛伊德：但让我感到有趣的是，你现在说的是德语——你提到了Gehirnmythologie（*大脑神话*）——而我正在把它翻译成英语！

卡　　尔：显然，您对我产生了影响，*教授先生*。

弗洛伊德：也许是这样。但当然了，你知道语言的流动性和谈话的力量……

卡　　尔：以及关系的力量。

弗洛伊德：关系？

卡　　尔：是的，也是语言在我们今天所说的关系性对话中展开的方式。

弗洛伊德：所有交谈不都是关系性的吗？

卡　　尔：是的，我想是这样的。但当代的心理治疗师和精神分析师开始真正意识到，如果患者与临床工作者建立起一种信任的关系，谈话将发生巨大的改变。

弗洛伊德：嗯，这没什么好惊讶的。这就是我多年前所说和所写的移情之爱。

卡　　尔：是的，确实。

弗洛伊德：人们总是在重新发现已经发现的东西。

卡　　尔：在某种程度上确实如此，但有时研究者会强调一些东西，从而使其更明确。

弗洛伊德：这可能也是事实。在这个方面我接受你的说法。

卡　　尔：语言、演讲和谈话……在您理解人类心智的过程中，这些现象一直占据着真正基础性的地位。

弗洛伊德：我一直很享受学习语言，你知道的，很早就开始了，从我还在Gymnasium（*高级中学*）的时候。

卡　　尔：您学习过古希腊语、拉丁语，还有德语。

弗洛伊德：别忘了我还自学了西班牙语——这可不容易。

卡　　尔：而且您英语和法语都很好。

弗洛伊德：我的法语不如英语那么好。

卡　　尔：我记得您还能阅读意大利语。

弗洛伊德：当然，我懂一些意大利语。怎么可能不懂呢？我有学生是意大利人，他们会把他们的精神分析图书寄给我，用意大利语写的，所以我也算接触过一点意大利语。有了拉丁语、西班牙语和法语的基础，学意大利语就相对容易多了。

卡　　尔：当然，您去过意大利很多次，那些经历都令人难以忘怀，或许意大利是您最喜爱的旅游目的地吧？

弗洛伊德：噢，是的，有过很多美好的旅行经历。

卡　　尔：多么幸运。

弗洛伊德：你知道我曾为我的导师们做了很多年的翻译工作吗？

卡　　尔：您出版了几本英文或法文原著的德译本。

弗洛伊德：这些翻译工作非常辛苦，但当看到整部译作完成时，又非常令人满足。

卡　　尔：您很年轻的时候就开始做这类工作了。

弗洛伊德：是的，我很小的时候，在*高级中学*的时候就开始翻译诗歌了。你知道，我们需要把古代文献从希腊语翻译成德语，从拉丁语翻译成德语。然后我们还要进行平行翻译。

卡　　尔：平行翻译？

弗洛伊德：是的，再把一段德语翻译成拉丁语。我们要做两种语言的互译。

卡　　尔：现代教育家听到这些可能会大为震惊。

弗洛伊德：从我所处的那个时代到现在，教育标准下降了这么多吗？

卡　　尔：唔，现在的孩子们可都是电脑专家，这一点我就不解释了，因为我肯定说不清楚。或许，稍后我们可以去一趟电脑店，给您展示一下。

弗洛伊德：电脑？听起来真奇怪。或许你可以另找时间给我讲解一下。

卡　　尔：好的，让我们回到经典在年轻人教育中的作用上来。

弗洛伊德：如果没有深厚的拉丁文知识，我很难成为一名作家。

卡　　尔：恐怕自 19 世纪以来，人们的外语技能已经大不如前了，如今，英国几乎没有一所学校的孩子会学拉丁语，更不用说希腊语了。哦，还是有少数孩子有这样的机会的，但毕竟是极少数。

弗洛伊德：我觉得这很可悲。我需要这些语言有很多原因：不仅是为了阅读英语、法语、西班牙语的文学作品，也要阅读很多科学著作……用不同的语言写成的。而且，我还需要靠这些语言来谋生！

卡　　尔：第一次世界大战后，有相当多的美国和英国病人来维也纳找你接受"教学分析（didactic analysis）"，或我们现在所说的"培训分析（training analysis）"。

弗洛伊德：*对，对*，他们以学生的身份来访，这和病人不太一样。

卡　　尔：他们中的很多人只能说一点德语，或者完全不会，所以，我想您有时候得用英语进行分析。

弗洛伊德：哦，我必须这么做。我无法忍受我的母语德语被如此糟蹋，你明白的。幸运的是，我能用英语很好地进行精神分析，这让我能够养家糊口，因为，你瞧，美国人付给我的报酬很可观，而且是用美元支付的！

卡　　尔：所以您有非凡的语言能力……我想这甚至可以追溯到您去利奥波德城（Leopoldstädter）*高级中学*之前。

弗洛伊德：你知道我的*高级中学*？

卡　　尔：据我所知，这是一所非常优秀的学校。自从您去世后，它更名为西格蒙德 – 弗洛伊德 – 中学（Sigmund-Freud-Gymnasium）。

弗洛伊德：Ach, wirklich（啊，真的吗）？

卡　　尔：真的。

弗洛伊德：位于利奥波德城的*高级中学*……在我生活的那个年代是一所非常

好的学校……由阿洛斯·柏克尼（Alois Pokorny）博士领导，他是一位非常著名的植物学家，写了很多书和论文。他对高山植物特别感兴趣。你看过他的作品吗？

卡　　　尔：恐怕没有。

弗洛伊德：也许生活在伦敦的你不会像柏克尼博士那样，花那么多时间在阿尔卑斯山上漫步——或者说，不像我那样。

卡　　　尔：这听起来令人精神焕发，还对健康十分有益。

弗洛伊德：直到我得了癌症。但那又是另一件事了。

卡　　　尔：我们会谈到这个的，也许，如果您愿意的话。

弗洛伊德：当然……稍后吧。

卡　　　尔：但就您的语言能力和天赋而言，您精通许多不同的语言，我想，也包括希伯来语……

弗洛伊德：在某种程度上，是这样的。如你所知，我父亲能流利地读写希伯来语。他向我介绍了菲利普逊的希伯来文《圣经》译本……嗯，实际上，那本《圣经》里同时有希伯来文和德文……

卡　　　尔：多有趣啊。

弗洛伊德：我父亲有时也用希伯来语给我写信，所以我对此略懂一二。但我不会自称希伯来语专家。

卡　　　尔：但是，由于您精通多种语言，您似乎不可避免地要承担各种类型的翻译工作，从实际具体的书籍翻译，到更具有象征意义地翻译出病人的症状和言语所包含的秘密。

弗洛伊德：是的，你可以把我描述为一个无意识的翻译者。

卡　　　尔：我喜欢这个说法。

弗洛伊德：那时我开始翻译希腊语和拉丁语，后来我开始翻译整本书，有时是为了赚钱，有时是为了提高我的专业地位……在那之后，我才开始翻译病人的神秘交流信息！

卡　　　尔：您说得太精彩了，*教授先生*。

弗洛伊德：Ich danke Ihnen（感谢您）！

卡　　尔：我想您是从特奥多尔·冯·冈佩兹（Theodor von Gomperz）的委托开始的。

弗洛伊德：伟大的哲学家冈佩兹。

卡　　尔：弗朗茨·布伦塔诺（Franz Brentano）是大学——维也纳大学，您于1873年成为该校的一名学生——里一位非常杰出的哲学家，他把您介绍给了冯·冈佩兹教授，是这样吗？

弗洛伊德：是的，是这样的。你知道，我没有和冈佩兹正式学习过，因为他是古典语言学的教授，而我作为医学生又非常忙碌，尽管学校允许我们去参加各种讲座。但总的来说，他和我分属不同的院系，几乎没有什么交集。但是我非常需要钱，所以冯·冈佩兹教授聘请我翻译你们英国的哲学家约翰·斯图亚特·穆勒（John Stuart Mill）的一些著作。

卡　　尔：从英语翻译为德语？

弗洛伊德：是的，从英语翻译为德语。冈佩兹担任了一个大型项目的编辑：12卷本的J.S.穆勒全集德文版。原本计划负责第12卷的爱德华·韦塞尔（Eduard Wessel）去世了。所以这项工作就由我接手了。

卡　　尔：能得到你们大学这样一位资深教授的信任，真是太棒了！那时您甚至还没有完成自己的医学学业。

弗洛伊德：差不多完成了，但是确实还没有——你是对的。

卡　　尔：翻译工作是否给了您一种自信，让您觉得有一天可能会出版自己的书？

弗洛伊德：也许是……也许是这样的。

卡　　尔：冈佩兹教授让您为他这个大型项目的第12卷翻译的穆勒作品不止1部，至少有4部。

弗洛伊德：是的，我从穆勒著名的论著《妇女的屈从地位》（*The Subjection of*

Women）开始翻译。

卡　　尔：这是一本开创性的女权主义小册子。我相信穆勒支持女性解放。

弗洛伊德：是的，没错。然后冈佩兹让我翻译了《穆勒论柏拉图》（Mill on Plato），《穆勒论社会主义》（Mill on Socialism）和《穆勒论工人权利》（Mill on the Rights of Workers）。

卡　　尔：他是一位非常博学的哲学家和极具前瞻性的自由主义者。

弗洛伊德：他确实是……也是一位言论自由的伟大倡导者。

卡　　尔：就像您一样，弗洛伊德教授。

弗洛伊德：精神分析确实关于言论自由。我以前从未像这样将它们联系起来。当然，我确实试图创造一种环境，让病人可以不受限制地谈论他们生活中的创伤事件……性的话题，等等。

卡　　尔：自由联想在很大程度上是言论自由的一种表达，不是吗？

弗洛伊德：对，是的，确实如此。

卡　　尔：您当时还是一名年轻的医学生，却常常熬夜到很晚，为冯·冈佩兹教授翻译穆勒的作品。我想知道，沉浸在约翰·斯图亚特·穆勒的作品中，这在多大程度上影响了您自己的思想？

弗洛伊德：这是一个好问题。穆勒在抨击不公时毫无畏惧。他著作颇丰，而且言辞极其坦率。所以，也许我吸收了穆勒那种直率表达的某些方面。但我必须承认，我觉得他的写作风格有时稍显呆板……不是一贯如此，但有时如此。

卡　　尔：我认为，您采用了一种不同寻常的方法来把穆勒的作品从英语翻译成德语。

弗洛伊德：是的，我会先读穆勒的一段文字，仔细研究，然后合上书，心里想："一个奥地利人或德国人会如何表达这个意思呢？"我用这样的方式翻译了每一部分。

卡　　尔：您在翻译这位伟大的自由主义者的作品时，有没有进行一些自由发挥呢？

弗洛伊德：有意思，我没有曲解穆勒的原意，但我确实试图找到一种表达方式，让以德语为母语的人听起来更自然。

卡　　尔：我一直很感兴趣的是，您为穆勒的书选择的书名也体现出了一种翻译上的特权。穆勒把他的作品命名为《妇女的屈从地位》(*The Subjection of Women*)，您把它改译为了"Frauenemancipation"——字面意思是《妇女解放》(*On the Emancipation of Women*)……您把重点放在了解放而不是屈从。

弗洛伊德：嗯，穆勒对解放进行了大量论述。

卡　　尔：是的，但是您选择在翻译的书名中强调解放，而不是屈从。有人可能会认为，这恰似您在19世纪末试图帮助女性病人达成的目标，为她们提供一个畅所欲言的地方，讲述她们的故事，这样她们就可以更少地屈从，获得更多解放。

弗洛伊德：嗯……sehr interessant（*非常有趣*）。非常吸引人。

卡　　尔：尽管许多批评家把您视为女性的敌人，特别是考虑到您关于阴茎嫉妒的文章，等等。但我认为一些女权主义作家已经开始认识到您对女性的帮助，您帮助确认了女性话语的价值，而过去女性话语常常被边缘化。

弗洛伊德：没错，如果你想想我在综合医院作为一名年轻医生的时光……嗯，我想我和你说过，没有资深医生会允许病人说话——不管是女病人还是男病人。医生的言谈举止就像贵族，他们只是单方面地做出诊断。但他们从不允许病人充分、私密地表达，甚至不允许他们讲述自己的基本生活故事。

卡　　尔：所以，您在年仅23岁的时候就获得了一份委托，为一位著名的维也纳教授进行真正高水平、备受瞩目的有偿翻译工作，这是一次非凡的经历。而且，您有机会深入沉浸于英国最杰出的哲学家和政治思想家之一的进步著作中。我想，这样的经历——绝非仅此一次——帮助您树立了信心，弗洛伊德：我很幸运，我得到了冈佩兹教授和其他老师的鼓励。我的生理学老师布吕克（Brücke）教授在科学研究方面给了我很大帮助。布洛伊尔对我的心理学研究给予了很大帮助，沙尔科导师也是如此。

卡　　尔：希望我们会有时间讨论这些人物及他们带来的影响。顺便问一下，您还要咖啡和蛋糕吗？

弗洛伊德：就吃的和喝的而言，我已经很满足了。不过我猜科尔先生待会儿可能会过来，给我们提供更多的饮品和食物。但我们可以让他先离开。

卡　　尔：冈佩兹教授……特奥多尔·冈佩兹……一位令人尊敬的古典学者……

弗洛伊德：他写了大量关于古典时代的文章。我记得他有一篇关于政治家德摩斯梯尼（Demosthenes）的简短论述。

卡　　尔：他还写了一本关于释梦的小册子！

弗洛伊德：是的，我想这件事没多少人知道。

卡　　尔：您能回忆起冈佩兹关于梦的小册子的标题吗？

弗洛伊德：*Traumdeutung und Zauberei: Ein Blick auf das Wesen des Aberglaubens.*

卡　　尔：《释梦与巫术》（*Dream Interpretation and Sorcery*），或者《释梦与魔法》（*Dream Interpretation and Magic*）可能都是贴切的译法，副标题则是"一窥迷信的本质（A Glance at the Essence of Superstition）"。

弗洛伊德：他在1866年发表了这本小册子——那是很久之前的事了。

卡　　尔：您只在您自己的那本释梦著作第四版——1914年版——的脚注中，简单地引用了冈佩兹的那篇小论文一次。冈佩兹的*释梦*对您自己的*释梦*有影响吗？

弗洛伊德：没有，完全没有。我自己的书——提出了截然不同的观点，即一种关于梦的全新理论，以及一种基于无意识和审查机制的新的心智模型。从这个角度来看，冈佩兹对我没有影响。

卡　　尔：感谢您回答了我这么多的问题。

弗洛伊德：没事。

卡　　尔：我意识到，在我们刚刚伸展腿脚之前，我们已经开始按照时间顺序追溯您的经历了。但我们的话题似乎跑偏了，不是吗？

弗洛伊德：确实。我想我们已经谈到了我在弗莱堡的童年……还有我的父母……以及保姆。我们还有80年的人生要回顾呢！

卡　　尔：确实是的。

弗洛伊德：但没关系，你现在看到了，一场丰富的对话会涉及许多方面——就像精神分析过程的展开一样。

卡　　尔：当然。

弗洛伊德：这正是在分析过程中所发生的事情，在分析过程中，一个人会谈到大量的内容，但不一定会按照有条理的时间顺序叙述。这一点至关重要。这就是自由联想。我们之前一直在自由联想。否则，我们永远不会触及这么多的主线和支线故事。

卡　　尔：在这一部分的采访中，我们首先谈到了您的第一部完整的心理学著作《癔症研究》，因为我想探索"谈话疗法"的革命性本质——这是一种真正的创新，尤其是在19世纪精神医学残酷的原始背景之下。

弗洛伊德：正是。

卡　　尔：但后来我们偏离了这个主题。我意识到您之前已经出版了很多书，比如您翻译的约翰·斯图亚特·穆勒的译作，您关于失语症的专著，等等。讨论这些无疑让我更加欣赏您了，弗洛伊德教授，您是一位语言学家，也是一位翻译家——一个处理文字并助力其转化的人，无论是将J.S.穆勒的英文作品翻译成德语，还是将梦的神秘文本翻译成更能被理解的语言。

弗洛伊德：你确实抓住了某种精神分析的精髓，即对意义的探索。在我的一生中，我一直试图证明梦是有意义的，而一些小失误——比如口误和笔误——还有笑话，等等，都包含巨大的意义，尤其是当人们意识到，这些呈现内心的现象看似不起眼，但往往有着深刻的无意识根源和无意识意义时。

卡　　尔：是的，您写了一本关于失误和错误的书。您知道我们把这些Fehlleistungen——也就是这些错误——称为"弗洛伊德口误（Freudian slips）"吗？

弗洛伊德：所以我的名字成了一种口语表达？

卡　　尔：是的，没错。

弗洛伊德：这也不让我感到惊讶。在我生活的那个年代，人们就已经在谈论弗洛伊德心理学和弗洛伊德主义了，所以这似乎也合理。

卡　　尔：我想，关键是……

弗洛伊德：对，告诉我关键。

卡　　尔：我想，我是希望让大家有机会关注一下，作为一名会说多种语言的人，作为一名多种语言的译者——无论是字面意义上的翻译，还是隐喻上的翻译——您是如何运用深厚的语言技能来帮助我们理解那些之前无法言说的事物的。比如，您帮助您最早期的病人讲述性虐待的经历——您称之为"性诱惑（seduction）"。

弗洛伊德：是的，我的许多病人告诉我，在他们小时候，有人对他们实施过性行为。我并不觉得这难以置信，因为从我幼年时期和保姆相处的经历中，我就对这类事情有所了解。

卡　　尔：您确实不得不忍受来自维也纳医学界同人的巨大阻力和强烈厌恶，他们之中很少有人……

弗洛伊德：没有人……

卡　　尔：没有人相信您。

弗洛伊德：你看，当时我至少面临两个困难。两个非常棘手的难题。首先，我必须让同事相信，病人遭受过早年的性诱惑和其他创伤。我知道这些，是因为病人告诉了我。但事实证明，这很有挑战性，特别是在 19 世纪 90 年代，很少有人能直接、坦诚地谈论性——无论是性虐待还是其他与性有关的问题。所以我不得不忍受这些对性的阻抗。

卡　　尔：在英国，维多利亚时代的情感观念盛行……

弗洛伊德：在奥地利也是……

卡　　尔：在那个时代，女性把自己包裹在束身衣里，有时无法呼吸，也无法说话。

弗洛伊德：是的，束身衣很可能就是整个性压抑时代的绝佳隐喻。你知道吗？在一些家庭里，人们会在钢琴上盖上长长的桌布或毯子，因为许多人认为，三角钢琴"露腿"很不雅观！

卡　　尔：难以置信。

弗洛伊德：所以这是我面临的第一个困难。根本没人想听关于性的话题。

卡　　尔：您提到过有两个困难。

弗洛伊德：是的，没错。我的医学同事既没有兴趣，也没有能力去倾听病人在性方面的自白。这些医生可能相当粗鲁，许多病人觉得他们很可怕。但更令人担忧的是，我的大多数同事——这是第二个困难——他们几乎没有能力去倾听关于病人的任何情况。他们根本不与病人交谈。

卡　　尔：他们开出各种治疗处方，如电疗、水疗、镇静剂、静养疗法，甚至生殖器手术，正如我们之前提到过的……

弗洛伊德：没错。他们开处方，却不交谈，也不倾听。

卡　　尔：当代读者可能很难理解，在 19 世纪 60—70 年代，甚至到了 19 世纪 80 年代，医生还会频繁地对患有癔症的女性进行手术，切除她们的子宫、卵巢，甚至阴蒂。

弗洛伊德：是的，这确实令人震惊，但人类对女性的厌恶可谓根深蒂固。

卡　　尔：这可能源于婴儿对母亲的憎恨？

弗洛伊德：你可能是对的。不过我们还是继续往下说吧。

卡　　尔：好的，请继续。

弗洛伊德：所以，在19世纪80年代初，当我的资深同行约瑟夫·布洛伊尔开始向我介绍他的病人，帕彭海姆（Pappenheim）小姐……

卡　　尔：伯莎·帕彭海姆(Bertha Pappenheim)，这位女士因她的案例研究化名"安娜·欧"而为人所知。

弗洛伊德：哎呀，我不小心说出了她的名字。

卡　　尔：唔，我得告诉您，您的英国同行欧内斯特·琼斯很久以前就公开透露了她的名字。

弗洛伊德：医疗裁量权总是会受到威胁。但是，这并不能为这些毫无理由地透露病人姓名的行为开脱。我总是会尽力隐藏病人的身份。

卡　　尔：这是另一个值得探讨的话题。但现在我们还是不要偏离主题太远了……

弗洛伊德：你说得对。布洛伊尔把他和帕彭海姆小姐——"安娜·欧"——所做的所有工作都告诉了我。我被这项工作深深吸引。安娜·欧有那么多症状——简直就像一个症状博物馆——语言障碍、视力障碍、麻痹，等等，所有这些都是严重癔症的表现。但当布洛伊尔开始与安娜·欧交谈……

卡　　尔：症状开始消失。

弗洛伊德：很多女士都觉得布洛伊尔很英俊。他在维也纳的圈子里很受欢迎，很多人都想请布洛伊尔做他们的医生。你知道著名作曲家约翰内斯·勃拉姆斯（Johannes Brahms）曾是布洛伊尔的病人吗？

卡　　尔：您是说布洛伊尔的个人魅力可能对安娜·欧向他吐露心事有帮助？

弗洛伊德：我们的一些同行对待病人的态度很差劲，病人迫不及待地想摆脱他们。但是布洛伊尔很有魅力，而且，正如我说过的，女士们都认为他很英俊——这可是我从没烦恼过的问题，你懂的。但不管怎么样，病人喜欢他，所以他们让他守在床边，和他长谈，向他倾诉自己的心事。

卡　　　尔：而这种倾诉被证明有出人意料的治疗效果。

弗洛伊德：出人意料的治疗效果……布洛伊尔发现自己对这些癔症病人异常明显的变化感到惊讶，甚至震惊。

卡　　　尔：听到这些故事对您不断增长的知识体系产生了巨大影响。

弗洛伊德：你知道，我一开始是一个相当典型的传统从业者。我开的处方包括静养疗法、镇静剂、水疗，我甚至对催眠也颇为重视。

卡　　　尔：如果我没记错的话，您在维也纳参加过著名的丹麦舞台催眠师卡尔·汉森（Carl Hansen）的演示？

弗洛伊德：对，是的。但最终我知道，我必须寻找其他疗法，因为这些所谓的治疗方法都没有真正给病人带来深远的帮助。

卡　　　尔：所以布洛伊尔的"谈话疗法"引起了您的兴趣。

弗洛伊德：我们不能把它称为布洛伊尔的"谈话疗法"，因为他并没有使用过这个词。是病人安娜·欧自己把他们的谈话称为"谈话疗法"的。有时，她把这个过程称为"清扫烟囱"，这是一个非常生动的比喻，你不觉得吗？

卡　　　尔：我曾经与一位非常年轻的病人做过咨询，这个病人以前从未和心理健康方面的专业人士交谈过。这个病人向我坦白了一段非常可耻的经历——这是病人以前从未向任何人透露过的事情。病人哭了……

弗洛伊德：这是一种宣泄……

卡　　　尔：是的，我想，这个病人有了一次宣泄的体验，然后转向我说，"天哪，告诉你这些后，我感觉好多了。这……这……就像心灵的漱口水。"

弗洛伊德：漱口水？

卡　　　尔：Mundwasser（*漱口水*），您可能会说这个词。

弗洛伊德：口腔用水。啊，是的……漱口水。一种用来漱口的清洁剂。

卡　　尔：是的。漱口水。

弗洛伊德：用在心灵上。这个说法很棒，就像清扫烟囱一样。所以你明白我们在说什么。

卡　　尔：是的，我明白。

弗洛伊德：但布洛伊尔发现，他无法继续与病人进行这种持续对话。他开始害怕。你知道，帕彭海姆小姐的父亲已经去世，她的生活中也没有其他男性，她对布洛伊尔产生了强烈的性欲倾向。而这让他觉得无法忍受。

卡　　尔：然后他逃离了？

弗洛伊德：他逃离了。他不想继续治疗她，他甚至时不时地把这位年轻女士送进精神病院。

卡　　尔：但是您在与女性病人相处时，却有不同的体验。

弗洛伊德：我知道，当她们向我表达爱意时，她们心里其实已经把我和另一个人混淆了——一个来自过去的重要他人——通常是她们的父亲。我知道自己长什么样，也从不认为自己英俊。我的五官很普通，相貌平平，所以，当这些癔症病人向我投怀送抱的时候——她们时不时会这样做——我知道她们并不是爱我……

卡　　尔：而这帮助您识别出了后来您称之为移情（transference）的现象。

弗洛伊德：是的，把童年的渴望转移到多年后的一个陌生人身上。

卡　　尔：而这成了精神分析的真正基石。

弗洛伊德：是的，识别出这一点让这项工作得以继续。与布洛伊尔不同的是，我没有逃离我的病人。当他们表达强烈的情绪时，我就坐在那里倾听他们，然后我们分析这些强烈的情绪，将它们追溯到童年时期。接下来病人的情况就会有所好转。

卡　　尔：在之前的谈话中，我们谈到精神分析是一种治疗方法，是一套心理学理论，也是理解现象的透镜。我想，您已经逐渐开始向我展示精神分析的这三个方面了——我想补充一下，这三个方面是相互关联的。

弗洛伊德：确实如此。对，你开始在脑海中勾勒出一幅完整的画面了。

卡　　尔：我想是的，弗洛伊德教授。

弗洛伊德：不过这项工作真让人口渴，也许现在是该来点咖啡了。如果你看到科尔先生，或者其他服务员，我们或许可以……

卡　　尔：科尔先生正朝这边走来呢。

［科尔先生回到桌边，拿着一壶冰水。］

科　　尔：先生们，我相信你们的工作进展顺利。

卡　　尔：谢谢。确实，很顺利。

弗洛伊德：非常好，是的，很好，科尔。

科　　尔：*教授先生*，您想看报纸吗？我们有几份旧的 *Neue Freie Presse*（《新自由报》）可以给您。

弗洛伊德：不用，我们还有更多工作要做，科尔。

科　　尔：我想，现在该来点咖啡了吧？

弗洛伊德：是的，请给我来杯咖啡。

卡　　尔：我也想要一些现磨咖啡，科尔先生。

弗洛伊德：科尔，你有雪茄吗？

卡　　尔：教授！

弗洛伊德：我知道我的医生曾禁止我吸烟。但此时此刻，在我去世近一个世纪后，似乎已无须那么谨慎了。到目前为止，我一直很克制，但我确实想抽根雪茄。

科　　尔：*教授先生*，与过去不同，现在在维也纳，几乎没有人在公共场所吸烟。事实上，奥地利现已通过法律禁止吸烟好些年了，至少像这么大规模的公共场所是禁烟的。不过我们这儿有一个包间，可以供特别来宾吸烟。

弗洛伊德：特殊房间？

科　　尔：Ja, mein Herr Professor, eine Raucherecke（*是的，我的教授先生，一间吸烟室*）。

弗洛伊德：一间吸烟室？但他们为什么要禁烟呢？

卡　　尔：唔，弗洛伊德教授……

弗洛伊德：从你的表情我可以看出，你要告诉我吸烟有害健康。但这不再适用于我。科尔，请帮我找几支雪茄。

科　　尔：我去看看能不能弄到。

弗洛伊德：非常感谢你，科尔先生。这是我们的小秘密。

［科尔先生离开，去寻找雪茄。］

弗洛伊德：科尔在找雪茄的时候，我们能再活动活动腿脚吗？

卡　　尔：当然可以，这真是个好提议。

5

来一支雪茄

卡　　尔：那么，我们继续按照时间顺序来谈……
弗洛伊德：我想，我们还没聊多少我婴儿早期之后的事情。不过没关系，因为婴儿期奠定了我们人格的基础，你不这么认为吗？
卡　　尔：我也是这么认为的。
弗洛伊德：所以，我们聊到哪里了？
卡　　尔：我想我们聊到了1858年左右。
弗洛伊德：没错，从那时到1939年发生了很多事情。

卡　　尔：您去世的那一年。

弗洛伊德：我去世的那一年。Das ist richtig（*正确*）。

卡　　尔：没错。

弗洛伊德：*对*。

卡　　尔：我记得你们家在1859年离开了弗莱堡，搬到了莱比锡（Leipzig）。

弗洛伊德：是的。我的父亲、母亲，还有我五个妹妹中年龄最大的那位，安娜·弗洛伊德……

卡　　尔：不能跟您女儿安娜·弗洛伊德混淆了。

弗洛伊德：当然，别把她和我女儿搞混了。

卡　　尔：您的兄弟朱利叶斯·弗洛伊德此时已经去世了。

弗洛伊德：很不幸，他那么年轻就去世了。这对我母亲来说是一个巨大的悲剧。

卡　　尔：那时您的其他妹妹还没有出生吗？

弗洛伊德：后来陆续有了四个妹妹，但她们都是在1860年及之后才出生的。

卡　　尔：那么，您的父亲雅各布·弗洛伊德把家搬到了莱比锡……我想是出于生意上的原因吧？

弗洛伊德：是的。还有我同父异母的哥哥埃马努埃尔和菲利佩，你还记得吗？

卡　　尔：当然。

弗洛伊德：嗯，他们已经离开欧洲大陆去了英国的曼彻斯特……也是出于生意原因。

卡　　尔：然后你们又搬了一次家，这次是从莱比锡搬到维也纳。

弗洛伊德：当然，我那时还很小，我不认为我曾听说过整件事情的经过，但我后来了解到莱比锡对获准居住的犹太人人数有非常严格的限制。总的来说，我父亲希望他在维也纳能有更多的机会，维也纳至少有一个更完整的犹太社区。也许他希望他的孩子们也能有更多的机会。

卡　　尔：而且我记得您母亲在维也纳有亲戚。

弗洛伊德：是的，也许我父亲希望我母亲的家人能帮上忙。

卡　　尔：所以，我想，到1859年年底，你们全家已经定居在哈布斯堡帝国的首都维也纳了，并且这里一直是您的家，直到1938年。

弗洛伊德：是的，我在维也纳度过了几乎整整79年。我觉得这很不可思议。一切都过得太快了。现在我又回到了维也纳，虽然只有一天。

卡　　尔：如果我理解正确的话，您对从莱比锡到维也纳的那段火车之旅非常难忘，多年后，您在给您同事威廉·弗利斯（Wilhelm Fliess）博士的信中回忆说，您可能看到了您母亲裸体的样子。

弗洛伊德：我很可能看到了，因为火车上的空间非常狭小，我们不得不挤在一起。

卡　　尔：让我非常感兴趣的是，当您在给弗利斯医生的信中提及这段记忆时，您由德语转用拉丁语来描述，将您的母亲称为"matrem"，并把她赤身裸体的状态称为"nudam"。鉴于我们不久前关于委婉语的讨论，以及在19世纪人们对于直接谈论性的困难，是否可以合理推测，即使是世界上最伟大的性学家西格蒙德·弗洛伊德教授，有时也会不自觉地采用更具有距离感的语言呢？

弗洛伊德：我认为这是一个敏锐的观察，我同意你的评论。你看，对小男孩来说，母亲的身体既是他最渴望的对象，也是最恐惧的对象。因为如果小男孩试图占有母亲赤裸的身体……

卡　　尔：父亲可能会攻击他。可能会阉割他。

弗洛伊德：这就是俄狄浦斯情结（Oedipus complex）的起源。毫无疑问，看到母亲赤裸的身体会让我兴奋，也会让我害怕。

卡　　尔：所以您使用了"matrem nudam"。

弗洛伊德：是的，这可能就是我在给弗利斯的信中用拉丁语的原因。我同意。

卡　　尔：我还想到了另一篇文章，您在谈到性的时候用了外语。

弗洛伊德：所以你要变成我的分析师吗？

卡　　尔：唔，我想我是希望我们的讨论更丰满（fleshing out）一些。

弗洛伊德：我忍不住要诠释你使用了"丰满"这个词。你看，性欲插入（penetrate）到了很深的层次。顺便说一句，我知道我刚才用了"插入"这个词，所以不必对此发表评论了！

卡　　尔：您应该记得，在您那篇关于化名"朵拉（Dora）"的年轻女孩的文章中……

弗洛伊德：我当然记得那篇文章。我自己写的，不是吗？

卡　　尔：那么，*教授先生*，您可能还记得，在那篇非常尖锐的文章中，您解释了您会如何非常坦率、非常直接地与朵拉谈论性方面的问题。

弗洛伊德：她对性知之甚少，但她被我称为"K先生"的男人强迫进行了性行为。

卡　　尔：您写道，当谈到身体器官——阴道和阴茎等——时，即使对一个十几岁的女孩，您也会始终使用正规的解剖学术语。

弗洛伊德：但必须如此。精神分析师不能在性方面拘谨。

卡　　尔：如果我没记错的话，您是这样写的："我用专业术语来称呼身体器官和相关过程，如果病人碰巧不知道它们——我指这些术语——我就告诉她。①"

弗洛伊德：我记得。对我用德语写的原文来说，这翻译得相当不错。

卡　　尔：确实，这要归功于詹姆斯·斯特雷奇和他的妻子阿利克斯·斯特雷奇（Alix Strachey），他们都是您在20世纪20年代初的病人，他们共同翻译了这篇文章。

弗洛伊德：我会称斯特雷奇夫妇为学生，而不是病人，因为他们是来学习精神分析的。但我同意你的观点。

卡　　尔：回到"朵拉"案例中的那段话，您谈到了使用正确的解剖学语言的重要性，但紧接着，您从德语切换到了法语。您还记得吗？

弗洛伊德：*不记得*。

---

① 这句话的英文为："I call bodily organs and processes by their technical names, and I tell these to the patient if they—the names, I mean—happen to be unknown to her."——译者注

卡　　　尔：然后您写了"J'appelle un chat un chat"这句话，大致可以翻译为"我直言不讳"。

弗洛伊德：所以，你非常仔细地阅读了我的文章。

卡　　　尔：当然，我不能把这个发现归功于自己。许多文学研究者早就注意到了这一点。

弗洛伊德：然后呢？

卡　　　尔：嗯，这确实凸显了性这个话题是多么具有爆炸性，即使像您这样有丰富临床经验和熟悉整个主题的人接触这个话题时也不例外。裸体的母亲变成"matrem nudam"，关于使用正确德语术语称呼性器官的重要性的讨论则变得法语化："J'appelle un chat un chat"——字面意思是"我把猫叫作猫"，甚至都不是"我直言不讳"。

弗洛伊德：法国人把女性的生殖器相当通俗地称为 la chatte——一个和 chat 非常相似的词，chat 的意思是"猫"……所以我们在玩文字游戏！

卡　　　尔：确实。

弗洛伊德：你看，性是一个非常困难的话题。你也就能理解为什么我写的关于性心理学的文章会遭受那么多阻力，以及为什么我不得不忍受那么多关于我个人道德的充满仇恨的、诽谤的言论。

卡　　　尔：是的，您确实不得不抵挡那些指责您堕落和变态的恶意批评者……

弗洛伊德：哦，是的，有时这真的非常让人厌恶。

卡　　　尔：我记得，奥托·马尔堡（Otto Marburg）教授曾公开称您为"花花公子（Casanova）"。

弗洛伊德：那肯定会让我的妻子乐不可支。但是马尔堡——你知道，他是一位非常著名的奥地利神经学家——他甚至没有胆量当面指责我。他是在与我的一个年轻学生——来自意大利的韦斯博士——聊天时不小心说出来的。

卡　　　尔：爱德华多·韦斯？

弗洛伊德：是的。韦斯清楚这是无稽之谈，但即便如此，此类言谈仍旧极具破坏性。我得承认，与别人对我的其他评论相比，"花花公子"还算得上是一种恭维。你还记得魏甘特*教授先生*吗……

卡　　尔：威廉·魏甘特（Wilhelm Weygandt）在20世纪早期欧洲大陆的精神病学中占有非常重要的地位。

弗洛伊德：1910年他在汉堡（Hamburg）的一次医学会议上发表演讲，我记得，他认为我的研究一无是处。他指责我把性的想法植入病人的头脑，他甚至暗示精神分析可以与生殖器按摩做对比，就好像我们都是妓女一样！而且，你能相信备受尊敬的医学期刊*Hamburger Ärzte-Correspondenzblatt*（《汉堡通讯》）竟然发表了这种无稽之谈吗？

卡　　尔：为什么人们对精神分析理论中性的方面反应如此激烈？

弗洛伊德：这些人无法忍受讨论性话题，甚至不愿承认人类具有性方面的属性。

卡　　尔：您是如何处理这些诽谤的？

弗洛伊德：大多数时候，我就是忽略它们，但我也从我的追随者那里得到了极大的支持。他们分担了我的压力，因为他们在会议上发言时，也不得不忍受很多反对意见。

卡　　尔：您的匈牙利同事，桑多尔·费伦齐，因为精神分析受到了很多辱骂。

弗洛伊德：哦，是的，费伦齐在布达佩斯要面对众多怀疑论者。有一次，我想大概是在1912年，他向一个匈牙利医生协会介绍了我的工作。而他们却以极其粗鲁的方式否定了我和他，以及整个精神分析学说。

卡　　尔：他们说了什么？

弗洛伊德：他们贬低我们，仅仅视我们为Schweinerei。真是轻蔑至极！恶毒至极！

卡　　尔：Schweinerei这个词该如何翻译才最贴切呢？

弗洛伊德：嗯，你注意看这个词里包含的"Schwein"，意思是"猪"或"猪猡"。Schweinerei的意思是肮脏的，像猪一样的垃圾。他们称我为毒瘤。他们指责我，说我无非是个编写色情作品的淫秽作家。

卡　　尔：然而，之前数代精神科医生对男女病人的生殖器都进行了残忍的、不必要的手术；而您，*教授先生*，却给了您的病人一个机会，让他们在一个私密的房间里，从容地讲述他们的故事。

弗洛伊德：要是人们在一百年前能意识到这一点就好了。但我生活在一个可以称之为 odium sexicum 的时代。

卡　　尔：对性的憎恶。

弗洛伊德：是的，对性的憎恶。

卡　　尔：但您坚持您的工作，尽管遭到了抵抗和仇恨。

弗洛伊德：当然。我必须如此，必须。

卡　　尔：我非常清楚地意识到，我们之所以谈到这个话题，是因为我注意到，早在 1859 年，您就见过您母亲……

弗洛伊德：*母亲赤裸的身体？*

卡　　尔：是的……

弗洛伊德：这引发了我们两人一连串的自由联想。

卡　　尔：看起来确实是这样。但我想，我们或许可以回到之前的时间线继续讲述。

弗洛伊德：那么，时间来到了 1859 年，我和我的家人定居在维也纳。你知道，不是在美泉宫（imperial palace at Schönbrunn）这样的皇宫，而是在更为普通的地方。

卡　　尔：你们住在维也纳的第二 Bezirk（区），这个地区深受犹太群体欢迎。

弗洛伊德：是的，利奥波德城曾经是犹太人聚居区。

卡　　尔：有很大一部分维也纳犹太人住在利奥波德城。

弗洛伊德：确实如此。幸运的是，随着时间的推移，我父亲的生意逐渐有了起色。他从未变得富有，但生活还算过得去。而且他必须这样做，因为我母亲一直不停地生孩子。就在第二年，我妹妹罗莎（Rosa）出生了。确切地说，她叫雷吉娜·黛博拉（Regina Deborah），但我们都叫她"罗莎"。

卡　　尔：她出生于1860年？

弗洛伊德：是的。接着是玛丽（Marie），我们都叫她"米兹（Mitzi）"。那应该是1861年。然后在1862年，埃丝特·阿道芬（Esther Adolfine）出生了。

卡　　尔：但所有人都叫她"多尔菲（Dolfi）"。

弗洛伊德：多尔菲——没错，就是这样。她是我五个妹妹中唯一未婚的。

卡　　尔：您的第五个妹妹呢？

弗洛伊德：波琳·雷吉娜·萨拉·弗洛伊德（Pauline Regine Sara Freud），我们通常简单地称呼她为"葆拉（Paula）"，她出生于1864年。

卡　　尔：您父母当时肯定忙得不可开交。有人可能会认为，您母亲可能没法花太多时间陪您，特别是她还有五个年幼的女儿。您是否觉得自己在某种程度上被抛弃了呢？

弗洛伊德：没有，一点也没有，因为正如我们之前所说，我母亲总是最宠我。

卡　　尔：最终，在1866年，您有了一个弟弟。

弗洛伊德：终于，家里又添了一个男孩。亚历山大·戈特霍尔德·埃弗雷姆·弗洛伊德（Alexander Gotthold Efraim Freud）。我们成了好朋友。

卡　　尔：您的弟弟亚历山大虽然年纪比你小了将近10岁，但在后来的生活中成了您的固定旅伴之一。

弗洛伊德：你知道吗？我有幸给亚历山大起了名字。这个名字是我选的。

卡　　尔：让一个9岁——差不多10岁的小男孩给新生儿起名是多么不寻常。有人可能会觉得，您父母本应把为孩子起名的特权留给他们自己的。

弗洛伊德：就像我说的，我在家里的地位非常特殊，因为我是家里最大的孩子，而且是最大的男孩。

卡　　尔：在那么多可选的名字中，您是怎么选中"亚历山大"这个名字的呢？这肯定不是一个传统的希伯来名字。

弗洛伊德：天哪，不是，当然不是。

卡　　尔：您还记得选择"亚历山大"这个名字的原因吗？

弗洛伊德：你为什么问我这样的问题？毫无疑问，这与精神分析的历史无关。

卡　　尔：我只是想……

弗洛伊德：我感觉你对自己提出的问题已经有答案了。

卡　　尔：您一如既往地敏锐，弗洛伊德教授。许多精神分析师都曾写文章探讨过您对该名字的选择，包括一位极具洞察力的美国精神分析师……

弗洛伊德：Ein Amerikaner（一个美国人）？

卡　　尔：是的……我知道您向来都不太瞧得上美国精神分析师……

弗洛伊德：但你要是告诉我，自 1939 年以来这些人的能力有所提高，也并不奇怪，因为我的奥地利和德国同事中有一半以上都移民到了美国。

卡　　尔：欧内斯特·琼斯早已提及您对那位英勇的征服者亚历山大大帝的钦佩和认同。

弗洛伊德：当然。

卡　　尔：其中有几位作者认为，您之所以选择"亚历山大"这个名字，是因为您幼年时对父亲的确切身份可能存在某种困惑。

弗洛伊德：太荒谬了！

卡　　尔：当然，我们知道您是雅各布·弗洛伊德的儿子。但由于您同父异母的哥哥菲利佩·弗洛伊德住在很近的地方，而且从年龄上看，他与您年轻的母亲更为般配，看上去更像是她的伴侣。

弗洛伊德：人们认为我搞混了我的父亲和哥哥。

卡　　尔：嗯，如果是这样，那么您可能会幻想菲利佩（Philipp），而不是雅各布，是您母亲孩子的父亲。

弗洛伊德：而且马其顿王国的腓力（Philip）是亚历山大大帝的父亲。

卡　　尔：没错。

弗洛伊德：所以，如果我认为我的哥哥可能是新生婴儿的父亲，为什么不叫他亚历山大呢？

卡　　尔：正是如此。

弗洛伊德：呃……

卡　　尔：我很好奇，弗洛伊德教授……

弗洛伊德：嗯？

卡　　尔：我想知道在给弟弟起名的事情上，您是否得到了您父母的授权和鼓励，是否，嗯……

弗洛伊德：说吧。把你想说的话说出来。

卡　　尔：嗯，这是否在后来促成了某种特权感和全能感，带给您一种可以掌控一切的感觉？

弗洛伊德：你的意思是作为精神分析运动的先驱。

卡　　尔：对，我想是的。

弗洛伊德：这是一个非常有意思的野蛮分析。毕竟，你没有从我这里引出任何可以证实或否定这种诠释的自由联想。但这无疑是一个非常有趣的，也许是一个非常有创造性的诠释。

卡　　尔：嗯，自从您去世后，各种各样的人对您进行了无数次精神分析。

弗洛伊德：而死者没有办法为自己辩护，也没有办法回应。

卡　　尔：但是今天，您有这样的机会。

弗洛伊德：在我回答前，让我先看看我们的谈话还会带来什么惊喜。

卡　　尔：这似乎挺公平的。

弗洛伊德：瞧，就在这个节骨眼上，我们的朋友科尔又来了。也许他给我带雪茄来了。

［科尔先生带着一个大木箱回来了。］

科　　尔：您可以想象，*教授先生*，我费了多大的劲才给您找到这些Zigarren（*雪茄*）。自从餐厅实施了禁止在公共场所吸烟的规定以来，兰特曼咖啡馆就没有……

弗洛伊德：别担心，科尔，我们来看看你给我变出了什么。

科　　尔：我的一个服务员跑到科尔市场（Kohlmarkt），为兰特曼咖啡馆最尊贵的客人找来了一些高品质的*雪茄*。

弗洛伊德：我立马就闻到香味了。我们来看看里面有什么。*啊，我的天哪*……我已经很多年没见过这样的雪茄了。

科　　尔：教授，我们为您精选了许多上乘的雪茄，包括最好的发酵烟草。

弗洛伊德：你们找到了特拉布科斯（Trabucos）？这可是我的最爱。

科　　尔：*教授先生*，我们一直记得您从前就十分喜欢这些雪茄。我们甚至在里屋的储物柜里找到了您的雪茄剪。这么多年来，我的员工一直把它保存得很好。

弗洛伊德：让我选一根……这根看起来很不错。

科　　尔：这是手卷雪茄，弗洛伊德教授。

弗洛伊德：这些年来，我历经了太多匮乏之苦。实际上，在第一次*世界大战*期间，我几乎抽不到特拉布科斯雪茄。只有同行们会偶尔偷偷带一些给我。

卡　　尔：您那位在美国出生的外甥，也就是您最大的妹妹的儿子爱德华·伯奈斯（Edward Bernays），有时会想办法帮你弄来雪茄，是吗？

弗洛伊德：是的，的确如此。

卡　　尔：弗洛伊德教授，在第一次世界大战期间，您的一个病人曾给您送来了50支雪茄，这是真的吗？

弗洛伊德：这的确是事实。但你是怎么知道的？

卡　　尔：我记得您在给桑多尔·费伦齐的一封信中提到过这个信息。

弗洛伊德：你是怎么读到这封信的？

卡　　尔：您的很多Briefe——也就是您的信件——后来都出版了。

弗洛伊德：我的私人信件？

卡　　尔：嗯，很大一部分。

弗洛伊德：人们居然这么感兴趣，连我的雪茄都不放过？

卡　　尔：一说起西格蒙德·弗洛伊德，人们脑海中就会浮现出您手里拿着雪茄的模样。

弗洛伊德：是这样吗？

卡　　尔：哦，绝对是的。事实上，如今常常会有这样或那样的专家搬出那句弗洛伊德式的陈词滥调："有时候，雪茄仅仅就是一支雪茄。"

弗洛伊德：谁这么说？

卡　　尔：人们常常把这一说法与您联系起来，通常是为了削弱无意识象征的重要性。

弗洛伊德：但我绝不会说这么愚蠢的话。雪茄绝对不可能只是一支雪茄。所有事物都必然在更深层次的无意识层面上被理解为其他某种事物、某种更深刻的东西的象征。

卡　　尔：当然。能澄清这件事挺好的。

弗洛伊德：不过，科尔先生，这个禁烟令是怎么回事？

科　　尔：*教授先生，兰特曼咖啡馆很乐意为您破例。无论您什么时候到兰特曼来，都可以尽情抽烟。*

弗洛伊德：谢谢你，科尔先生。

科　　尔：先生们，还要点什么吗？

弗洛伊德：不用了，谢谢你，科尔。我们会告诉你的。但现在，我最开心的还是抽我的特拉布科斯雪茄。

科　　尔：好极了，先生们。

［科尔先生再次离开。］

弗洛伊德：你愿意和我一起抽一支雪茄吗？

卡　　尔：谢谢您，弗洛伊德教授，但我从不吸烟。

弗洛伊德：我的朋友，你错过了人生中最大的乐趣之一。

卡　　尔：但是*教授先生*，我们现在知道，吸烟在很大程度上会导致一系列严重的疾病，尤其是癌症。

弗洛伊德：嗯，我们现在不用考虑那些了。一个已经离世的人是可以享受吸烟的乐趣的，不是吗？

卡　　尔：当然。

弗洛伊德：我认为吸烟压根儿没有任何问题。

卡　　尔：但是您至少有过一次因抽雪茄而差点丧命的经历。

弗洛伊德：这也太夸张了！你这话是什么意思？

卡　　尔：您还记得在1911年冬天，您开始遭受让人晕头转向的剧烈头痛吗？

弗洛伊德：既然你提到这个……

卡　　尔：您写信给卡尔·古斯塔夫·荣格……

弗洛伊德：那个背叛我们事业的人。

卡　　尔：但那时，他是您很好的朋友？

弗洛伊德：嗯，也是医学同行，当然。

卡　　尔：好像是您书房里的台灯……

弗洛伊德：啊，是的，金属管和输气管之间的接头松动了。

卡　　尔：您向荣格博士解释说，您闻不到煤气泄漏的味道，是因为您的雪茄产生的浓烈烟雾掩盖了那种气味。

弗洛伊德：我理解你的担忧。但我仍然认为吸烟很重要，尤其是对于一个一整天手里没有什么事情可做的精神分析师来说。

卡　　尔：您会在分析中吸烟。

弗洛伊德：当然！

卡　　尔：现在我们不会这样做了。

弗洛伊德：多么小资啊。

卡　　尔：尽管如此。

弗洛伊德：好吧，我看得出来，我没法影响你。你根本不像个会吸烟的人。你知道吗？在第一次世界大战期间，几乎不可能找到这样的雪茄，即使能找到，也得花很多钱。我记得，一支特拉布科斯雪茄的价格一度到了30Heller（*赫勒*①）！

卡　　尔：Heller？

弗洛伊德：更小面值的Krone（*克朗*②）。

卡　　尔：啊，知道了。谢谢您的解释。

弗洛伊德：所以，我现在有了雪茄，正抽得非常惬意。我们继续吧？

卡　　尔：好的，我们刚说到您的同胞们：您有五个妹妹，还有一个弟弟亚历山大，他的名字是您起的。

弗洛伊德：亚历山大，马其顿王国腓力的儿子。

卡　　尔：是的。

弗洛伊德：我还在思考这一假设的有效性。

卡　　尔：嗯，也许我们可以更紧密地围绕你所记得的清晰的生平事实来继续访谈。

弗洛伊德：事实永远不可能仅仅是事实。所有感知都会经过我们记忆镜头的过滤，而记忆则可能因为无意识因素而被扭曲。

卡　　尔：我们可以回到关于您上学的话题上吗？您在利奥波德城的中学的时候。我知道您深入学习了希腊文和拉丁文文献。您能准确地回忆起您当时学过什么吗？

弗洛伊德：嗯，就是那些古典文献，正如你提到的。如果我没记错的话，我们从荷马③（Homer）和李维④（Livy）的作品开始学，也许还有一些奥维德⑤（Ovid）和希罗多德⑥（Herodotus）的作品。这些都是作

---

① 货币单位，曾作为克朗的辅币。——译者注
② 货币单位，1克朗=100赫勒。——译者注
③ 荷马（Homer，约前9世纪—前8世纪），古希腊盲诗人，代表作《荷马史诗》。——译者注
④ 提图斯·李维（Titus Livius，公元前59年—公元17年），古罗马历史学家。——译者注
⑤ 普布留斯·奥维第乌斯·纳索，（Publius Ovidius Naso，公元前43年—公元18年），通常被称为奥维德（Ovid），古罗马诗人。——译者注
⑥ 希罗多德（Herodotus，约公元前484年—公元前425年），古希腊作家、历史学家。——译者注

为 Primaner（*中学一年级学生*）的时候学的，也就是 Gymnasiast（*高级中学学生*）的第一年。

卡　　尔：一年级学生？

弗洛伊德：然后，随着年龄渐长，我们开始学习更高级的文献，当然，我们读过西塞罗①（Cicero）、德摩斯梯尼②（Demosthenes）的作品，可能还有贺拉斯③（Horace）和萨鲁斯特④（Sallust）……哦，对，还有塔西陀⑤（Tacitus）和维吉尔⑥（Virgil）的作品。我在中学一共待了 8 年。是的，我是从一名*中学一年级学生*开始的。我们把第一年称为 Prima，第二年称为 Secunda，以此类推，一直到第 8 年，称为 Octava。你应该懂拉丁文吧？

卡　　尔：是的，我在学校学过拉丁文，后来也学过。

弗洛伊德：听你这么说我很高兴。

卡　　尔：Gymnasiasten——也就是学生们——学习古典文献课程，是为了准备 Matura 考试⑦吗？这是大学学习的 sine qua non（*必要条件*）。

弗洛伊德：没错。学生必须通过 Matura 考试才能升学。

卡　　尔：除了世俗学校，您还上了一所希伯来学校？

---

① 马尔库斯·图利乌斯·西塞罗（Marcus Tullius Cicero，公元前 106 年—公元前 43 年），古罗马著名政治家、哲学家、演说家和法学家。——译者注

② 德摩斯梯尼（Demosthenes，公元前 384 年—公元前 322 年），古雅典雄辩家、民主派政治家。——译者注

③ 昆图斯·贺拉斯·弗拉库斯（Quintus Horatius Flaccus，公元前 65 年—公元前 8 年），通常被称为贺拉斯（Horace），罗马帝国奥古斯都统治时期著名的诗人、批评家、翻译家。——译者注

④ 萨鲁斯特（Sallust，公元前 86 年—公元前 34 年），古罗马历史学家。——译者注

⑤ 普布利乌斯·科尔涅利乌斯·塔西陀（Publius Cornelius Tacitus，约公元 56 年—公元 120 年），罗马帝国时代著名的历史学家、文学家和演说家——译者注

⑥ 普布留斯·维吉留斯·马罗（Publius Vergilius Maro，公元前 70 年—公元前 19 年），通常被称为维吉尔（Virgil），古罗马诗人。——译者注

⑦ 一些欧洲国家教育体系中的高中毕业考试或大学入学资格考试，尤其在奥地利、德国、波兰等国家较为常见。——译者注

弗洛伊德：至少去了一段时间。Kultusgemeinde（*库托斯格曼德*），由塞缪尔·哈默施拉格（Samuel Hammerschlag）—— 一位伟大的教师——管理。你知道吗？我给我的女儿起名安娜，就是以哈默施拉格女儿的名字命名的，她也叫安娜。

卡　　尔：不是以您妹妹安娜的名字命名的？

弗洛伊德：不，不，当然不是。

卡　　尔：虽然您最终自称是一个不信神的犹太人，但维也纳的犹太社群在您的感情中占有重要地位。如果我说您的导师约瑟夫·布洛伊尔医生的父亲……

弗洛伊德：啊，布洛伊尔的父亲……他叫什么名字？对，利奥波德·布洛伊尔（Leopold Breuer）。他写了一些关于希伯来宗教的书，在*库托斯格曼德*我们会读他的作品。

卡　　尔：布洛伊尔家和哈默施拉格家住在同一栋公寓楼里。这是真的吗？

弗洛伊德：正是如此。但你知道布洛伊尔家和哈默施拉格家之间还有更亲密的关系吗？

卡　　尔：不知道。

弗洛伊德：这么说来，关于我的事也并非都已为人知嘛。好吧，我可以告诉你，塞缪尔·哈默施拉格的儿子保罗（Paul）最终娶了约瑟夫·布洛伊尔的女儿伯莎（Bertha）。

卡　　尔：这些人都相互关联！

弗洛伊德：*对*，当然了。那是维也纳，至少对犹太人来说是这样的。

卡　　尔：而且您上学时真的很努力。

弗洛伊德：是的，我专心学习、吃饭，不太操心日常家庭生活中的那些琐事。

卡　　尔：您的母亲会让您的妹妹们保持安静，这样您就可以集中精力学习。您曾坚持要把家里的钢琴搬走，这是真的吗？

弗洛伊德：哦，我都忘了那回事了。我妹妹安娜以前经常弹琴，而这会打扰我工作。是的，我母亲确实把它处理掉了。

卡　　尔：多年后，在您关于约翰·沃尔夫冈·冯·歌德（Johann Wolfgang von Goethe）的文章中，您提及了那些把东西扔出窗外的人。我记得歌德把一些餐具扔出了窗外。您认为这种行为可以追溯到他对众多兄弟姐妹的厌恶，以及想要摆脱他们的愿望。而您想把钢琴从公寓里搬走，您认为是否可能隐藏着一个愿望，就是……

弗洛伊德：想要摆脱我讨厌的同胞们？

卡　　尔：嗯，是的……

弗洛伊德：我看得出来，今天在兰德特曼咖啡馆里，我将成为一次非常密集的精神分析的对象。是的，你可能是对的。但当然，你也有兄弟姐妹，你肯定知道同胞竞争……

卡　　尔：这是一个您真正帮助我们理解了的概念……

弗洛伊德：是的，这是一种普遍的体验。

卡　　尔：所以您全身心投入学习，还做了相当多额外的功课，学西班牙语，大量涉猎历史知识，等等。

弗洛伊德：对，是这样的。

卡　　尔：而且您在中学时期就开启了您的写作生涯。您在校刊 *Musarion*（《穆萨里昂》）上发表了一些非常精辟的警句。

弗洛伊德：确实是的。我完全忘记这件事了。

卡　　尔：我相信在这个时候您开始喝咖啡了！

弗洛伊德：人必须找到一种在夜晚保持清醒的办法。我的老同学威廉·克诺普夫马赫（Wilhelm Knöpfmacher）曾到我们家的公寓来，在我们参加结业考试——Matura 考试——的前些日子里，我们喝黑咖啡、吃葡萄，学习到深夜。

卡　　尔：您那时是在家里喝咖啡，而不是去*咖啡馆*。

弗洛伊德：不，不，作为一个青春期的学生，我是不会去的。我的长辈会对此表示不满，即使我父亲经常光顾这些地方。你知道吗？当时我的两个同学因为去了声名狼藉的*咖啡馆*而惹上了大麻烦。

卡　　　尔：我想，这也和妓女有关。

弗洛伊德：是的，他们确实行为不端。

卡　　　尔：我想知道您在这个时期和年轻女士的关系如何。您妹妹安娜在您去世后不久回忆说，您很少有时间和女孩们在一起，是吗？当您的妹妹们带女性朋友来家里时，您好像几乎没有注意到她们。

弗洛伊德：我妹妹只说对了一部分。当然，我确实在埋头读书。我把力比多投注到了学术追求中。我们称之为升华（sublimation），你知道的。但我的妹妹安娜并不知道我青春期时各种各样的激情。

卡　　　尔：我想，您爱上了一个叫吉塞拉·弗卢斯（Gisela Fluss）的年轻女孩。

弗洛伊德：那是我的初恋，但很天真。非常青涩。但主要是升华。我知道一旦我成为一名专业人士，就会有足够的空间去谈情说爱。在那个时候，我已经下定决心要去 Universität Wien 学习医学……

卡　　　尔：维也纳大学。

弗洛伊德：维也纳大学，对，是的。

卡　　　尔：而您需要专注于您的事业？

弗洛伊德：没错。

卡　　　尔：就在您考入大学开始攻读医学专业前不久，您开始在信中署名"西格蒙德"，而不是您的本名"西格斯蒙德"。您能帮助我们理解一下这种身份上的转变吗？

弗洛伊德：我本以为这很明显。任何一个犹太人都会理解的。

卡　　　尔：这个名字有反犹太主义的意味吗？

弗洛伊德：在我生活的那个年代，"西格斯蒙德"这个名字在当时流行的反犹太笑话中十分常见，特别是在维也纳。但我想，我的父母——相当守旧的摩拉维亚人——给我起这个名字时，并不知道这一点。

卡　　　尔：但我原以为"西格斯蒙德"会让人联想到贵族，因为中世纪许多国王和公爵都叫这个名字。

弗洛伊德：人们可能会这么想，但在我生活的那个年代，"西格斯蒙德"这个名字却以一种极不愉快的方式与犹太人联系在一起。所以，我改了名。

卡　　　尔：您选了一个更有男性意味，更具日耳曼风格的名字。这让我想起了理查德·瓦格纳（Richard Wagner）的歌剧 Die Walküre（《女武神》）中的角色"西格蒙德（Siegmund）"，这部歌剧于1870年首演，就在您改名为"西格蒙德（Sigmund）"的几年前。

弗洛伊德："西格蒙德"是天神"沃坦（Wotan）"之子。也许这个名字我选对了。但别忘了 Beowulf（《贝奥武夫》）中的角色，据我所知，这个名字来源于古斯堪的纳维亚语。

卡　　　尔：所以，您告别了朴素的摩拉维亚犹太少年时代，成了一个更加融入维也纳生活的青年，准备在大学攻读医学。

弗洛伊德：我从未否认过自己的犹太血统，也从未接受过洗礼。我的一些追随者……比如阿尔弗雷德·阿德勒，他让他的孩子接受了洗礼。他自己也受洗了。我得说，这是一个绝望之人的行为。还有兰克……奥托·兰克（Otto Rank）。你知道的，他以前叫奥托·罗森菲尔德（Otto Rosenfeld）。

卡　　　尔：我记得他和他父亲的关系很紧张。

弗洛伊德：如果这是他改名的原因，那么我想，这就表明他否认了自己的血统。所以你看，他抛弃了罗森菲尔德先生这个身份，同时也背弃了自己的犹太血统。

卡　　　尔：您从未有过成为基督徒的打算，对吧，弗洛伊德教授？

弗洛伊德：没有，从来没有。

卡　　　尔：即便您所在的城市里存在着强烈的反犹太情绪也是如此吗？我记得在1873年，也就是您从中学毕业，开始大学生活的那一年，维也纳证券交易所崩盘，这进一步激起了人们对犹太人的仇恨。

弗洛伊德：是的，我们称之为 Gründerkrach（也称为 Börsenkrach）——即股市崩盘——这导致了许多银行倒闭。很多小商铺也遭受了损失。人们指责犹太人，因为我们中很多人都在 Börse（*证券交易所*）工作。

卡　　尔：证券交易所。

弗洛伊德：*对，证券交易所。*

卡　　尔：几年后，维也纳选出了一位最粗鲁无礼、最尖酸刻薄且极端仇视犹太人的市长。

弗洛伊德：Christlichsoziale Partei（*基督教社会党*）的卡尔·卢埃格尔（Karl Lueger）。

卡　　尔：我认为，基督教社会党和天主教会关系极为密切。

弗洛伊德：是的。

卡　　尔：历史学家开始将卢埃格尔视为危险的纳粹先驱。

弗洛伊德：毫无疑问。卢埃格尔凭借他的言辞和宣传蛊惑了众人。而且他相貌出众——人们称他为"der schöne Karl（*英俊的卡尔*）"——嗯，你可以想象。

卡　　尔：英俊的卡尔。

弗洛伊德：英俊……哼！

卡　　尔：您确定在这样强烈的反犹太主义氛围中，您从未想过成为一名基督徒或移民吗？

弗洛伊德：就像我父亲当年那样，我从地上捡起帽子，然后继续工作。

卡　　尔：我明白了。但我想您当时没有预见到——也不可能预见到——仇恨的破坏力会如此之大。

弗洛伊德：对于人性，没什么能让我惊讶的。但我们当时确实不知道事情会以那样的方式展开。

卡　　尔：再来点*咖啡*吗，*教授先生*？

弗洛伊德：你怎么还想再喝*咖啡*呀？不，不，我们已经喝了不少了。

卡　　尔：那再来一支雪茄？

弗洛伊德：*对，这倒可以。*

本韦尼斯蒂夫人躺椅上的波兰酒

卡　　尔：*教授先生，我突然想到，如果我们以这种速度继续聊下去——尽管我觉得我们这样边喝咖啡边交谈非常有意思——我们可能会在这儿聊上好几天……*

弗洛伊德：我接受这次逝世后采访的时间是有限的。我必须尽快回到……嗯，你知道我是从哪儿来的，那儿还有很多事等着我去处理。

卡　　尔：当然。那么，如果我们在谈论您的生平传记时，穿插着讨论一些您作品中的重要主题，这样可以吗？

弗洛伊德：哦，我们永远也不可能把我的生平事迹都讲完的。我活得太久了。83年啊。我从没想过自己能活这么久。有时我希望自己能早点离世。在我生命的最后16年里，我一直疾病缠身。

卡　　尔：我知道。您以极大的毅力忍受着病痛。

弗洛伊德：我又有什么选择呢？我有妻子，有一个小姨子，还有许多孩子……我的儿子们才刚刚开始他们的职业生涯，仍然需要我的帮助。而且那个时候我也已经有孙辈了。当然，我还有一位年迈的母亲，一个未婚的妹妹，还有我那些已婚的妹妹们，她们中有些人已经失去了丈夫。我根本就不能死。

卡　　尔：每个人都非常依赖您。您必须努力工作。

弗洛伊德：正如我之前说过的，感谢上天，让我从学生那里收到了美元。

卡　　尔：也许您可以和我谈谈您的实践工作。谈谈精神分析这门艺术。

弗洛伊德：我认为它既是一门艺术，但也是一门科学。我们在进行精神分析时，是有原则和程序可循的。

卡　　尔：我们知道，只有在合适的外在设置中，精神分析才能恰当地进行。

弗洛伊德：我们都必须记住，在兰特曼咖啡馆进行的任何精神分析，充其量只能是"野蛮分析"。

卡　　尔：是的，我当然意识到了这一点。请相信，我可能做过的任何心理学观察……好吧，我希望我是以一种试探性的、质疑的精神去做的。

弗洛伊德：当然。你对我感兴趣。我必须接受这样一个事实，即我现在已经成为研究对象，不再是研究者了。

卡　　尔：鉴于您的声望、名气，您跨越三个世纪的影响力——19世纪、20世纪和现在的21世纪——您确实成了很多学术研究的焦点。

弗洛伊德：我接受这种情况，尽管我不太明白为什么我的生活会如此引人关注。

卡　　尔：也许我们可以谈谈精神分析的设置。

弗洛伊德：是的，精神分析只能在咨询室进行。否则，就没有隐私可言，也没有一个可以谨慎、秘密地谈话的地方。

卡　　尔：您总是在您的咨询室里工作，在位于维也纳第九区伯格巷的公寓里。

弗洛伊德：伯格巷19号，我在那里生活了大半辈子。是的，我有自己的咨询室——非常私密。

卡　　尔：但有时您的管家——我们之前提到过的费希特尔小姐——会为病人开门。

弗洛伊德：嗯，不然他们怎么进来？

卡　　尔：我这么问，是因为如今在心理学领域工作的人几乎不会雇佣仆人了。

弗洛伊德：在我所处的那个时代，雇佣仆人花不了多少钱。他们中的大多数人都乐意有份工作，有个安身之处。

卡　　尔：是的，但是在今天，雇佣员工这种想法……嗯，几乎没有一个中产阶级专业人士会雇佣人来开门。

弗洛伊德：为什么不呢？

卡　　尔：部分原因是……我想主要是……因为我们不希望有任何第三方以任何方式干扰治疗。我们希望尽可能创造一个完全不受干扰的环境。

弗洛伊德：那你在什么地方和你的病人工作？

卡　　尔：在伦敦北部的一座办公楼里。

弗洛伊德：这栋楼里还有其他办公室吗？

卡　　尔：有。

弗洛伊德：那你的病人在走廊里或楼梯上时会碰到其他人吗？

卡　　尔：是的，当然会，但我没有雇看门人。我和同事们使用蜂鸣器系统。

弗洛伊德：蜂鸣器系统？

卡　　尔：是的，病人只需按挂在门上的门铃，然后就可以进入大楼。

弗洛伊德：如果你有一个像葆拉·费希特尔这样的人，你的生活会轻松很多。我们发现她能帮很多忙。她在我们家待了很长一段时间。你可能知道，她甚至和我们一起来了伦敦。

卡　　尔：您去世后，她还继续为弗洛伊德家族工作，照顾您的妻子和女儿。

弗洛伊德：这并不让我感到惊讶。葆拉非常忠诚。否则我们不会带她一起走。

卡　　尔：当然。

弗洛伊德：但在我生活的那个年代，对于专业人士而言，要是没有一两个仆人，那简直是不可想象的。我们当时有好几个仆人呢。

卡　　尔：好几个仆人？

弗洛伊德：哦，是的，好几个。当然，葆拉·费希特尔就像我们家的一员。但我们还有一个厨师，一个清洁工，孩子们的保姆。我们还专门请人来给每个房间的炉子生火。

卡　　尔：你们没有集中供暖系统。

弗洛伊德：这听起来很现代化。

卡　　尔：是的。你们那时靠炉火和煤气取暖。

弗洛伊德：当然。你知道吗？我妻子总是雇长相很丑的仆人。这后来成了惯例。

卡　　尔：为什么雇长相丑的仆人？

弗洛伊德：如果你见过我的儿子们，尤其是我的大儿子……

卡　　尔：马丁。

弗洛伊德：简而言之，弗洛伊德夫人不希望把不必要的诱惑引入家里。

卡　　尔：我们还是接着讨论设置的话题……隐私非常重要。

弗洛伊德：哦，当然，但我不认为让仆人开门会妨碍病人获得私密的体验。葆拉从来不知道我们在咨询室里说了什么。

卡　　尔：但是您会在治疗过程中让您的狗待在身边。

弗洛伊德：只有在我生命的最后时光里我才这么做。在 20 世纪 20 年代之前，我们都没有养狗，然后，当然，我们有幸养了很多很棒的松狮犬。

狗也许成了我晚年最好的朋友。

卡　　　尔：约菲（Jo-fi）……还有伦尤格（Lun Yug）。

弗洛伊德：我真希望我能再见到它们。你喜欢动物吗？

卡　　　尔：是的，我绝对和您一样喜爱动物。

弗洛伊德：人真的可以信任动物。它们非常诚实，不会试图掩饰自己的动机——不像我的许多同行。

卡　　　尔：在您暮年之时，您的女儿，安娜小姐——或者我应该叫她"弗洛伊德博士"，因为那时她已经多次获得荣誉"博士"头衔了……

弗洛伊德：听到安娜成了 Frau Doktor（*博士女士*），我一点也不惊讶。多么令人欣慰。

卡　　　尔：当然，她和您一样喜欢动物。

弗洛伊德：哦，当然。

卡　　　尔：安娜小姐回忆说，您曾经注意到，狗"爱它们的朋友，咬它们的敌人，而人却相反，他们没有纯洁的爱，必须在他们的客体关系中始终掺杂着爱与恨"。

弗洛伊德：我对此说法也表示认同。是的，安娜准确地记住了我说的话。

卡　　　尔：我能理解，当您患癌症时，您的狗成了安慰和陪伴的重要来源。但我想知道，您是否意识到，并不是所有的被分析者都乐意在治疗过程中有狗在场呢？

弗洛伊德：他们为何要反对呢？

卡　　　尔：嗯，*教授先生*，在您去世后，至少有一位您以前的病人撰文提到，您的某只狗会扑到他们身上之类的事情。您的一个男病人记得有只狗总是咬他的生殖器。

弗洛伊德：哦，这太荒谬了。那个病人起初肯定饱受严重阉割焦虑的折磨。

卡　　　尔：很可能确实如此。但您或许有必要了解，当代精神分析从业者通常不会让仆人或宠物待在身边。同样，我们尽量保持设置的保密性。此外，我们中的许多人不喜欢在家里工作。当然，有些同行还是会在家工作，但我一直设有一间完全独立的办公室。

弗洛伊德：我能看出这样做是有好处的。但我确实把咨询室单独隔开了。你知道，我的咨询室有单独的入口和出口。

卡　　尔：但您的病人在进出房屋时，会在楼梯上遇到您的家人。有时您的病人甚至会梦到您的家人。

弗洛伊德：嗯，这也成了精神分析工作的一部分。一般来说，病人不会介意看到我的某个孩子。这实际上是他们对自己同胞竞争的真正担忧的掩饰。

卡　　尔：当然。

弗洛伊德：我看得出来，你不赞成让自己的家人与病人如此近距离接触。看你的表情就知道。

卡　　尔：我想，在坚持将家和工作地点严格区分开这一点上，我已经在某种程度上成了一个纯粹主义者。我这么做是为了自己，为了我的病人，也为了我的家庭。我曾经有一名老师——一位儿童精神分析师——告诉我，只要有儿童病人来他家里，他的孩子们就会非常嫉妒。最终，这位分析师的孩子们开始希望自己也能成为病人，这样他们就能和父亲共度特殊时光。

弗洛伊德：啊，好吧，在这一点上我同意你的看法。情况确实会变得相当复杂。

卡　　尔：我们再进一步讨论一下设置的问题，我想强调的是，我认为您使用私人办公室——无论是否带着狗——是医学史和心理学史上真正革命性的一步。

弗洛伊德：为什么这会是一场革命？

卡　　尔：如果回想一下我们之前关于维也纳综合医院的讨论——您曾在那里与"疯狂"的病人一起工作——嗯，那里的病人完全没有隐私可言。事实上，德国精神分析历史学家阿尔布雷希特·赫施米勒（Albrecht Hirschmüller）教授……

弗洛伊德：我不认识这个人。

卡　　尔：您当然不认识。他是和我同一个时代的人。

弗洛伊德：跟我说说赫施米勒*教授*先生。

卡　　尔：他是一位非常细致严谨的历史学家和档案研究者。他找到了维也纳综合医院的楼层平面图，并证实了这所医院没有私人诊室，只有宽敞而空荡的共用病房。

弗洛伊德：当然。

卡　　尔：所以，您创造了这样一种设置，让一位医生和一位病人可以单独、私密地会面……我认为这是精神病学实践史上一项非常重要的创新。

弗洛伊德：你可能是对的。

卡　　尔：隐私，保密……这些都是至关重要的因素。有人可能会断言，没有隐私的保障，精神分析工作就无法开展。只有在一个完全私密的房间里进行高度保密的谈话，我们的病人才会自由地联想，并分享他们最私人的，往往令人羞愧的，通常涉及性的秘密。

弗洛伊德：你不用跟我说这些，我是精神分析的创造者！

卡　　尔：当然，但我只是想强调一下，您是如何给我们留下一种设置的概念——一种特殊的设置——它是完全不可或缺的。

弗洛伊德：当然，适当的设置是必不可少的。外科医生不能在电车上做手术。牙医也不能在水下拔牙。

卡　　尔：精神分析设置不仅为病人提供了隐私，还提供了一种不同寻常的舒适感。

弗洛伊德：不同寻常？

卡　　尔：躺椅，当然……还有让病人躺下的邀请。

弗洛伊德：确实可能是这样。

卡　　尔：如今，如果有人去看一位普通的精神病医生——没有受过弗洛伊德式训练的人——这位医生会让病人坐在椅子上。

弗洛伊德：是的，但无论椅子多么舒适，病人都无法以这样的姿势自由联想。病人只能进行最表层的意识层面的对话。坐着的时候可没那么容易触及无意识。或者也许我应该说，人们当然可以以坐着的方式接触无意识，但不能完全地……

卡　　尔：确实如此。在躺椅上的身体姿势有利于病人进入退行状态，并且还为病人提供了一种潜在的肌肉放松体验。

弗洛伊德：不仅如此，躺在躺椅上时，病人可以不用直视分析师。我可受不了那种直接的眼神交流。我更喜欢让我的病人躺在躺椅上来工作。在这样的安排下，他们既可以凝视远方，也可以闭上眼睛。这种安排要好得多。有了躺椅，他们就不用一直看着我了。

卡　　尔：所以您用躺椅来满足自己的偏好，同时也是为了帮助病人……

弗洛伊德：直视着你的时候，病人无法透露性秘密、可耻的经历、创伤性事件。只有躺椅才能让病人说出完整的真相。

卡　　尔：这就是为什么我们中的许多人至今仍然依赖躺椅的原因。我可以肯定地说，躺在躺椅上的病人，总体上，更有可能报告梦的内容和性幻想。

弗洛伊德：*当然。当然。*

卡　　尔：您最早购置躺椅是什么时候？

弗洛伊德：我不是第一个使用这种家具的人。古往今来，许多医生在给病人做检查时都会让病人躺着。历代的大部分（即使不是全部）妇科诊疗都会采用这种安排。

卡　　尔：是的，但是您并不是给病人进行妇科检查。正如我们之前讨论过的，您设计了一种无须接触的方法。

弗洛伊德：确实是这样。

卡　　尔：我怀疑您可能是第一个使用躺椅进行心理治疗工作的人，当然也是第一个让病人躺在躺椅上，而医生坐在病人身后的椅子上……处于他们视线之外的人。

弗洛伊德：我承认，这是一种很不寻常的安排，但对我来说非常有效。

卡　　尔：对我来说也是。然而，在我所有精神健康领域的同行中，并不是所有人都会使用躺椅，即使是那些深受弗洛伊德思想影响的同行也不例外。我的一些更倾向当代理念的同行发现，缺乏眼神交流令人苦恼。另一些人声称，躺椅会导致病人和医生之间的关系缺乏平等性。尽管我并不坚持让病人躺在躺椅上，但我仍然觉得躺椅很有帮助。相反，我把躺椅作为一种选择提供给病人，而不是一种要求。

弗洛伊德：你有一些病人会选择椅子吗？

卡　　尔：我估计，我的病人中大约有一半更喜欢躺椅，另一半则选择椅子。这在很大程度上取决于病人来访的频率。

弗洛伊德：什么意思？

卡　　尔：我知道在您所处的那个年代，*教授先生*，每个人每周来见您6天，包括星期六。

弗洛伊德：不是每个人。不，不是每个人。但大多数人是这样的。任何真心想学习精神分析的人每天都来。

卡　　尔：您知道，在21世纪，只有相对较少的患者会接受我们所说的"完整分析"（即每周5次）。我确实以这种方式与一些人一起工作，但绝大多数人更喜欢每周进行1次或2次心理治疗。我们也会见很多伴侣，他们通常每周来我们的办公室1次。偶尔也有一些伴侣会更频繁地来访。

弗洛伊德：我觉得这很难理解。要想让精神分析起作用，就需要每天都接受治疗。

卡　　尔：我同意。但我们已经找到了办法，即便每周只进行1次治疗，也能对我们的病人很有帮助。我们还发现，不是每个人都能负担得起每周5次的治疗费用，不是每个人都愿意接受每周5次的治疗，也不是所有人都需要如此高强度的治疗！

弗洛伊德：变化太大了。恐怕未必是好事。

卡　　尔：嗯，这确实是一个值得另找时间探讨的话题。现在，我们能回到关于您使用躺椅这个话题上吗？您最初是什么时候在咨询室里放置躺椅的呢？您还记得吗？

弗洛伊德：不，我不太记得具体日期了。我想大概是在19世纪90年代的某个时候吧……对，听起来差不多是那个时候。

卡　　尔：您以前的病人兼弟子，法国公主玛丽·波拿巴（Marie Bonaparte）……

弗洛伊德：Meine Prinzessin（*我的公主*）。你知道吗？如果没有那位女士，我根本活不下来。她为我和我的家人支付了离开维也纳的费用。否则，我们就会成为纳粹的永久囚犯。

卡　　尔：玛丽·波拿巴成了精神分析运动的重要赞助人，她在许多方面为您提供了经济上的帮助。

弗洛伊德：她是一个优秀的学生，最终成了我和我们全家人的朋友。

卡　　尔：在您去世很久之后，这份友谊依然延续着。公主和安娜小姐多年来一直保持着密切的关系。

弗洛伊德：是什么让你想到了这位公主的？

卡　　尔：啊，对。您记不起您放置躺椅的确切日期。但许多年前，玛丽·波拿巴希望日后有一天能为您写一本传记……

弗洛伊德：她写了吗？

卡　　尔：没有，她一直没来得及写。

弗洛伊德：太遗憾了。要是她写的话，肯定会比弗里茨·维特尔斯那本关于我生平的令人失望的作品要好得多。维特尔斯是我们在维也纳的早期成员之一，但我对他可没太大好感。公主肯定能写出一本优秀得多的传记。她为美国作家坡先生写了一部相当出色的传记——一部精神分析式的传记。

卡　　尔：埃德加·爱伦·坡（Edgar Allan Poe）。

弗洛伊德：是的，爱伦·坡和公主都在年纪很小的时候，就对死亡有了过于深切的认知。但我不想再多说什么了。

卡　　尔：当然。人们对玛丽·波拿巴的生平已经做了相当多的研究，所以我们对她早年的丧失还是有些了解的。

弗洛伊德：那躺椅呢？

卡　　尔：啊……嗯……当波拿巴开始研究您的生平时，*教授先生*，她显然和您的妻子*教授夫人*谈过。弗洛伊德夫人确实记得您的精神分析躺椅的来历。

弗洛伊德：女人确实会注意这样的事情。

卡　　尔：您的妻子告诉公主，这张躺椅是您的一个病人——一位叫本韦尼斯蒂夫人的女士——在1890年左右送给您的礼物。波拿巴公主手写的这些笔记，现在还保存在伦敦弗洛伊德博物馆的档案中。

弗洛伊德：*我的天哪*！这么说，现在你知道我是怎么得到那张躺椅的了。但我很惊讶，你们竟然把这样的手写笔记保存在博物馆里。而且你还知道我的病人的名字。

卡　　尔：安妮卡·本韦尼斯蒂（Annica Benvenisti）。

弗洛伊德：Eine Türke（*一个土耳其人*）。

卡　　尔：我想她是一个有土耳其血统的犹太女人吧？

弗洛伊德：*对*。

卡　　尔：玛丽·波拿巴收集了许多关于弗洛伊德的纪念品。比如，您可能还记得，她抢救下了您与您之前的同事威廉·弗利斯的通信。我想她为这些*信件*付给了一个书商一大笔钱。

弗洛伊德：我不想再听到那个名字。

卡　　尔：多亏了公主，我们不仅有您的信件，而且您的那张躺椅也依然保存得非常完好。

弗洛伊德：我们把躺椅从维也纳带到了伦敦。

卡　　尔：没有多少犹太人有足够的财力可以携带家具。绝大多数逃出来的人根本无法带家具。

弗洛伊德：我想，作为一个名人，我确实受到了特殊对待。我清楚这一点。

卡　　尔：您的躺椅已经成了一个旅游景点。事实上，它最近被修复过，因为椅套已经开始磨损了。我在弗洛伊德博物馆的同事请了一位技艺高超的专家，把整张躺椅都修缮好了。

弗洛伊德：为了一些布料费这么大周折。

卡　　尔：嗯，这张躺椅已经成为世界历史上最重要、最具标志性的家具之一了。

弗洛伊德：我可不敢相信。那威斯敏斯特教堂里英国国王和王后的宝座呢？

卡　　尔：当然也是。但我们确实认为，您在梅尔斯菲尔德花园的那张躺椅非常特别。

弗洛伊德：我希望有朝一日能再看看那张躺椅。我一生中的很多时间都是在它旁边度过的。它几乎成了我身体的一部分。

卡　　尔：在您青少年时代写给朋友爱德华·西尔伯斯坦（Eduard Silberstein）的一封信中，您描述了自己——当时还是一个年轻的学生——在您的小房间里，被困在椅子和书桌之间。也许您在成年后的工作生活中重现了这种布置，把自己夹在椅子和躺椅之间。

弗洛伊德：确实，有时就是有这种感觉。除了我的躺椅，你们还保留着我的椅子吗？

卡　　尔：弗洛伊德博物馆里确实有一把桶形扶手椅，椅面覆盖着绿色的织物。但我相信，这把椅子也重新换过椅面布料了，毕竟这些年来，原先的织物已经严重磨损了。

弗洛伊德：所以我当年坐在一张绿色的桶形扶手椅上。我都不知道！但你们肯定太看重我的家具了。人们对它们哪里是有点兴趣，简直是痴迷。我不可能是第一个以这种方式使用这件家具的人。

卡　　尔：我最近发现，古罗马医生卡里乌斯·奥雷连诺斯（Caelius Aurelianus）会鼓励他的病人躺在床上。有人认为其他人也这样做过。

弗洛伊德：没错。

卡　　尔：但正如我提到的，您以一种非常特别的方式来使用躺椅。不是用于身体检查，而是用于心理检查。

弗洛伊德：我同意。

卡　　尔：以及促进关于性的讨论。

弗洛伊德：我再次同意。

卡　　尔：我突然想到，在您身处巴黎的那段时间里，当您前往萨尔皮特里埃医院（Hospice de la Salpêtrière）跟随沙尔科学习的时候……

弗洛伊德：你知道吗？在许多年前，我想是在17世纪的时候，萨尔皮特里埃曾是法国人用来生产武器用硝石的要塞。而它后来竟然成了一所医院，还是一所伟大的神经科医院，真是令人惊叹。人类总是在杀戮的冲动和治愈的需要之间挣扎。

卡　　尔：多么有趣啊！

弗洛伊德：你已经开始对巴黎时期的情况有所观察了。

卡　　尔：嗯，这可能是一个非常具有误导性的评论，但一想到您非常独特地坚持让病人躺在躺椅上，也就是那张长沙发……

弗洛伊德：嗯，然后呢？

卡　　尔：我记得，在1885年下半年和1886年年初您去巴黎求学的时候，您曾有幸观看了伟大的法国女演员莎拉·伯恩哈特（Sarah Bernhardt）在舞台上的表演。

弗洛伊德：哦，我的天。我确实看了。在圣马丁门剧院（Porte St.Martin），这位非凡的女士在维克托里安·萨尔杜（Victorien Sardou）的一部戏剧中扮演狄奥多拉皇后（Empress Theodora），我坐在那儿看得如痴如醉——提醒你一下，那部戏不怎么样，但伯恩哈特的表演非常精彩。我觉得她十分迷人。

卡　　　尔：我记得您为您的座位付了 4 法郎（francs）[①]。

弗洛伊德：谁能记得这种细节？

卡　　　尔：嗯，我有幸读过您的信，可能比您读的时候还要更近期。

弗洛伊德：这就能解释你对细节怎么这么着迷了。

卡　　　尔：您或许还记得，您曾抱怨剧院的座位太挤了——坐着一点也不舒服。

弗洛伊德：是的，在整场演出中，我都不得不把帽子放在膝盖上。这出戏从晚上 8 点开始，直到午夜十二点半才结束。花 4 法郎看四个半小时的戏，结果却被困在管弦乐厅那个可怕的座位上。我觉得就算躺在坟墓里，空间都比那个座位宽敞！

卡　　　尔：我经常对莎拉·伯恩哈特感到好奇……

弗洛伊德：你也觉得她很吸引人吗？

卡　　　尔：艺术家们经常描绘她躺着的样子，或躺在摇椅上，或躺在长沙发上……如果您愿意，也可以说是躺在一张睡椅上。我脑海中有这样一幅画面，您在花了 4 法郎买的座位上挤了将近 5 小时，而那位宛如女神般的伯恩哈特舒展地躺在您面前的长沙发上，娓娓讲述着故事。您曾说过，您会相信她说的任何话，所以，我不禁琢磨……

弗洛伊德：这是否在某种程度上成了这样一种情景的原型：我坐在绿色的桶形扶手椅上，有更多的腿部空间，而那位患有癔症的女性病人则躺在躺椅上？

卡　　　尔：没错。

弗洛伊德：这是一个机灵的想法。但我不这么认为。话虽如此，谁又能知道我们在无意识中储存了什么印象呢？

卡　　　尔：您在 1885 年 11 月 7 日见到了伯恩哈特，就在第二天，也就是 11 月

[①]　1795—2002 年 1 月 1 日前法国的法定货币单位。——译者注

8 日，您给玛莎小姐写了一封信，她当时是您的未婚妻……

弗洛伊德：是的，直到我从巴黎回来，然后又从柏林回来之后，我们才结婚……

卡　　尔：您在给她的信中生动细致地描述了伯恩哈特，甚至谈到了她摆出的许多引人注目的姿势。所以您显然看到了她有很多不同的身体姿态。

弗洛伊德：然后，看完那出戏剧后，我偏头痛发作了……疼得非常厉害，我也不得不躺下来休息。

卡　　尔：太惊人了……也许在目睹伟大戏剧和巨大激情的过程中——无论是在舞台上，还是在咨询室里，总有人在某个时刻得躺下。

弗洛伊德：如果我仍然掌管着*期刊*，或者我手下众多出版物中的任何一种，我肯定会鼓励你写一篇关于这个理论的小论文。但当然，纳粹毁了我的出版社。

卡　　尔：国际精神分析出版社（The Internationaler Psychoanalytischer Verlag）。

弗洛伊德：对，mein Verlag（*我的出版社*）。我们有一本杂志，*Internationale Zeitschrift für ärztliche Psychoanalyse*。

卡　　尔：我们可以把它翻译成《国际医学精神分析杂志》（*International Journal for Medical Psycho-Analysis*）。

弗洛伊德：*对，对*，我们还有很多其他出版物。你看，我总是鼓励我的弟子们把这些小观察写下来。这些对我的观点是非常有力的佐证。

卡　　尔：请原谅我又翻出了您 1885 年的剧院私人之夜的这些细节，但当我们开始谈论躺椅的魅力……躺下的诱惑……

弗洛伊德：你知道，既然我们现在就这个话题在进行自由联想——可别搞错了，是你让我参与到这种自由联想中的……freier Einfall（*自由联想*）……

卡　　尔：当思绪自由地涌入头脑时……

弗洛伊德：*自由联想*……对，对……我突然想到，我已经很多年没有想起这件事了……那天晚上在圣马丁门剧院，我有一个同伴，一位俄国医生。沙尔科那里有许多俄国人来巴黎跟随他学习。他叫什么名字来着？别告诉我，别告诉我，就在我嘴边了。

卡　　尔：说不定一会儿就能想起来。当您在想这件事的时候，我也在自由联想，我发现自己想起了莎拉·伯恩哈特的那些著名海报，还有那些著名的照片，照片中她斜躺在沙发上，甚至昏倒……

弗洛伊德：克利科维茨（Klikowicz）！我想起来了！斯坦尼斯劳斯·克利科维茨（Stanislaus Klikowicz）。要不就是克里科–维奇（Klikowitsch）。我不知道正确的拼法，但就是这个人。一定是这个人！我想知道他后来怎么样了。如果我没记错，他曾一度是著名的博特金教授的助手，而博特金教授是俄国沙皇的御医！

卡　　尔：谢尔盖·彼得罗维奇·博特金（Sergey Petrovich Botkin）。他是一位著名的内科医生……我记得他是沙皇亚历山大二世（Tsar Alexander II）和沙皇亚历山大三世（Tsar Alexander III）的御医。博特金的儿子叶夫根尼·谢尔盖维奇·博特金（Evgeny Sergeivich Botkin）也成了沙皇尼古拉二世（Tsar Nikolai II）的御医。不幸的是，在叶卡捷琳堡（Ekaterinburg）那场可怕的大屠杀中，他与沙皇及其家人一起遇害了。

弗洛伊德：被枪杀了。真是太惨了，太惨了。但现在我全都想起来了。克利科维茨是来和沙尔科一起工作的，但他之前就已经跟随伟大的生理学家卡尔·路德维希（Carl Ludwig）学习了。他父亲博特金也曾是路德维希的学生。

卡　　尔：卡尔·路德维希？

弗洛伊德：你一定知道路德维希。他可是一位真正伟大的德国生理学家和解剖学家。

卡　　尔：谢谢您提醒我。

弗洛伊德：他也是我的生理学教授恩斯特·威廉·冯·布吕克（Ernst Wilhelm

von Brücke）的亲密伙伴。

卡　　　尔：布吕克教授是那个真正引领你踏入医学领域的人。

弗洛伊德：布吕克鼓励我。他帮助我发表了我的早期研究成果，你知道的。

卡　　　尔：天哪，我对所有这些错综复杂的相互联系感到震惊。

弗洛伊德：而且现在我又回忆起了更多的事情。时隔这么多年，我的记忆渐渐回来了。在巴黎，克利科维茨医生对我帮助很大。你知道，当时我没什么钱，但和所有健康的年轻人一样，我胃口很好——那时我还不到 30 岁——他告诉我有一家很棒的 crèmerie（*小餐馆*），在那里只需要花 30centimes（*生丁*①）就可以享用一餐，而我之前却要花 60 *生丁*。他还带我去了一家提供 prix fixe（*定价套餐*）的餐厅，在那里我可以吃到比平时多一倍的餐食和饮品……而且花钱更少。

卡　　　尔：认识这么个人可真有用啊！

弗洛伊德：我的意识中开始浮现出多么不寻常的记忆啊！

卡　　　尔：记忆增强（hypermnesia）。

弗洛伊德：你知道这个词？

卡　　　尔：和健忘症（amnesia）正好相反。

弗洛伊德：正是如此。

卡　　　尔：是的，患有健忘症的人会遗忘，记忆也会消失。而伴随着记忆增强，记忆会突然开始恢复。

弗洛伊德：但这正是精神分析的意义所在。我们让病人躺在躺椅上，邀请他们自由联想。瞧……那些记忆——那些被压抑的记忆，那些无法表达的记忆——它们很快就会浮现出来。

卡　　　尔：记忆增强。如果我的健忘症没有变得太严重，我相信您在您关于梦的书中写过这个。

---

① 法国辅币，100 生丁合 1 法郎。——译者注

弗洛伊德：在《梦的解析》中。是的，我想我肯定写过。这听起来有点熟悉。毕竟，我已经太久没读过那本书了。超过七八十年了，或许更久。

卡　　尔：您现在还留有自己写的书吗……您知道……

弗洛伊德：不，不。在我现在所处的地方，我们并不需要拥有实物……但你知道，所有这些讨论让我想到了无意识的力量。我们在无意识中储存了多少信息啊。这些信息又是如何不断从我们的记忆中溜走的，尤其是当我们陷入冲突状态的时候。记忆又是如何通过对话等方式重新浮现的。

卡　　尔：所有这些都是您所创立的心理学体系的核心。

弗洛伊德：你让我想起了《梦的解析》——我写的关于梦的书……所以我在联想，自由联想。我们此刻身处兰特曼咖啡馆，周围弥漫着咖啡的香气……人们在喝着咖啡。我们在聊外国人，像斯坦尼斯劳斯·克利科维茨这样的人……还有记忆增强……回忆如潮水般涌来……

卡　　尔：嗯？

弗洛伊德：我突然想起我在《梦的解析》中描述过的一个故事。

卡　　尔：是哪一个？

弗洛伊德：我确定，你一定知道。

卡　　尔：那本书有好几百页，您还修订过很多次。光德语版《梦的解析》，我们就至少有八九个不同的版本！

弗洛伊德：当然是记忆增强的故事！

卡　　尔：还请提示一下我。

弗洛伊德：嗯，在我精神分析生涯的早期，我有一个病人——一位男士——他告诉我他做了一个梦。在梦里，他去了一家咖啡馆，点了一种叫 Kontuszówka 的东西。但他不知道这意味着什么。他不记得任何叫 Kontuszówka 的东西。这在生活中并不是什么大问题，也不是这个病人来找我的原因。但在我们讨论这个梦的过程中，他提到了这个信息，并且他得出的结论，说自己以前从未听说过 Kontuszówka，这个名字一定是他编造的。

卡　　　尔：发生了什么？

弗洛伊德：我直截了当地告诉他，这个名字不是他编造的，Kontuszówka 实际上是 ein polnischer Schnaps（波兰酒）。

卡　　　尔：我想，这是一种波兰酒……一种伏特加？

弗洛伊德：Das ist korrekt（这是正确的）。

卡　　　尔：但您是怎么知道的？

弗洛伊德：我是在维也纳四处张贴的许多宣传这种波兰烈酒的广告上看到的。

卡　　　尔：啊……

弗洛伊德：病人不相信我。也许我不应该那么急切地告诉他 Kontuszówka 的含义。或许我应该引出他更多的联想，更多的材料。但是，几天后，他也看到了 Kontuszówka 的广告，然后他意识到，在过去的几个月里，他每天至少两次经过这张广告图。

卡　　　尔：所以他见过那张广告图，可刚留意到就很快把它给忘了。

弗洛伊德：想象一下，如果我们无法遗忘，意识会变得多么拥挤啊。

卡　　　尔：遗忘能够让我们保持某些方面的功能。

弗洛伊德：它有助于清理头脑，但也会给我们带来麻烦。要是我们连爱人的名字都忘了，那可就麻烦了。

卡　　　尔：当然。但这是一个非同寻常的故事。这个关于波兰酒的梦的故事本身就很能说明问题，而且它非常有力地证实了真实事件是如何几乎悄无声息地潜入我们的夜间思维的。

弗洛伊德：完全正确。

卡　　　尔：但在我看来，同样令人感到不寒而栗的是，我们此刻身处兰特曼咖啡馆……而且我们一直在谈论咖啡馆——1885 年巴黎的小餐馆，克利科维茨医生带您去的那家提供定价套餐的咖啡馆，以及记忆增强的种种变迁。

弗洛伊德：是的，这令我想起了我在《梦的解析》中，正是用这个波兰酒的梦来阐述记忆增强这个概念的。感官印象和记忆，即使已被遗忘，仍能回到我们脑海中。

卡　　尔：所以这一切就像一个极其复杂、构思巧妙的谜题一样相互关联。

弗洛伊德：这个谜题需要被解开。

卡　　尔：多么精彩的对话啊！我们起初聊的是记起一些遗忘已久的事情，然后您想起了一件关于某个病人的逸事，而这件事您自己也抛之脑后了。并且这件往事说的就是那个病人，他先是遗忘了某些事情，后来又想起来了！

弗洛伊德：这就是心智的运作方式。

卡　　尔：这种交互确实强调了弗洛伊德心理学关注细节的方式。

弗洛伊德：我们非常非常认真地对待细节。细节很可能是理解心灵的关键。

卡　　尔：弗洛伊德教授，如果您以前的精神病学教师梅纳特*教授*先生能听到这段对话——这段对 Kontuszówka 的梦境分析——您认为他会说什么？这对他来说有意义吗？

弗洛伊德："Quatsch！"梅纳特会说，"Quatsch！"

卡　　尔：他对病人讲述的事情从来不会有这么细致的兴趣。

弗洛伊德：绝对不会。他会说，"Quatsch！"

卡　　尔：我想，这个词的意思是……

弗洛伊德：废话……胡言乱语。无稽之谈。

卡　　尔：然而，您让胡言乱语变得有意义。

弗洛伊德：这就是我们所做的。我们非常认真地对待话语。

［就在这时，静候在桌子不远处的科尔先生，又一次开始向弗洛伊德教授慢慢走来。］

科　　尔：先生们……*教授先生*……我们很荣幸您能光临兰特曼咖啡馆。您

6 本韦尼斯蒂夫人躺椅上的波兰酒

　　　　　还需要什么吗？请告诉我们……您想要什么都行。
弗洛伊德：好吧，科尔，不知道你们有没有 polnischen Schnaps（*波兰酒*）？
科　　尔：*波兰酒？没有，没有。* Österreichischen Schnaps（*奥地利酒*），*当然。当然，我们有奥地利酒。* Aber polnischen Schnaps（*但是为什么要波兰酒*）？
弗洛伊德：我们一直在谈论著名的波兰酒 Kontuszówka。
科　　尔：我当然听说过 Kontuszówka。早些年，我们这儿还存放过几瓶，但我不认为……好吧，让我检查一下。如果我没记错，*教授先生*，这是一种很烈的伏特加，带有茴芹的味道。当然，我会帮您确认一下的。但我可从来没见过*教授先生*在白天点伏特加。
弗洛伊德：嗯，也许就抿一小口吧，毕竟我们一直在讨论 Kontuszówka 的重要性。
科　　尔：好的，弗洛伊德*教授先生*。

［科尔先生离开去找波兰伏特加。］

卡　　尔：嗯，这变得越来越有趣了。人的思维就像有无数条大路和小道，错综复杂。
弗洛伊德：你肯定也清楚，他待会儿回到我们桌边的时候，拿来的酒肯定比你我以前见过的都多！
卡　　尔：我觉得他真有可能会这么做。
弗洛伊德：我知道你不像我一样爱抽雪茄。但你喝酒吗？
卡　　尔：好吧，也许过一会儿我们可以，如您所言……小酌一口……

7

挖掘古物

卡　　尔：我们之前谈到您为病人创造的非常特殊的设置。您把和被分析者的工作场所安排在一间非常安静、非常私密的房间里。

弗洛伊德：非常私密，非常安静……是的，当然。但你已经表达了你的不满——很明显，我得补充一句——有时我的病人不仅会遇到我的女仆，还会撞见我的狗。

卡　　尔：我希望您能原谅我的吹毛求疵。当然，与完全没有隐私的传统精神病院相比……

弗洛伊德：是的,我确实开创了一项变革。这是当然。

卡　　尔：我知道我已经表达了我对您所做的一切的钦佩,但当我把您的成就放在历史背景中去考虑时,我常常深感震撼,因为我相信您确实开创了一种范式转变。

弗洛伊德：范式转变?

卡　　尔：在我看来,您采用一种极不寻常的设置让病人躺在躺椅上,让他们不用直视您,这样他们就可以更容易地克服内心的压抑,直接而坦率地谈论一些最困难的话题:性、攻击性、创伤、虐待,等等,您永远地改变了精神病学的实践方式。

弗洛伊德：是的——躺椅很大程度上促成了这一切。

卡　　尔：您知道您的躺椅里面填充了马毛吗?

弗洛伊德：这我还真不知道。很有意思。

卡　　尔：是的,我在伦敦弗洛伊德博物馆负责藏品管理的同事非常仔细地研究了您的家具,因此我们有机会褪去那张躺椅漂亮的外层,见到它原始的模样。博物馆的工作人员也把铺在上面的地毯保养得干净、完好。

弗洛伊德：我在努力回想那块地毯的样子。

卡　　尔：非常漂亮的地毯。您可能还记得它的织纹样式:以红色和蓝色为主,上面描绘着植物、鹿、孔雀,还有一些几何图形。它来自伊朗西部的卡什凯部落联盟(Qashqa'i Confederacy)。

弗洛伊德：修理一件家具要做这么多工作!你知道我的咨询室里有很多地毯。一方面,这是当时的一种风尚;另一方面,在维也纳寒冷的冬天里,地毯能让我们暖和些。那时人人都有地毯,不仅铺在地板上,还挂在墙上。我总能从我的妹夫莫里茨·弗洛伊德(Moritz Freud)——他碰巧也是我的表亲——那里买到价格非常划算的地毯。他是做地毯生意的。

卡　　尔：多方便啊。

弗洛伊德：也许是的。

卡　　尔：但就精神分析设置而言，您不仅为病人提供了安静的房间、躺椅等，此外，您还开创了医疗实践中一种新的着装风格。

弗洛伊德：这可能不太为人所知。

卡　　尔：我想是的。

弗洛伊德：显然，你知道我会穿一套普通的职业装，而不是白色的医用外套。

卡　　尔：嗯，我们有很多您在书房里的照片，我们还有一份报告，是由一位曾在维也纳采访过您以前的裁缝的人写的。

弗洛伊德：真不可思议。

卡　　尔：是的，您的那位裁缝，我们不知道他的名字……

弗洛伊德：天啊，我努力想记起他的名字，但就是想不起来。他是一个非常出色的裁缝，来自维也纳，当然，他也是犹太人。我所有的衬衫、灯芯绒裤子、马甲，甚至毛皮镶边大衣都是他做的。

卡　　尔：我记得这个裁缝移民到了美国纽约——大概也是纳粹难民。在20世纪70年代，来自密歇根州安娜堡市的美国精神病学家罗纳德·布兰克（Ronald Blank）博士与他进行了交谈。您的裁缝告诉布兰克博士，在19世纪90年代的某一天，您去找他，跟他说您以后不再在办公室里穿白大褂，而是决定穿普通的西装。

弗洛伊德：我从不太在意我的着装。但我确实不像我在医院的同事那样，在咨询时穿白大褂。

卡　　尔：您的裁缝告诉布兰克博士，《圣经》中约瑟夫的故事启发了您——约瑟夫，当然，就是解梦的人——而且您希望做一打用优质面料制成的彩色马甲。

弗洛伊德：在我看来，这似乎是某人的记忆出现了扭曲！

卡　　尔：嗯，至少有一位精神病学家对这份裁缝的报告的真实性提出了质疑，而且我怀疑布兰克博士发表的那篇简短记录可能包含了一定程度的自由发挥。大家从来没把您看作一个穿着"时髦

（snazzy）"的人或时尚达人。您选择穿套装的目的很明确。不过，话说回来，您确实让心理健康领域的专业人士穿得更日常化了。

弗洛伊德：我不知道这个词，"时髦"？

卡　　尔：啊，这是一种口语表达，用来形容非常时尚、非常新潮的东西。

弗洛伊德：正如你所说，我不是一个穿着"时髦"的人，我所有的照片都能证明这一点。但我认为，我想为病人营造一种不同的氛围。我知道我将实践谈话治疗的艺术，而且我不会再进行催眠——催眠的效果没那么好——我也不会开药。相反，我只是和病人交谈。我觉得穿普通的套装能让我看起来不那么像医生。

卡　　尔：学者和历史学家很少评论您的着装，但我一直认为，您选择更简约的职业套装，这一举动本身就具有深远的政治意义，也是对传统精神病学的反抗。我猜梅纳特教授会一直穿白色医护工作服。

弗洛伊德：哦，当然。对于一位医院里的精神科医生来说，不穿白大褂去给病人看病，那简直不可想象。

卡　　尔：但您从来都不认同这样的观点：只有身为医生才能从事精神分析实践。

弗洛伊德：一个人需要学习文学、艺术、历史、宗教等所有这些学科的知识，才能成为一个有文化、有修养的人。在我所推动的精神分析运动中，一些最优秀的人都没有接受过医学训练。嗯，看看我的女儿安娜。还有那位公主。她从来都没有成为过一名医生。还有露·安德烈斯·莎乐美（Lou Andreas Salomé），汉斯·萨克斯（Hanns Sachs），特奥多尔·赖克（Theodor Reik），当赖克的一个病人试图起诉他在没有行医执照的情况下进行精神分析时，我还为他进行了辩护。

卡　　尔：您成功地开创了一种非医学的治疗方法，这种治疗基于谈话，而不是神经病理学。

弗洛伊德：是的，没错。情况确实如此。当然，你知道，我仍然以医生的身份工作，但我没有以传统方式来对待我的病人。

卡　　　尔：但您从未把医学抛之脑后……

弗洛伊德：当然没有。

卡　　　尔：而且有时您会在自己的著作中使用医学隐喻，我想其中最著名的说法是，精神分析师必须具备像外科医生那样的中立和冷静。

弗洛伊德：是的，我们必须这样。我们不能在每次病人向我们表达悲伤时都泪流满面。我们必须继续进行我们的治疗程序。

卡　　　尔：所以您既保持了像医生那样的专业素养，同时又把精神病学从精神病医院的传统模式中剥离了出来。

弗洛伊德：我认为这是一个公正的评价。

卡　　　尔：更确切地说，您留给我们的是一种特殊的设置：一种临床设置，而非医疗设置。

弗洛伊德：但是，我想，如果我们要谈论这种独特的设置，你得记住，我并非在无菌检查室里给病人做咨询。我把他们带进了我的私人书房，那里有我所有的书、文件，当然，还有我收藏的许多古董。

卡　　　尔：当然，这或许是您的工作场所最引人注目的一面：所有那些古物的存在，倒不是说那张躺椅不重要，尽管它也很关键。走进您位于瑞士小屋（Swiss Cottage）的书房……嗯，人们会觉得自己仿佛进入了一个时间胶囊，最后置身于法老的国度，或者至少感觉像进了大英博物馆（the British Museum）！

弗洛伊德：真有趣。没错，我的办公室就算比不上大英博物馆，肯定也和维也纳艺术史博物馆（the Kunsthistorisches Museum）有几分相似。我还记得这个庄严的机构第一次向公众开放的时候。此前，那些雕像和青铜器一直保存在霍夫堡宫（Hofburg palace），皇帝弗朗茨·约瑟夫（Kaiser Franz Josef）冬季会住在那里。此外，我认为，许多艺术品都被藏在下美景宫（Lower Belvedere palace）——你知道的，不太容易供公众观赏。

卡　　尔：奥地利王室——哈布斯堡王朝（the Habsburg dynasty）——长期以来一直热衷于收藏来自古代世界（比如希腊和罗马等）的花瓶、钱币和其他物品。

弗洛伊德：这是一种长久的爱好，也是一种耗资巨大的爱好。由于我的经济能力有限，我只能以较小的规模来收藏。

卡　　尔：当您还是小男孩的时候，就在宫殿里研究这些收藏品，后来，长大成人后，又去参观博物馆和美术馆……这样的经历很可能会激发您在自己家里拥有这些物品的愿望。

弗洛伊德：谁不抱有这样的愿望呢？想必你也想拥有这些非同寻常的物件吧？

卡　　尔：但对您来说，古董收藏有着非常特殊的意义。我们一直认为，您收藏的古代雕塑和所有其他手工艺品确实反映了您的精神分析理论，以及您对往昔价值的重视。

弗洛伊德：当然。我收集物品并不是为了与 Seine Kaiserliche und Königliche Apostolische Majestät 竞争。

卡　　尔：他的帝国与王家使徒陛下，奥地利皇帝兼匈牙利国王。

弗洛伊德：对。

卡　　尔：如果您愿意，请和我们说说您的这些物件吧，以及您的兴趣是如何培养起来的……您是怎么得到它们的……您在咨询过程中是如何使用它们的。

弗洛伊德：你问了很多很多问题。

卡　　尔：我确实认为，如果我们能开始理解这些物品的珍贵之处，我们就能对弗洛伊德的思想精髓以及精神分析的本质有更多了解。

弗洛伊德：我会尽我所能告诉你。

卡　　尔：好的，谢谢。

弗洛伊德：的确，我从未为病人创造过无菌环境。恰恰相反，当他们走进我在伯格巷的房间时，我的被分析者会发现自己置身于一个视觉丰富、极具视觉刺激的环境中，到处都是书籍、印刷品、雕塑和雕像，诸如此类的东西。

卡　　尔：与维也纳综合医院里那些空荡荡的房间大不相同。

弗洛伊德：确实非常不同。

卡　　尔：您总是把很多书摆放在显眼的位置。约翰·沃尔夫冈·冯·歌德是您心中伟大的文学英雄，我记得，您拥有他的全部作品。歌德全集真的有 142 卷吗？

弗洛伊德：如果我没记错，可能是 143 卷。我得数一数。不过，是的，我那套歌德作品集有很多很多卷。这套被称为 Sophienausgabe（*索菲版*），之所以这么叫是因为 Großherzogin（*大公夫人*）索菲……

卡　　尔：大公夫人索菲……

弗洛伊德：是的，萨克森的大公夫人索菲（the Großherzogin Sophie von Sachsen）曾托人编辑这些作品。我买了全套。我想歌德写的东西比我写的多得多。但是他不需要每天花数小时去见病人。他有时间写作。

卡　　尔：所以，您有这么多书，还有这么多雕像。

弗洛伊德：是的，那些雕像。正如我们讨论过的，我一直对历史很感兴趣。但我想，也许是在 19 世纪 90 年代，当时我还是一名年轻医生，我得到了我的第一批古董。

卡　　尔：您自幼不仅见识过维也纳博物馆和宫殿中那些精美的皇家藏品，而且在您伟大的 Maître（*导师*）沙尔科教授位于巴黎的家中也见过类似的物品。

弗洛伊德：是的，沙尔科也收藏雕像和精美的画作。而且他不仅收藏古董，还广结人脉。如果你参加他那著名的 soirée（*社交聚会*），就会遇到各种各样的大人物。不过，是的，他是有一些小雕像和其他无价之宝。而且我确实非常渴望效仿他的成功。这些雕像，这些物品……我想，它们是成就的外在标志。

卡　　尔：1885 年，您获得了一笔旅行奖学金，得以去巴黎跟随沙尔科学习。

弗洛伊德：是的，一笔 Reisestipendium，用你们的话说就是一笔旅行奖学金，是维也纳大学医学院颁发给我的。

卡　　尔：我记得一共是 600 弗罗林①（florin）。

弗洛伊德：那是很久以前的事了。不过没错。我当时想要研究神经学领域的最新发现。而沙尔科已经开始引起一阵轰动了，因为他声称自己能够治愈癔症病人，有时是靠催眠。我在维也纳的同行几乎没有时间关注这些情绪激动、行为夸张的女病人，他们通常只是把她们打发走，认为她们是在装病，或者，正如我们之前提到的，对她们做了更糟糕的事。但沙尔科能够教会我一些东西。

卡　　尔：我相信，您在很大程度上认识到了神经症的心理可逆性，以及它对催眠的反应性。

弗洛伊德：对。

卡　　尔：以及神经症的性本质。

弗洛伊德：沙尔科在萨尔皮特里埃医院有很多病人——我想有 5000 人——是的，他用自己的病人进行公开演示，我目睹了他通过催眠消除这些症状的过程。

卡　　尔：还有通过催眠诱发症状……

弗洛伊德：的确如此。如果这些女性患有真正的脑部疾病——真正的神经病理学上的病症——那么这些症状就不会消失得如此迅速，如此具有戏剧性……沙尔科也不可能通过暗示引发这些症状。

卡　　尔：所以，当您从布洛伊尔那里听说了"安娜·欧"，并看到了沙尔科治疗癔症……

弗洛伊德：我知道了神经症可以通过非医学手段来治疗。这是一个非常重要的发现。

---

① 货币单位，在不同时期和地区有不同的版本。——译者注

卡　　尔：您在巴黎为沙尔科教授工作了一段时间之后……据我所知，他相当关照您。

弗洛伊德：嗯，他知道我有干劲和野心，并且利用了这一点。他让我把他的讲稿从法语翻译成德语，我照做了——如果允许我自夸一下，我翻译得相当不错。你看，他开始对我予以提携关照，颇有些中世纪王公贵族的做派，而最终我得到了极为难得的厚待……

卡　　尔：您收到了去他家的邀请？

弗洛伊德：其实不算普通的家……更像一座宫殿。我仍然记得很清楚。圣日耳曼大道（Boulevard Saint-Germain）217号，曾经的瓦朗日维尔公馆（Hôtel Varengeville）。

卡　　尔：一座宫殿？真的吗？

弗洛伊德：嗯，一座非常豪华的城市宅邸。由夏洛特-安热莉克·瓦朗日维尔侯爵夫人（Madame la Marquise Charlotte - Angélique Varengeville）于1704年建造。规模相当宏大，还有一个巨大的花园。正好位于圣日耳曼区的中心，在法国大革命之前，许多贵族都住在那里。

卡　　尔：天哪。

弗洛伊德：它看起来就像微缩版的凡尔赛宫（Versailles）。但它仍然相当宏伟。我们这些学生听到过一些传言，说沙尔科*导师*花了105万法郎才获得了这一特权。

卡　　尔：和您在维也纳的小房间天差地别。

弗洛伊德：沙尔科一开始并没有邀请我。当然，我必须先证明自己。但最终我得到了参观他的宫殿的机会。在他举办的一场周二的*社交聚会*上。

卡　　尔：什么样的人会去参加呢？

弗洛伊德：Le Tout Paris（*整个巴黎*）。在任何一个周二晚上，你都有可能见到俄罗斯大公、警察总监、红衣主教，甚至巴西皇帝唐·佩德罗二世（Dom Pedro II）！你知道的，我没有见到这位皇帝。我想他是在我离开巴黎后才去的。尽管如此，还是有很多大人物到场。我第一次在那里用餐时，沙尔科邀请的大多是医学界人士。

卡　　尔：您还记得其他宾客吗？您当时一定很紧张。

弗洛伊德：赴宴前我服用了小剂量的可卡因，这多少让我壮了壮胆。

卡　　尔：真的吗？

弗洛伊德：你知道，我早就已经开始研究可卡因了，所以我知道它的药用价值。现在让我想想……那天晚上还有谁参加了*社交聚会*？来了很多客人：我当然记得乔治·吉勒·德·拉·图雷特（Georges Gilles de la Tourette），他是沙尔科的 protégé（*门徒*）之一，一位出色的神经科医生。

卡　　尔：现在每个人都知道的图雷特综合征①（Tourette's syndrome）正是以他的名字命名的。

弗洛伊德：还有巴黎停尸房的负责人保罗·布鲁阿代尔（Paul Brouardel）教授。还有一个叫施特劳斯（Straus）的人——伊西多尔·施特劳斯（Isidore Straus）——他是伟大的路易斯·巴斯德（Louis Pasteur）的助手。

卡　　尔：太棒了。

弗洛伊德：不过也有一些文学界人士……艺术界人士……比如莱昂·都德（Léon Daudet）——伟大的法国作家阿方斯·都德（Alphonse Daudet）之子。

卡　　尔：还有谁？

弗洛伊德：我记得和一位画家共进晚餐——我想他是意大利人，叫托法诺（Tofano）。

卡　　尔：爱德华多·托法诺（Edoardo Tofano）曾在巴黎沙龙展出过作品。

弗洛伊德：我见过托法诺很多次。

---

① 指频繁的运动性抽动和声带抽动，是一种遗传性疾病。——译者注

卡　　　尔：真是宾客云集啊！

弗洛伊德：当然，还有沙尔科夫人——奥古斯丁-维克图瓦·沙尔科（Augustine-Victoire Charcot）夫人。她以前结过一次婚。她和沙尔科有两个孩子，让-巴蒂斯特（Jean-Baptiste）……

卡　　　尔：他是医生，也是探险家。

弗洛伊德：是的，我想是的。航海探险家。我知道他后来娶了维克多·雨果（Victor Hugo）的孙女。

卡　　　尔：真是个人脉广泛的家族……

弗洛伊德：还有，当然，我还见到了他们家的女儿，珍妮（Jeanne）小姐，我记得她的胸部非常丰满。在另一个晚上，我遇到了伟大的朗维埃教授。

卡　　　尔：路易斯·安托万·朗维埃（Louis-Antoine Ranvier）！他是医学史上最著名的神经解剖学家之一。

弗洛伊德：沙尔科只和最优秀的人交朋友。朗维埃帮了我很大的忙，他向我展示了他的工作——神经细胞的组织学标本切片，真是太有意思了！

卡　　　尔：沙尔科能够把这么多优秀的人才聚集在一个屋檐下，您认为，这是否对您发展精神分析运动的方式产生了影响呢？您也会把这些人邀请到家里来，一起喝咖啡、抽雪茄、聊天？

弗洛伊德：哦，毫无疑问。我的父母并不怎么热衷于招待宾客……他们出身贫寒……但是，是的，看到沙尔科身处如此奢华的环境中，身边围绕着这些杰出的人物——我想这一定启发了我。这一定激发了我的某种抱负。

卡　　　尔：沙尔科收藏了大量的艺术品，我记得您对您的 fiancée（未婚妻）伯奈斯（Bernays）小姐说过，那就像一座博物馆。

弗洛伊德：我觉得沙尔科的家令人印象深刻。你真该看看他的书房——相当大，就像一座魔法城堡——大到被分隔成了两个部分。

卡　　尔：就像您在维也纳的书房，和后来在伦敦的书房一样。

弗洛伊德：是的，一个被分成两部分的房间。有美丽的彩色玻璃窗，庞大的藏书库，还有通往上一层的台阶！壁炉旁摆放着中国古董……还有印度古董。墙上挂着戈贝林（Gobelin）的挂毯，还有弗朗西斯科·戈雅（Francisco Goya）和弗兰斯·哈尔斯（Frans Hals）……以及扬·斯蒂恩（Jan Steen）的画作。在其他房间里，他还有精美的地毯和古玩。

卡　　尔：沙尔科对您的艺术品位有影响吗？

弗洛伊德：当然，他在这方面对我影响很大……不仅仅在神经学和心理学方面！

卡　　尔：所以，在维也纳，后来又在巴黎见识过所有这些古物之后……您最终自己开始收藏古物了。

弗洛伊德：是的。当我的业务开始蓬勃发展——这并不容易，毕竟一开始我举步维艰——我才开始挣到了一些钱。然后，每隔一段时间，我就会用咨询赚的钱给自己买一两件小雕塑。

卡　　尔：由于在克里特岛、埃及和其他地方开展了一系列备受瞩目的考古发掘工作，古董出口贸易在19世纪后期着实开始迅猛发展。

弗洛伊德：没错。早在霍华德·卡特（Howard Carter）于1922年发现图坦卡蒙（Tutankhamum）陵墓之前，许多专业人士就对埃及和希腊的艺术产生了兴趣。你知道的，比如发掘了克里特岛克诺索斯（Knossos）宫殿的亚瑟·埃文斯（Arthur Evans），还有海因里希·施利曼（Heinrich Schliemann），等等……当然，施利曼在爱琴海地区的挖掘中使用了炸药，这是绝对不可取的。

卡　　尔：维也纳成了一个重要的贸易点，许多商贩开始进口艺术品，然后出售。您和其中一些商贩建立了联系。

弗洛伊德：他们和我建立了良好的关系。他们知道我会是个好顾客。就像罗伯特·拉斯蒂格（Robert Lustig）这样的人。

卡　　尔：我想拉斯蒂格先生会让艺术历史博物馆的馆长为您鉴定一些物品。

弗洛伊德：是的，没人愿意花大价钱买赝品。

卡　　尔：有时您会直接让人鉴定藏品。

弗洛伊德：博物馆的两位专家朱利叶斯·班科（Julius Banko）博士和汉斯·德梅尔（Hans Demel）博士过去常常为我撰写鉴定说明，验证这些文物的真实历史年代。班科擅长鉴定希腊文物，德梅尔擅长鉴定埃及文物。

卡　　尔：您买了好几百件古董。

弗洛伊德：有时我甚至收到作为礼物的古董，因为每个人都知道我热衷于收藏。事实证明，那位公主在这方面是最慷慨的。

卡　　尔：您收藏了大量珍贵的藏品，如今它们构成了弗洛伊德博物馆的基础。所以，您终究拥有了属于自己的"艺术史博物馆"。弗洛伊德博物馆收藏了大约2000件文物，大部分是古代雕像……

弗洛伊德：但不仅仅是雕像。还有许多不同类型的物品——珠子、护身符、石碑、面具、瓮、罐子、灯具、宝石、辟邪物。

卡　　尔：您还有非常珍贵的古代地毯，我记得，甚至还有一具古埃及石棺的棺盖。

弗洛伊德：这些文物的材质五花八门——主要是青铜、陶土或金属，但也有玻璃、玉石和石头……甚至还有木头。藏品类型非常广泛。

卡　　尔：在这些来自古代文明的藏品中，您也有一些特别钟爱的……来自古埃及各个王朝的，还有来自中国明朝的……

弗洛伊德：我有太多钟爱的物件了。你瞧，它们都成了我的朋友。

卡　　尔：这些朋友来自古代世界各地——希腊、罗马、埃及、巴比伦、中国、日本。

弗洛伊德：伊特鲁里亚、亚述、墨西哥、腓尼基、美索不达米亚……还有翁布利亚。

卡　　尔：为所有这些物件找到存放的地方，您一定费了不少心思。您把它们放在桌子上、架子上、橱柜里。

弗洛伊德：还放在特殊的玻璃橱窗里，你知道的，这样我们就能清楚地观赏它们了。

卡　　尔：那弗洛伊德教授夫人对此有何看法？您房子里肯定摆满了这些物品。

弗洛伊德：你真该问问我，费希特尔小姐对此有什么看法，因为她得负责把所有藏品擦拭干净，保持一尘不染。她对每一件藏品的摆放位置比我还清楚。

卡　　尔：您把希腊女神雅典娜的雕像放在书桌中央。我知道那座雕像对您有着特别的吸引力。

弗洛伊德：雅典娜是战争女神，但我那座小雕像的长矛已经不见了。这使它成了一件非常有趣的作品。这是个没有阴茎的女人。

卡　　尔：不过，她不再手持战争武器，这一点是不是也很有吸引力？她已解除武装……以一种相当不错的方式！

弗洛伊德：是的，她成了一个爱好和平的智慧女神，而不是一个崇尚武力的女神。或许是这样，对。

卡　　尔：这么小的一件作品，只有4英寸①多高，但您却专门把这座小小的青铜雕像偷运出了维也纳。

弗洛伊德：是的，我把她托付给了公主，玛丽·波拿巴。她又一次成了我的救星。她先是帮我把雕像偷运出去，然后又帮我逃离了维也纳！

卡　　尔：谢天谢地。

弗洛伊德：是啊，谢天谢地。

卡　　尔：我们能不能更详细地谈谈您对古代宝物的热爱，以及这与精神分析可能存在的联系？

弗洛伊德：咱们就直说吧。什么是精神分析？它是一种理论，一种疗法，但

---

① 1英寸等于2.54厘米。——译者注

也许最重要的是，它是一门研究人类内心深处隐藏奥秘的学问。但它也是一次考古发掘……是一项深入的探究，为了探寻我们的思想、幻想、行为和症状的根源。

卡　　尔：您在写作时经常把考古学当作精神分析的隐喻。

弗洛伊德：对我来说，这是非常重要的。

卡　　尔：您曾经给奥地利作家斯蒂芬·茨威格（Stefan Zweig）写过一封信……

弗洛伊德：我告诉他，我读过的有关考古学的书比心理学的还多。

卡　　尔：是的。这可能会让人们感到惊讶。

弗洛伊德：但这是事实。我一直以来都是一位心灵考古学家。就像在考古学中一样，在精神分析中，我们缓慢而仔细地挖掘。我们不像海因里希·施利曼那样使用炸药！

卡　　尔：您选择了一个强有力的隐喻——考古学——而且您在病人面前非常形象、直观地展示了这个隐喻。

弗洛伊德：当他们进入我的办公室时，他们看到古代的种种陈列在他们面前。但从我如此精心地展示古代文物的方式中，他们能看出，我认为这些被埋藏的珍宝极为重要、极有价值。它们来之不易，却非常值得拥有。

卡　　尔：这创造了一种戏剧性的背景——一种设置——在这种设置中，每个病人心中的古老过往都可以尽可能充分地被探索。

弗洛伊德：我在被埋藏的宝物和被埋藏的记忆之间建立了重要的对应关系。

卡　　尔：这真的很有道理。

弗洛伊德：你看，这些古老的雕像——其中许多是为纪念逝者而制作的陪葬雕像——它们具有极大的艺术、经济和历史价值。因此，同样，我们心里埋藏已久的记忆也有很大的价值。

卡　　尔：在您的一本书《文明及其缺憾》（*Civilization and its Discontents*）中……

弗洛伊德：*Das Unbehagen in der Kultur.*

卡　　尔：是这本书。

弗洛伊德：嗯，那又怎么样呢？

卡　　尔：您用极为丰富的文字阐述了这个考古学隐喻，详细描绘了古罗马历史的多个阶段。首先，您提到了 Roma Quadrata（*方形罗马城*），那是帕拉蒂尼山（Palatine）上古老的围栏定居点，然后提到了 Septimontium（*七山联盟*），一个由不同山丘上的定居点联合而成的联盟。随后，您谈到了被塞尔维乌斯城墙（Servian Wall）围绕的罗马城，之后又提到了恺撒（Caesars）时代的罗马共和国。正如您所说的，罗马历史上的每一个阶段都有其独特的建筑和建筑风格……

弗洛伊德：当人们游览罗马时，在古罗马广场（Forum Romanum）上，人们可以看到所有这些不同历史时期的遗迹并存，因为每个时代的痕迹都保留了下来。

卡　　尔：罗马的地理……就是我们今天作为游客所领略的罗马……

弗洛伊德：这是我提出的心理模型的一个非常具体的呈现。这里有着来自不同历史时期的众多不同建筑结构，它们比肩而立。当我们对病人进行精神分析时，就获得了一个特殊的机会，可以温和地深入病人的内心去探索，发掘出病人当天早些时候的有意识记忆，以及那周早些时候的前意识记忆，当然，还有几十年前的无意识记忆。所有这些记忆并存着，就像古罗马广场上的遗迹一样。

卡　　尔：所有的一切都无比珍贵。

弗洛伊德：是的，确实。

卡　　尔：想想我们英国的街道。举个例子，当你在伦敦市中心的霍尔本漫步时，可能会不经意间发现一座都铎式建筑，旁边紧挨着一座乔治王朝风格的建筑，而在它旁边，又有一座极具现代风格的建筑，诸如此类。所有这些属于不同时期的建筑……

弗洛伊德：这正是我们在人类心灵中所发现的。

卡　　尔：您认为所有这些古代建筑，所有这些古代文物，都象征着一段极为丰富且珍贵的过往。

弗洛伊德：当我们参观古罗马广场时，一眼就能看到古老的圆柱。我们无须费力深挖，它们已经被挖掘出来了。但就病人的心灵而言，我们必须寻找那些被埋藏的记忆。病人的记忆被"埋在乱石之下"。作为精神分析师，我们必须想办法让他们说出来。

卡　　尔：凑巧的是，我最近刚去过古罗马广场。那真是一个了不起的地方！

弗洛伊德：我真羡慕你。

卡　　尔：我赞同您的观点。人们从3世纪早期的塞普蒂米乌斯·塞维鲁凯旋门（Arch of Septimius Severus）旁走过，然后，在离它不远处，就能看到罗马人存放档案的古罗马档案馆（Tabularium）。

弗洛伊德：它可以追溯到公元前1世纪。

卡　　尔：但接着，再往前走一点，您会发现土星神庙（Temple of Saturn）。

弗洛伊德：它建于公元前5世纪。

卡　　尔：真是非同凡响。

弗洛伊德：这正是我的观点——所有这些不同的历史层面，所有这些留存下来的遗迹。

卡　　尔：您在您的咨询室里挂了一幅描绘古罗马广场的画作……是艺术家路易吉·卡西米尔（Luigi Kasimir）的作品。

弗洛伊德：就挂在我的椅子上方……我们之前提到的绿色桶形扶手椅。

卡　　尔：没错。

弗洛伊德：别忘了，我还收藏了一幅描绘阿布辛贝（Abu Simbel）的古埃及神庙的画作。岩石神庙，我记得它在努比亚。你知道吗？那张画曾经挂在我的躺椅上方。顺便说一句，你知道路易吉·卡西米尔还为我设计过藏书票吗？

卡　　尔：太有意思了。

弗洛伊德：嗯，我想是的。

卡　　尔：所以，通过研究罗马文化、埃及文化，或者……甚至可以说……psychoanalytical（*精神分析*）文化，我们让被埋葬的过去鲜活起来，让它重获生机。

弗洛伊德：你总结得非常精练。

卡　　尔：您去过罗马很多次，但从没去过埃及。

弗洛伊德：我从没去过埃及。*没有*。不像拿破仑·波拿巴（Napoleon Bonaparte）。

卡　　尔：您非常喜欢那句拉丁格言"Saxa Loquuntur"——石头会说话——没错吧？

弗洛伊德：我喜欢"Saxa Loquuntur"这个短语，因为它非常形象地代表了精神分析工作。我们必须找到一种方法，让僵化的记忆浮现出来。

卡　　尔：您的病人是如何看待这些古物的？他们一定对您的小雕像、青铜制品、丧葬面具有很强烈的反应。

弗洛伊德：他们确实有反应。没错，是这样的。在治疗中，我们会把这些物品作为自由联想的素材。有时病人可能会在我的咨询室里注意到某件物品，然后我们就会谈论它。我与一个女病人就讨论过雅典娜和她那根丢失的长矛。和女性病人交谈时，就必须谈到这样一个事实：她没有阴茎，而且她可能曾经渴望拥有。

卡　　尔：那么，由此是否可以推断出，男人也可能嫉妒女人的生育能力呢？

弗洛伊德：那不是我所渴望的。不过，我确实"生出"了精神分析。

［科尔先生端着一个又大又重的托盘走近桌子。］

科　　尔：*教授先生，您之前问我要 Kontuszówka。波兰伏特加。很遗憾地*

告诉您,我们没能找到。我派了两名最得力的服务员专门去办这件事。希望*教授*先生能原谅我。

弗洛伊德:科尔先生,我们刚才一直在谈论挖掘被埋藏的记忆。而我完全忘记了自己此前轻率地提出了一个索要 Kontuszówka 的请求。你看,这就是心灵的运作方式。那些曾经在意识层面十分鲜明的感官印象,会被推到前意识层面,在那里它们还能再次被触及。但如果你在 1 年后问我这次谈话的内容,它就会成为一段被埋葬的无意识记忆……若是在 50 年后,它就会被深深地埋藏在无意识里,到那时我们恐怕得用上施利曼的炸药才能把它从"地下世界"挖掘出来。

科　　尔:我找到了一些其他的波兰伏特加供您选择:有 Sobieski(*苏别斯基*)——非常不错——还有 Wyborowa(*维波罗瓦*)……这个叫 Soplica(*索普利察*)——非常好,我可以向您保证。然后我们还有一些更昂贵的品牌,比如 Belvedere(*雪树*)或 Chopin(*肖邦*)。

弗洛伊德:科尔,我想我们可能需要一些水。

科　　尔:教授想不想尝试一下*雪树*?这是顶级的波兰伏特加。

弗洛伊德:不用了,谢谢你,但也许我的这位朋友想试试。

卡　　尔:谢谢您,科尔先生,您把*雪树*留在桌子上吧,我们看看情况再说。

科　　尔:好的,先生们。我马上送一些凉水来。

[科尔先生闷闷不乐地退了出去。]

弗洛伊德:我们惹科尔先生不高兴了,但我不是个爱喝酒的人。不过,我倒可以再抽一支雪茄。

卡　　尔:我绝不会在这个时候阻止您。

弗洛伊德:关于精神分析的设置,你还有其他问题吗?

卡　　尔:您已经非常慷慨地回答了我的问题,现在我对那间精神分析咨询室的实际样子有了更清晰的了解。您邀请病人进入一个布置得极为丰富的房间……私密、舒适、充满历史气息，还能让人缅怀过往。您这样做的时候更像一位穿着普通职业装，在档案堆里仔细查阅资料的历史学家，而不是一名穿着白大褂，给病人做手术的医生。

弗洛伊德：但设置只是精神分析治疗的第一部分。在确立了设置之后，我们必须开始工作！

卡　　尔：您可能会对此感到惊讶，在您 1939 年去世后，精神分析师越来越以其保持中立的姿态而闻名，以至于大多数精神分析师的咨询室里根本没有任何艺术品、雕像或雕塑。他们的房间布置很简洁，因为他们不希望影响病人的自由联想。他们想要引出纯粹的联想，而不是那些由分析师所拥有的令人回味的考古物品所引发的联想。

弗洛伊德：当然，我可以理解。但房间不能太简洁。病人会认为这名分析师没有思想或爱好。

卡　　尔：当然，现在的心理健康专家绝对不会在咨询室里摆放家庭成员的照片或其他类似的私人物品。不过我确实记得有一位非常浮夸的英国精神分析师，他在办公室里放了一尊自己的半身雕像，让病人和访客都能一眼看到。

弗洛伊德：Ein Narzisst（一个*自恋狂*）？

卡　　尔：是的，我想他是个自恋狂。

弗洛伊德：你的咨询室里都有什么？

卡　　尔：我为病人准备了一张躺椅，还有一把我坐的椅子。如果病人想坐着，我还准备了另外两把椅子。当伴侣来见我的时候，他们会坐在椅子上。

弗洛伊德：没有画作，也没有雕塑？

卡　　尔：我在墙上挂了一些画，还有几个书架，一张放着文件的桌子和一部电话……但总的来说，我会把现代咨询室描述为整洁、舒适、实用、温馨，最重要的是，保持中立。不会干扰病人。

弗洛伊德：所以你认为我的房间太杂乱？物件太多了？

卡　　尔：嗯，您在梅尔斯菲尔德花园的房间已经成了名副其实的圣地。但我很好奇，如果今天您开展临床工作，会用什么样的咨询室……在21世纪。

弗洛伊德：完全一样，我想。完全一样。你要我辞退我的女仆，送走我的松狮，还要扔掉我的雕像吗？

卡　　尔：不，当然不是。我只是想知道您的病人会不会觉得您对这个房间比对他们的故事更感兴趣。毕竟，那是一个元素相当丰富的空间，有太多东西会分散人们的注意力。如果我是您的病人，我可能会担心是否……

弗洛伊德：我的注意力是否会被分散？我理解你的担心。但我确实能很好地专注于病人的联想内容。

卡　　尔：哦，这我知道。如果您没有很强的专注力，您不可能如此细致地写出这么多案例。

弗洛伊德：确实。

卡　　尔：我突然发现自己自由地联想到了一位了不起的艺术家，卡斯帕·大卫·弗里德里希（Caspar David Friedrich）。您还记得他吗？

弗洛伊德：我记得。

卡　　尔：我想起来，弗里德里希曾经清理过他的艺术工作室。我记得他把工作室布置得尽可能简洁空旷。

弗洛伊德：这我不知道。

卡　　尔：据我所知，表面上看，他这么做是为了更全身心地专注于自己的内心——哲学家黑格尔称之为 "absolute Innerlichkeit"——绝对内在性。

弗洛伊德：黑格尔？

卡　　尔：格奥尔格·威廉·弗里德里希·黑格尔（Georg Wilhelm Friedrich

Hegel）……

弗洛伊德：啊，对，现在我想起来了。

卡　　尔：他提出了关于这种绝对内在性的理论。

弗洛伊德：但要专注于自己的内心，或者说，专注于被分析者的内心，并不需要把自己的古物都扔掉。作为同行，你肯定明白这一点。

卡　　尔：是的，当然，*教授先生*。

8

溪七鳃鳗、鳗鱼和少量可卡因

卡　　尔：想想您的生平经历……

弗洛伊德：我的生平经历？

卡　　尔：我们目前只谈到了您进入维也纳医学院那段时期。

弗洛伊德：或许你希望我描述一下那些最重要的时刻。

卡　　尔：我们已经谈到了您人生中的各个阶段，多少有些不按时间顺序，比如您在维也纳综合医院的经历，您与布洛伊尔医生的交往，您在沙尔科导师那里的学徒生涯……

弗洛伊德：是的，人生经历本就无法条理清晰地叙述，因此，我们以一种更偏向自由联想的方式回顾了人生的某些阶段。但这没关系。尽管如此，为了方便读者阅读，我还是会试着更聚焦、更直接地叙述。

卡　　尔：那会非常有帮助的。我们已经讨论过，在您十几岁的时候，您是如何把您的名字从西格斯蒙德改成西格蒙德的……

弗洛伊德：好吧，我之前就开始交替使用这两个名字了……

卡　　尔：但从那时起，您就更偏好西格蒙德这个名字了。

弗洛伊德：是的。

卡　　尔：而且正值你准备开启医学学业之时，当时的环境相当反犹。

弗洛伊德：1873 年，我以医学生的身份进入了维也纳大学——正式名称是帝国–皇家维也纳大学（K.K. Universität zu Wien）。我进入了 Medizinische Facultät。

卡　　尔：医学院。

弗洛伊德：是的。

卡　　尔：为什么选择医学？

弗洛伊德：我一直对自然界有着浓厚的兴趣，而且我是一个很好的学生，所以对我来说，成为一名 Akademiker（学者）和医生似乎是顺理成章的事。我一直希望能有一份比父亲更稳定的职业收入。你知道，我看着他受苦……我们的家庭历经困苦。因而我选择了医学。

卡　　尔：我明白了。我可以想象，您对自然世界和科学的长久兴趣源于您在弗莱堡长大，那附近有连绵起伏的群山。

弗洛伊德：是的，当然，部分原因是弗莱堡。但也和我母亲有关。

卡　　尔：请和我们说说。

弗洛伊德：你知道，我妈妈过去经常搓手，当她这样做的时候，死皮就会脱落。我想，她向我展示这一点是为了提醒我，我们都是由会腐朽的肉体构成的，我们最终都会回归尘土。所以，是的，我想正如你所说的，对于身体和自然界，我确实有兴趣。

卡　　　尔：我想，选择医学还有其他好处，对吧？

弗洛伊德：是的，当然，作为一名学者——一名受过高等教育的人——可以免除传统的 3 年义务兵役。而作为一名医生，在完成学业后，只需要在军队服役 1 年，而不是 3 年。因为我本质上不是当兵的料，所以我觉得这是医学培训中很让人满意的一点。

卡　　　尔：你们班里全是男生。

弗洛伊德：几年之后，医学院才招收女生。

卡　　　尔：和您一起学习的主要是非犹太人。

弗洛伊德：我记得大约三分之一的人来自犹太家庭，另外三分之二来自基督教背景的家庭，大部分是天主教徒。

卡　　　尔：您是在一个极其关键的时期踏入医学领域的。当时医学院在国际上享有极高的声誉。

弗洛伊德：*对*，的确如此。你知道伊格纳兹·塞麦尔维斯（Ignaz Semmelweis）曾在那里工作过吗？——当然，是在我入学之前——但他作为医院卫生学的先驱，产生了巨大的影响。

卡　　　尔：他是一位伟大的匈牙利医生。

弗洛伊德：是的，他来到维也纳工作，并且发现那些在接生之前洗手的医生传播疾病的概率更低，因而也不太可能导致产妇及其腹中胎儿死亡！这是一个相当简单的发现……但也意义深远。

卡　　　尔：正是如此。

弗洛伊德：是的，当医生不洗手时，他们就会传播致命的细菌，许多不幸的女性因此感染了 Kindbettfieber。

卡　　　尔：产后发热，或者，我们会说，产褥热。

弗洛伊德：是的。

卡　　　尔：现代读者很难相信，仅仅在 100 年前，医院的基本卫生标准竟如此之低。

弗洛伊德：是的，确实如此。当然，作为一名年轻的内科医生，我曾在一些非常破旧的病房里工作过。

卡　　　尔：您在伯格巷为您的病人提供了一个相当干净的环境。

弗洛伊德：你知道吗，可怜的塞麦尔维斯为他的发现付出了沉重的代价。

卡　　　尔：他在一家疯人院里结束了自己的生命，我记得，还遭到了看守的殴打。

弗洛伊德：Sehr tragisch（*非常悲惨*）。我猜想，当他发现用含氯石灰溶液洗手的医生经手的病人死亡率更低时，他肯定在那些没有这么做的医生心中引发了强烈的无意识羞耻和内疚。

卡　　　尔：一段时间之后，约瑟夫·李斯特（Joseph Lister）和路易斯·巴斯德（Louis Pasteur）等人才证实了塞麦尔维斯及其工作的价值。他们确实证明了无菌操作和无菌环境在医学中至关重要。

弗洛伊德：是这样的。确实。

卡　　　尔：在19世纪中叶和19世纪末，维也纳涌现出了许多其他有影响力的人物。维也纳大学的很多优秀医生帮助营造了医学院的独特氛围，您很快就体验到了。

弗洛伊德：当然，我们有比尔罗特（Billroth）。

卡　　　尔：特奥多尔·比尔罗特（Theodor Billroth），伟大的外科医生。他是喉切除术和各种癌症的外科治疗的先驱。

弗洛伊德：这么多来自世界各地的人到维也纳来完成他们的医学教育，并不让我感到惊讶。

卡　　　尔：是的，许多美国和英国的医生都曾在维也纳待过一段时间，作为他们"大游学"的一部分。阿瑟·柯南·道尔（Arthur Conan Doyle）……

弗洛伊德：就是那个写"夏洛克·福尔摩斯（Sherlock Holmes）"的人？

卡　　　尔：正是。我想他为了学习眼科学在维也纳待了一段时间……但那是在您毕业几年之后。

弗洛伊德：我从来不知道！

卡　　　尔：但是您见过很多伟人。

弗洛伊德：哦，当然。

卡　　　尔：您还记得您作为医学院学生时的时间表吗？

弗洛伊德：课一大早就开始——我记得是上午9点。是的，我记得是对的。我们听过奥地利医学界所有领军人物的课，当时奥地利是许多海外访学者的圣地。特奥多尔·比尔罗特讲外科……莫里茨·卡波西（Moritz Kaposi）讲皮肤医学。至于喉科学，我记得是利奥波德·冯·施勒特尔（Leopold von Schrötter）。还有病理解剖学家卡尔·冯·罗基坦斯基（Carl von Rokitansky）。有许多优秀的教师——他们都是医学界的领军人物。

卡　　　尔：我认为，罗基坦斯基开创了整个解剖学领域。

弗洛伊德：是的，他是解剖学家中的巨擘。一个伟人。非常有名。

卡　　　尔：当然，特奥多尔·梅纳特（Theodor Meynert）因其对精神病学和神经解剖学的贡献而闻名。

弗洛伊德：*对，梅纳特教授先生*。确实如此。

卡　　　尔：您能和我们多说说梅纳特教授的事吗？显然，他实践的是一种相当传统的、相当注重躯体的精神病学。我想他是不会认可精神分析的。

弗洛伊德：是的，当然不会。但他有其他优点。梅纳特具有很强的文学感受力。他对威廉·莎士比亚和这些戏剧的作者身份问题有着浓厚的兴趣。你知道的，并不是所有人都相信那个来自斯特拉特福德（Stratford）的人——没受过什么教育、来自埃文河畔斯特拉特福德的乡下人——能够写出如此博学且富有历史细节的戏剧。

卡　　　尔：您一直认为伊丽莎白时代的贵族爱德华·德·维尔（Edward de Vere），即第十七任牛津伯爵，一定是莎士比亚戏剧的真正作者。

弗洛伊德：是的。但梅纳特认为是弗朗西斯·培根（Francis Bacon）爵士。这是我和梅纳特意见不一致的另一个问题！也许我们永远都无法

卡　　　尔：知道那些伟大的剧本到底是谁写的。

卡　　　尔：梅纳特在这方面对您有影响吗……您知道的，在成为一名关注文学的精神病学家这方面？

弗洛伊德：早在我遇到梅纳特之前，我就已经学会如何阅读文学作品了。但我们离题太远了。梅纳特为神经学研究做出了巨大贡献。你知道他促进了我们关于大脑功能定位的知识发展吗？他还研究了脑桥和中脑损伤的影响。他在追踪从视网膜到距状裂皮质的视觉通路方面也做了出色的工作……

卡　　　尔：初级视觉皮层……

弗洛伊德：是的，枕叶的距状裂皮质。是这样的。梅纳特熟知神经信号在身体中的传导方式。他是一个非常聪明的人。

卡　　　尔：显然如此。我得说，聪明得令人钦佩。

弗洛伊德：但是你知道梅纳特滥用氯仿①（chloroform）吗？氯仿！

卡　　　尔：我听说过，也许您会觉得，对于一位精神病学教授来说，这太令人失望了。

弗洛伊德：*非常悲惨*，这是一个巨大的悲剧。尽管如此，梅纳特对我还是有帮助的。但也得承认，这非常糟糕。

卡　　　尔：如果我理解正确，事实证明，1873 年是充满无限可能的一年，那时大学里的医学研究人员极具创造力。特奥多尔·比尔罗特完成了有史以来第一例喉切除术，然后，您的生理学导师恩斯特·冯·布吕克为那位接受了喉切除术的病人制作了一个特殊的喉腔。

弗洛伊德：比尔罗特实施了首例完整的喉部切除术。*对*，的确如此。我们都觉得这非常鼓舞人心。这些医学成就让我们对未来充满了希望，也成为我们坚持自己研究的强大动力。

---

① 三氯甲烷，一种有机化合物，在医学上常用作麻醉剂，但由于其对心脏和肝脏的潜在不良影响，目前已被更安全的麻醉药物所取代。——译者注

卡　　尔：而且当时查尔斯·达尔文（Charles Darwin）的著作已经开始对科学思想的发展产生了巨大影响。

弗洛伊德：我记得自己还是学生的时候就读过达尔文的 Die Abstammung des Menschen und die geschlechtliche Zuchtwahl（《人类的由来及性选择》）。

卡　　尔：是的，我们还保存着您的那本书，不过对于说英语的人来说，这部两卷本的巨著更为人熟知的书名是 The Descent of Man, and Selection in Relation to Sex。虽然您拥有的是德语译本。

弗洛伊德：是的。

卡　　尔：1875 年，您在第一卷中写下了您的名字："西格斯蒙德·弗洛伊德"。所以，您那时偶尔还会使用"西格斯蒙德"这个名字。

弗洛伊德：如果在我过去的一本书里发现了我的签名，那很明显，我当时确实写了这个名字。

卡　　尔：在您所有的文集中，您多次提及查尔斯·达尔文，我想，其中最著名的是您将达尔文描述为扰动人类安宁的三位伟大的革命者之一。首先，您将文艺复兴时期的天文学家尼古拉斯·哥白尼（Nicolaus Copernicus）视为一位伟大的革命者，因为他引发了一场宇宙论革命……

弗洛伊德：他让我们认识到地球不是宇宙的中心。这一发现有助于推翻宗教的中心地位。占据中心位置的是太阳，而不是地球。我认为这是对人类自认为理应拥有的那种自恋式至高地位的重大打击之一。

卡　　尔：然后您将查尔斯·达尔文奉为第二位伟大的科学家……第二位动摇了我们的自满的伟大革命者。他开启了一场生物学革命……

弗洛伊德：嗯，他揭示了人类并非由人类直接演化而来。相反，我们是由动物进化而来的。我们并不是自己想象中的伟大生物。毫无疑问，我们并非直接来自亚当和夏娃。这是对我们幼稚的宗教幻想的又一次重大打击！

卡　　尔：我认为我们对第三位伟大的革命者相当了解：弗洛伊德教授先生！

弗洛伊德：我开启的革命——心理学革命——确实承接了哥白尼和达尔文的革命，因为通过阐明无意识的本质，我成功地证明了人并非自己心灵的主宰。人并非自己内心世界的主人。强大的无意识力量支配着我们的存在。

卡　　尔：哥白尼、达尔文和弗洛伊德……你们三位都打碎了人类的自恋幻想。记得您曾把这些革命称为沉重的打击。

弗洛伊德：对，三次 Kränkungen……三次打击……也可以说是三次侮辱……没错，它们粉碎了我们的自我幻想。我们也许并不像自己所期望的那样伟大。虽然我们可能是动物王国的霸主，但我们终究还是动物。看看我们所经历的那些战争就知道了。

卡　　尔：所以阅读达尔文的著作对作为年轻医学生的您产生了重要影响。

弗洛伊德：哦，确实如此，但没有布吕克对我的影响那么重要。

卡　　尔：当然，我们已经提到了布吕克教授，但请多告诉我们一些关于他的事吧。他确实在大学里为您提供了一个知识家园。

弗洛伊德：1876 年，我以"Famulus"的身份加入了布吕克的生理研究所。这是个拉丁语单词，意思是助手或仆人。我很乐意为布吕克服务。他为我提供了很多机会。

卡　　尔：他在医学院担任教授，并负责管理生理研究所。我相信布吕克多年前曾师从约翰内斯·米勒（Johannes Müller）。

弗洛伊德：毫无疑问，约翰内斯·米勒是 19 世纪最重要的科学家之一。他真正为科学研究奠定了基调，竭力将科学与未经证实的宗教信仰区分开来。他致力于人体中物理化学过程的研究。他不相信所谓的神秘生命力，据说正是这种力量让我们能够活动、生存。并且他也是以这样的理念来培养自己的学生的。

卡　　尔：米勒认为没有什么是理所当然的。

弗洛伊德：绝对没有……他坚持认为，一切科学研究都必须以对现象细致的直接观察为基础。人们不能相信任何表面上的东西。他什么都研究，从人体血液的化学成分到蛇的解剖结构。

卡　　尔：我相信布吕克曾在米勒的实验室工作过。

弗洛伊德：是的——在那里他结识了另一位伟大的科学家埃米尔·杜布瓦-雷蒙（Emil du Bois-Reymond），他是电生理学的先驱。这些人与赫尔曼·冯·亥姆霍兹（Hermann von Helmholtz）成了朋友，亥姆霍兹为眼底镜的发明做出了很大贡献。都是非常了不起的人物。

卡　　尔：那布吕克自己的研究呢？

弗洛伊德：非常广泛……非常广泛。

卡　　尔：他受过内科医生的训练。

弗洛伊德：是的，他有医学背景。他曾在柏林学习。但他不怎么和病人打交道，至少在我认识他的时候是这样。他研究了很多学科：比较解剖学、血管系统生理学、言语和语言学、光学、植物生理学……我都不知道该说到哪儿打住了。

卡　　尔：当人们想到西格蒙德·弗洛伊德时，脑海中浮现的是这样一个人：他撰写过关于鳗鱼解剖学，组织学染色技术，催眠，癔症，焦虑性神经症，精神分析理论和治疗，以及艺术、政治、文化的本质等方面的内容。

弗洛伊德：我把布吕克视作 uomo Universale 的典范。

卡　　尔：通才？

弗洛伊德：是的，通才。既然我开始回忆了，你肯定会想知道布吕克也研究过睫状肌，而且他对色彩感知和美学有着浓厚的兴趣。没错，他几乎什么领域都涉猎。

卡　　尔：请和我说说您在生理研究所的经历。

弗洛伊德：我们的研究室位于一所旧步枪制造厂，Gewehrfabrik（*步枪制造厂*）。布吕克让我和他的两位高级助手一起工作，西格蒙德·埃克斯纳（Sigmund Exner）博士——确切地说，是埃克斯纳教授——以及恩斯特·冯·弗莱施尔-马克索夫（Ernst von Fleischl-

Marxow）医生。这三位都非常慷慨地教导我，支持我的研究。

卡　　　尔：您早期研究过溪七鳃鳗。

弗洛伊德：对，也就是 Petromyzon planeri（*溪七鳃鳗*）。我研究过这些生物的脊髓神经节。甚至在我 21 岁生日之前，布吕克就在 Akademie der Wissenschaften（*科学院*）展示了我的一些研究成果。

卡　　　尔：维也纳科学院。

弗洛伊德：这是一项极高的荣誉。

卡　　　尔：从某种程度上来说，布吕克就像一位父亲般的人物。

弗洛伊德：我想可以这么说。他还帮助我从一个基金会那里获得了资助，该基金会专门资助像我这样有希伯来背景的学生。

卡　　　尔：布吕克来自新教徒家庭。

弗洛伊德：没错，确实如此，但他并不介意让犹太人在生理研究所为他工作。一位真正的科学家必须能够超越宗教。

卡　　　尔：您那时经济很拮据。

弗洛伊德：是的，当然。我没有固定的津贴，我的父母也并不富裕。你能想象我父亲要负担养活妻子、两个儿子和五个未婚女儿的责任吗？但布吕克为我写了推荐信，我才成功地东拼西凑得到了一些资助。

卡　　　尔：许多弗洛伊德传记作者都强调，布吕克曾力劝你放弃学术医学领域，转而专注于私人临床实践。是否可以这么说，作为一个犹太人，您在维也纳大学的医学体系中几乎没有晋升的机会？

弗洛伊德：我们必须与大量反犹太主义斗争，这是必然的。布吕克也清楚我会面临诸多艰难险阻。所以他建议我考虑从事临床医学实践。

卡　　　尔：这让您难过吗？

弗洛伊德：有一段时间我确实很难过。我一直想成为一名科学家……

卡　　　尔：而不仅是医生？

弗洛伊德：当然。

卡　　　尔：您一生都保持着勤奋工作的习惯，这在多大程度上是源于迫切且焦虑的经济需求呢？毕竟您需要养活自己——也许有一天还要养活妻子和孩子。

弗洛伊德： 我小时候学习一直很努力。这或许是受我父亲所秉持的犹太教法典传统的影响。但可以肯定的是，经济方面的考量起了很大作用。只要能找到工作，无论是什么工作我都会去做。而且我不得不为此想尽各种办法。

卡　　尔： 我们已经讨论过，您早年从特奥多尔·冈佩兹教授那里得到了一份有偿工作，就是将约翰·斯图亚特·穆勒的作品从英语翻译成德语。

弗洛伊德： 是的，当时我还是一名医学生，同时也是布吕克研究所的一名研究员。这听起来是不是很疯狂？但我实在无法拒绝这样一个工作机会。

卡　　尔： 我知道的人中很少有人既有那样的聪慧，又有那份冲劲，白天学习医学，同时研究生理学、组织学和解剖学，到了深夜还能进行高质量的文学翻译工作。

弗洛伊德： 人总是得做自己必须要做的事。

卡　　尔： 我们已经讨论过，您在翻译穆勒作品的过程中收获颇丰。

弗洛伊德： 是吗？

卡　　尔： 您不仅了解了女性和女权主义，还了解了翻译艺术本身。我相信，您将这种艺术运用在了与癔症病人的工作中，将身体症状翻译成语言表达，且取得了极好的效果。

弗洛伊德： 在那段时间里，我确实学到了很多。

卡　　尔： 除了为布吕克教授工作，您还成了比较解剖学家卡尔·克劳斯（Carl Claus）教授的研究员。

弗洛伊德： 是的。我很早就开始为克劳斯工作了。他很快就把我送到他所在的里雅斯特（Trieste）的研究站，当时的里雅斯特仍是奥匈帝国的一部分。在那里可以学习海洋动物学。是的，克劳斯派我去那里解剖了很多鳗鱼，目的是寻找它们的生殖器！

卡　　尔：多么艰巨的任务啊！

弗洛伊德：我可不是在开玩笑。克劳斯教授确实把这项任务交给了我，因为当时没有人确切知道鳗鱼是如何繁殖的。一位名叫西蒙·西尔茨基（Szimon Syrski）的波兰人认为，他发现了一种叶状器官，那很可能是鳗鱼的睾丸，但他不能完全确定。

卡　　尔：您解剖了大约 400 条鳗鱼。

弗洛伊德：小的鳗鱼是在维也纳解剖的，大的则是在里雅斯特克劳斯的动物学研究站解剖的。然后我对这些鳗鱼进行了显微分析，以研究其组织学。

卡　　尔：克劳斯认可您的工作吗？

弗洛伊德：他把我的发现提交给了维也纳科学院。1877 年……我记得是在 3 月 15 日。

卡　　尔：对于一个 20 多岁的年轻人来说，这又是一次早期的巨大成功。

弗洛伊德：也许是的。

卡　　尔：最终您开始服兵役了。

弗洛伊德：你知道吗？我 24 岁生日那天是在被拘押中度过的，就因为我擅自离开了部队。

卡　　尔：1880 年？

弗洛伊德：1880 年，*对*，*正确*。

卡　　尔：但您及时出来了，参加了化学、植物学和动物学的考试。

弗洛伊德：*对*，Rigorosum（*毕业综合考试*）。我通过了这些考试。

卡　　尔：嗯，您离成为一名医生已经很接近了。

弗洛伊德：我确实是在成为医生的路上了。但第二年，也就是 1881 年，我还有更多的考试。

卡　　尔：最终，在您 25 岁生日前不久，您成了一名完全合格的医学博士。

弗洛伊德：我们需要在大学老校区的巴洛克风格大厅里参加一场仪式，还得列队行进。场面十分隆重。

卡　　　尔：既然这时候您已经完成了正式的学业，那么您靠什么维持生计呢？

弗洛伊德：布吕克让我留在研究所做助教，所以我继续为他做研究。

卡　　　尔：我相信，在很多年中，您一直在研究鳗鱼的解剖结构，尤其是生殖器的解剖结构。但您还发明了一种更先进的新方法，用于在显微镜下检查组织样本。

弗洛伊德：我开始研究延髓的结构。我想确切地知道延髓作为一种脑部结构究竟是如何发育的，我需要检查成人、儿童甚至胚胎的脑部这一部分的样本。

卡　　　尔：我猜，是尸检切片吧。

弗洛伊德：是的，我切了很多脑切片。

卡　　　尔：但如果我没理解错，人们通常很难在显微镜下看到延髓内的神经纤维。

弗洛伊德：需要在组织上涂上染色剂或染料，这样才能看得更清楚。没错。

卡　　　尔：然后您就开始着手研究这个问题了吗？

弗洛伊德：是的，我研究了各种染料，以便让研究人员能更清晰地看到组织样本。最后，我发现，如果将含有组织样本的器官浸泡在氯化金和高浓度酒精的混合溶液中，就可以非常成功地对组织进行染色，再通过显微镜进行观察就会容易得多。

卡　　　尔：氯化金。多么巧妙。

弗洛伊德：将金与氯混合。金确实花了布吕克一些钱。但我们需要它。

卡　　　尔：您能更详细地描述一下这种方法吗？

弗洛伊德：首先，我把器官的切片放在一种特殊的溶液里使其变硬，要么是重铬酸钾溶液，要么是含有硫酸铜的埃利茨基氏液。然后，用蒸馏水冲洗这些切片后，我将它们浸泡在混合了高浓度酒精的氯化金溶液中，浸泡3~5小时。之后我将样品放入10%的碘化钾溶液中。

卡　　　尔：显然您的化学知识非常丰富。

弗洛伊德：还算懂一些吧。然后，在大约5分钟……有时长达15分钟内……样本会被染色，变成粉色、紫色或蓝色……有时甚至是黑色。然后，把样本放在显微镜下时，神经纤维会更明显……清晰得多……对比度也大大提高。

卡　　　尔：多么了不起的贡献。

弗洛伊德：布吕克似乎对这些初步成果很满意。在我30岁生日之前，我成功地在一本名为《大脑：神经学杂志》（*Brain: A Journal of Neurology*）的英文期刊上发表了这项研究。

卡　　　尔：这是一本非常著名的刊物，由一些有史以来最重要的神经学家和精神病学家编辑：约翰·查尔斯·巴克尼尔（John Charles Bucknill）、詹姆斯·克莱顿–布朗（James Crichton-Brown）、约翰·休林斯·杰克逊（John Hughlings Jackson）等人。

弗洛伊德：是的，我很高兴能在《大脑》杂志上发表文章。

卡　　　尔：您的染色技术没有像圣地亚哥·拉蒙·卡哈尔（Santiago Ramón y Cajal）不久后开发的技术那样受到广泛关注，这会让您感到难过吗？

弗洛伊德：你知道他？他获得过诺贝尔奖。

卡　　　尔：他是一位西班牙医生，为神经学和组织学做出了许多贡献。

弗洛伊德：对，确实如此。

卡　　　尔：他极大地完善了我们对神经元结构的了解。

弗洛伊德：拉蒙·卡哈尔与意大利人卡米洛·高尔基（Camillo Golgi）一起获得了诺贝尔奖。在我看来，高尔基的影响力更大。你知道，他是早期染色技术的先驱之一。

卡　　　尔：他使用银来工作。拉蒙·卡哈尔用高尔基染色法来辅助他的工作。

弗洛伊德：是的，他们使用银。但我用的是金。

卡　　　尔：当然。您还为化学家恩斯特·路德维希（Ernst Ludwig）教授做了

8 溪七鳃鳗、鳗鱼和少量可卡因

                一些研究工作。
弗洛伊德：是关于气体分析的。是的，我想尽了一切办法来开创自己的事业。
卡　　尔：事实证明，1882年在很多方面都是一个相当重要的转折点。
弗洛伊德：嗯，最重要的是，我遇到了大约4年后我要娶的女人。
卡　　尔：来自汉堡的玛莎·伯奈斯（Martha Bernays）小姐。
弗洛伊德：是的，她来自一个非常正统的犹太家庭，但她有自己的想法。我很欣赏她爱读书这一点。她的家族中有许多杰出的学者。有一些非常聪慧的男士，还有一位用德语而不是希伯来语布道的拉比，许多人认为这相当与时俱进。
卡　　尔：你们在1882年订婚，但直到1886年才结婚。
弗洛伊德：同样，我必须在经济上更有保障，在事业上更有保障才行。但我们确实订婚了，还经常给对方写信。
卡　　尔：这是您第一次和异性认真交往。
弗洛伊德：你必须清楚你在和谁交谈。我不轻易谈论自己的私事。再说了，我本以为我的婚姻状况在你所提到的所有弗洛伊德传记中都是众所周知的。无论如何，我没有其他妻子。
卡　　尔：当然。您在1882年还有其他一些非常重要的经历。梅纳特教授帮您写了一封推荐信，将您推荐给大学医学系主任赫尔曼·诺特纳格尔（Hermann Nothnagel）教授，这让您成了维也纳综合医院的一名Aspirant——临床助理。
弗洛伊德：这是我临床生涯发展中关键的一步。诺特纳格尔给了我这个职位。当时的维也纳医学界，在重要性上没人能出其右。你知道，他跟随菲尔绍学习过。
卡　　尔：我相信鲁道夫·菲尔绍（Rudolf Virchow）那时已经发现了白血病细胞。
弗洛伊德：他是一位才华横溢的科学家，但奇怪的是，他反对查尔斯·达尔文。他反对进化论的教学，声称达尔文及其追随者还没有足够的证据来支持这种理论。

卡　　　尔：布吕克曾为米勒工作过，而诺特纳格尔曾和菲尔绍学习过，您确实能够将自己的学术传承追溯到这些人身上，时至今日，许多人仍将他们视作现代医学最重要的奠基人。

弗洛伊德：我觉得确实是这样的。当然，诺特纳格尔等人的支持帮助我获得了旅行资助，让我得以在 1885 年和 1886 年前往巴黎和柏林。

卡　　　尔：是的，但是在我们跳到 1885 年之前，能不能再讨论一下具有分水岭意义的 1882 年呢？您和玛莎·伯奈斯订了婚，开始担任诺特纳格尔教授的临床*助理*，而且，大约在这个时候，您和维也纳医生约瑟夫·布洛伊尔有了一次非常重要的接触。

弗洛伊德：我们之前已经谈到过布洛伊尔了。

卡　　　尔：一位非常受人尊敬的维也纳医生——也是犹太人，后来他成了对您而言十分重要的榜样和导师。

弗洛伊德：他多次借钱给我，让我得以维持生计。

卡　　　尔：如果您能多和我们说说他的情况，那将很有帮助。

弗洛伊德：你知道，布洛伊尔和我是同一个社交圈子里的人。我们都曾在布吕克门下学习——当然，是在不同的时期。你知道布洛伊尔最终成了冯·布吕克教授的 Leibarzt 吗？

卡　　　尔：Leibarzt？

弗洛伊德：我相信在英国你们会称其为私人医生——全科医生。

卡　　　尔：当然。

弗洛伊德：你看，约瑟夫·布洛伊尔有着无可挑剔的科学背景。他已经在生理学和解剖学上做出了许多非常重要的贡献。你知道他在迷走神经和呼吸方面的研究吗？那可是非常重要的。此外，他在帮助我们理解前庭系统方面也有贡献。

卡　　　尔：他研究了半规管在耳朵中的作用，半规管控制着我们的平衡。

弗洛伊德：完全正确。

卡　　尔：对于一个帮助开发了治疗癔症的宣泄疗法的人来说，这样的背景看似不太搭边。

弗洛伊德：并非如此。这正是完美的背景。布洛伊尔仔细地研究各种现象，具有所有伟大科学家所特有的高度敏锐的注意力。

卡　　尔：我明白了。不过让我们讨论一下帕彭海姆小姐的病例吧。

弗洛伊德：*当然*。

卡　　尔：我相信布洛伊尔跟您说过他和一位长期病人伯莎·帕彭海姆小姐的工作。

弗洛伊德：就是"安娜·欧"的案例。

卡　　尔：尽管我们已经很简短地提到这次经历了，但我知道它给您带来了深远的影响。

弗洛伊德：是的，当然。这个病人有很多症状——幻觉、视觉障碍、语言障碍，还有很多其他症状。许多医生可能都会认为她是个麻烦的病人而置之不理。但布洛伊尔却陪着她坐上好几个小时。他全身心地为她治疗。

卡　　尔：这与19世纪晚期大多数精神病学家的做法截然不同，那些医生往往快速做出诊断评估，然后就不再管了。

弗洛伊德：确实如此。他倾听帕彭海姆小姐的倾诉。他跟她交谈。他允许她对他倾诉——而且会花很长时间——接下来，你瞧，她的症状开始消失了……一个接一个地消失。她本人将这一过程称为"Redecur"。

卡　　尔："谈话疗法"。

弗洛伊德：是的。有时她会用一种更口语化的表达方式，实际上还是用英语说的。就像我之前跟你提到过的，她把这个过程称为"清扫烟囱（chimney-sweeping）"。但布洛伊尔和我把它称为"Kaminfegen（*清扫烟囱*）"。布洛伊尔不用水疗，不用电疗，也不给病人做阴蒂切除术……只是谈话。

卡　　尔：这成了精神分析的基础。

弗洛伊德：这确实成了 Psychoanalyse（*精神分析*）的基础。虽然我们当时并不知道。

卡　　尔：大多数精神分析师都把对伯莎·帕彭海姆的治疗描述得非常迷人、非常理想化……

弗洛伊德：什么意思？

卡　　尔：嗯，很多人在描写布洛伊尔与帕彭海姆小姐的工作时，都称这是完全成功的、一帆风顺、近乎神奇的治疗经历，她只是简单地谈了谈自己的症状……然后它们就消失了！但我们现在知道，在表面上奇迹般的"清扫烟囱"之后，她又多次回到了医院。您知道这件事吗？

弗洛伊德：我当然知道——不过因为她是布洛伊尔的病人，你要明白，我没有权利公开说任何事情。所以我选择保持沉默。但了解到的这些情况，对我后来开创精神分析理论起到了启发作用。

卡　　尔：为什么？

弗洛伊德：嗯，首先，我知道不能仅仅与病人进行几次简单的交谈。我们必须在更长的时间里坚持这一过程，特别是考虑到病人会对这种具有挑战性的过程产生阻抗这一事实。治愈不会一蹴而就，它有时涉及就病人对精神分析师产生的情欲进行微妙且坦率的讨论。而布洛伊尔没有做到这一点。他并没有真正理解其中性方面的因素。一点都没有。

卡　　尔：但说句公道话，布洛伊尔与帕彭海姆小姐工作了很多年。他们肯定不只是进行了寥寥几次的谈话。在那个时候，大多数医生可不会像布洛伊尔医生那样，坚持持续探访病人。

弗洛伊德：没错——这是真的。但布洛伊尔从未像我这样，养成每周6天见病人的习惯，更不用说每天固定时间看诊了。而这正是精神分析的基础——规律性和密集性……同样，还有接触的深度。

卡　　尔：当然。

弗洛伊德：你看起来有些不安。

卡　　尔：我知道，尽管您知道布洛伊尔并没有真正彻底治愈帕彭海姆小姐，但您仍然与他一起发表了你们的发现，先是发表了一篇论文，然后又出了一本书 Studien über Hysterie，也就是《癔症研究》。

弗洛伊德：我不得不与布洛伊尔一起发表成果。我欠他太多了。

卡　　尔：但事实证明，他是一个极不情愿合作的人。

弗洛伊德：他对完成这本书没什么兴趣。我得自己推进这件事。我欠布洛伊尔一大笔债——经济上、科学上，等等。在学术优先权方面也是如此。

卡　　尔：您有没有想过自己出版这本书？

弗洛伊德：当然，我可以自己出版，但我也需要在书上——我的第一本心理学书——加上布洛伊尔的名字，这样能增加一些声望和权威性。但我们说得有点超前了……

卡　　尔：在1882年，您还没有开始对自己的病人实施 Redecur——谈话疗法。

弗洛伊德：哦，还没有，在那之前我还需要更多时间来提升自己。我在维也纳综合医院还有临床工作，我还得结婚，诸如此类。

卡　　尔：您继续在医院工作，接着，在诺特纳格尔教授那里当了一段时间的临床助理之后，您在1883年成了梅纳特教授的一名 Sekundararzt——我想大概相当于住院医师。

弗洛伊德：是的，我开始在等级体系中稳步攀升。

卡　　尔：我们已经提到过梅纳特了，尽管只是稍稍提了一下……但您对他有哪些特别的印象呢？您在学生时代就认识梅纳特了，后来在不同时期也与他多有交集……

弗洛伊德：我在1883年5月到9月期间为他工作。我该如何描述他呢？你知道，他的背景很有趣。我想他的父亲曾是一名记者，而他的母亲唱过歌剧。

卡　　尔：而这时您到他大学的精神病诊所来为他工作了。

弗洛伊德：*对，对，大学诊所。是这样的。*

卡　　尔：我们已经知道，他认为他的精神病病人患有脑部疾病。事实上，我认为梅纳特的整个精神病学方法都建立在神经学和神经病理学的基础上。他曾希望为各种类型的疯狂找到器质性病因，就像当时的许多医生那样。

弗洛伊德：你知道的，他发明了"智力缺陷（amentia）"这个术语，它源自拉丁语，意思是没有心智。这体现了他极其不尊重、不屑一顾的态度。你说得对……他确实在寻找疯狂的器质性根源，就像威廉·格里辛格（Wilhelm Griesinger）时代以来的每一位说德语的精神病学家一样。他是研究 Gehirnanatomie 这一传统的典型代表……

卡　　尔：大脑解剖学或神经解剖学……

弗洛伊德：*正确*……将其作为精神疾病的基础。

卡　　尔：您有一本格里辛格的书，对吗？

弗洛伊德：可能有。但据我所知，格里辛格并没有在这一领域取得太大进展，就这一点而言，梅纳特也一样。

卡　　尔：作为一名精神分析师，您在整个职业生涯中都在证明，那些备受困扰的人确实是拥有心智的——实际上，他们的心智色彩斑斓、错综复杂且充满各种想法。

弗洛伊德：*对*，是这样的。尽管如此，我还是很高兴能为梅纳特工作。这些经历帮助我了解到自己将会面临什么，因为我需要做大量的准备，才能在未来几十年里抵挡住来自医学同行的种种阻力。

卡　　尔：梅纳特教授——如果我没记错——在担任教授之前几乎没有精神病学方面的经验。

弗洛伊德：他最初是一名验尸专家。

卡　　尔：所以他很了解死人。

弗洛伊德：的确如此。而我试着专注于活人。

卡　　尔：您能回忆起您在梅纳特诊所工作的时光吗？您都见过什么样的病人？

弗洛伊德：我见到的病人诊断类型多种多样。我能回忆起癫痫性精神病和慢性酒精中毒的病例，还有患有全身瘫痪、脑膜炎的精神病病人……哦，对了，让我想想……当然还有 paranoia chronica（*慢性偏执狂*）、躁狂症、幻觉，等等。

卡　　尔：关于病房，您还记得什么？

弗洛伊德：我们有 110 张病床，还有很多很多病人。

卡　　尔：病人会住多久？

弗洛伊德：平均不超过 11 天。我们当然无法提供持续的治疗，所以我们只是对病人进行评估，然后将他们转介出去，主要是转到地区精神病院。我写了很多转介报告。

卡　　尔：不管您信不信，我们还有您当年写的一些报告的副本，它们经受住了时间的摧残。还有一位历史学家形容这些报告"相当肤浅"。

弗洛伊德：我当时写的报告确实相当肤浅，因为当时我还没有发现精神分析，也没有工具来开展更深入的工作。

卡　　尔：一个人不可能在 11 天内真正了解另一个人，尤其是当他要负责 100 多个病人的时候。

弗洛伊德：完全正确。

卡　　尔：那么，质疑您当时是否真的提供了任何恰当的治疗，这么说合理吗？

弗洛伊德：合理，没有提供过恰当的治疗。

卡　　尔：也许有一些电疗、卧床休息……

弗洛伊德：是的，但没有提供过什么恰当的治疗。没有任何近似于精神分析的治疗手段。

卡　　尔：没有机会去理解病人话语中所包含的象征意义或隐藏意义。

弗洛伊德：你知道吗？我记得有一位女士——"玛格丽特·P.（Margarethe P.）"，一名修女。她产生了幻觉，认为她的牧师变成了魔鬼，并开始与她发生性行为。相当疯狂。

卡　　尔：但玛格丽特小姐有没有可能经历过性创伤？那个牧师会不会真的和她发生过性行为呢？

弗洛伊德：当时……在1883年的时候，我肯定不会考虑这种可能性。但后来——*对，当然*。然而，人们永远不知道，病人是否在以一种扭曲的形式讲述真相，或者病人是否在诉说一段早期经历中的核心事实……或者，病人实际上只是精神错乱罢了。但在1883年，我还不知道如何理解病人的这种交流……

卡　　尔：您将玛格丽特修女描述为"Ganz Unzugänglich"。

弗洛伊德：是的，"完全不可接近"。要是在今天，我就不会那么轻易得出这样的结论了。

卡　　尔：我能理解，有一位像梅纳特教授这样专注于大脑解剖学的"上司"——而且没有时间去了解你们的病人，19世纪后期那种形式的精神病学几乎没有吸引力。

弗洛伊德：尽管人们认为我肯定接受过精神科医生的培训，但我从未真正成为一名精神科医生。精神分析与精神病学不同。我知道我必须专注于医学的其他领域。

卡　　尔：大约在这个时候，您在神经学领域的兴趣开始明晰起来，但您仍然对医学的所有分支保持着广泛的兴趣。我想，我们一会儿会谈到您的神经学研究。但您曾为赫尔曼·埃德勒·冯·蔡斯尔（Hermann Edler von Zeissl）教授短暂工作过一段时间，他是一位皮肤科医生。

弗洛伊德：是的。这可能并不广为人知。但我在1883年10月转到了他的科室。冯·蔡斯尔——当然他是个犹太人，也是一位教授——在梅毒方面有着丰富的经验，这需要非常精深的皮肤病学知识。

卡　　　尔：所以，犹太人是可以在医学上取得很高的成就的。

弗洛伊德：是的，这是有可能的。

卡　　　尔：您继续在医学写作领域深耕。我知道您为美国期刊《医学新闻》（The Medical News）写过一些短文，出版于……

弗洛伊德：宾夕法尼亚州的费城。是的，我确实写了一些评论和短文。

卡　　　尔：涉及的话题也很广泛。

弗洛伊德：我写过关于肺结核、梅毒的文章，甚至写过一些关于可卡因的内容。

卡　　　尔：大多数人都知道您对可卡因进行了研究，而且您自己也服用过一些可卡因。或许，您能给我们讲讲您与这种药物之间的真实故事吗？

弗洛伊德：我那时开始阅读有关一种叫作可卡因的生物碱的资料，它是从南美洲的古柯植物中提取出来的。这种物质当时已经开始在医学报刊上受到些许关注，于是我决定进行一番严谨的研究……你知道的，我打算梳理当时能找到的所有医学文献。

卡　　　尔：我相信，长久以来南美人对可卡因早有了解，然而欧洲人却并非如此。

弗洛伊德：对，确实如此。而且可以肯定的是，我们在医学上对可卡因的关注非常少。因此，本着研究的精神，我设法弄到了一份样本，以便亲自测试。

卡　　　尔：您以前的研究项目——关于溪七鳃鳗和鳗鱼，以及染色技术——都获得了一定的认可，但并没有让您声名远扬……

弗洛伊德：这些项目既没有给我带来名声，也没有带来财富，而这些都是我非常需要的。我已经有一段时间没见到我的未婚妻了，我需要获得一次成功……我需要一种维持生计的方式……财务……支持……所以，是的，我确实希望可卡因的研究能有成果。

卡　　　尔：那么，当您第一次尝试可卡因的时候，你的体验具体是什么样的呢？

弗洛伊德：我感受到一股巨大能量的爆发，我的口腔和喉咙内的温度也发生了一些变化。

卡　　尔：您从来没有怀疑过这种药物可能有危险。

弗洛伊德：一点也没有。我只是小剂量服用，而且随着我阅读的文献越来越多，我开始意识到其他人已经报道了各种奇妙的有益效果。我对可卡因或许可以用来缓解疼痛非常感兴趣。

卡　　尔：您给您的一位资深同事恩斯特·冯·弗莱施尔－马克索夫提供了一些可卡因，他那时已经对吗啡上瘾了。

弗洛伊德：吗啡成瘾……你看，他受到了感染，所以用这种药物来缓解疼痛。

卡　　尔：而你当时隐约觉得可卡因或许能帮助人们戒掉其他更有害的药物。

弗洛伊德：不幸的是，弗莱施尔出现了一些副作用，这让我停下来思考。

卡　　尔：但您还是坚持进行关于这种药物的实验？

弗洛伊德：我自己没有出现任何不良反应，所以我向我的同事，眼科医生柯尼希施泰因推荐了可卡因。

卡　　尔：利奥波德·柯尼希施泰因（Leopold Königstein）？

弗洛伊德：是的，他和我一样，是摩拉维亚的犹太人。他在大学里担任Privatdozent（*编外讲师*）——你可以说，他是一位受人尊敬的讲师。我信任他。

卡　　尔：您希望他可以在他的眼科病人身上做实验，看看可卡因是否可以在眼科手术中用作麻醉剂。

弗洛伊德：的确如此。但他忽视了这件事，然后另一个我们都认识的人——卡尔·科勒（Carl Koller）——抓住了这个机会。他在动物和自己身上做实验，发现可卡因确实是一种非常有效的局部麻醉剂。而功劳全归他了……事实上，他得到了很多赞誉。

卡　　尔：您没有得到任何认可？

弗洛伊德：我没有得到任何认可，但最初这是我的想法。科勒的突然成名确实让我很沮丧。

卡　　　尔：科勒因为您的好主意而获得了所有的赞誉。事实上，科勒后来名声大噪，他移民到美国后，治愈了一个失明的10岁男孩。

弗洛伊德：哼！

卡　　　尔：所以，科勒的成功真的让您很苦恼。

弗洛伊德：我想当时我下定了决心，以后我得更快地抓住机会。

卡　　　尔：我感兴趣的是，在可卡因研究中，您在一定程度上依赖于自我实验。您亲自试用了这种药物。

弗洛伊德：为什么你对此这么感兴趣？

卡　　　尔：嗯，您在开创精神分析方面的工作——不完全是，但肯定在很大程度上依赖于您的自我分析。您知道……您研究了自己的梦、自己的口误，还有自己的童年记忆。

弗洛伊德：历史上的许多研究人员肯定也做过类似的事情吧？

卡　　　尔：是的，但在您的众多著作中，您确实把自我分析作为一个关键特征。没有多少科学家会像您这样充分而慷慨地分享他们内心深处的想法和个人的梦。

弗洛伊德：有人会说我这样做是轻率的，甚至是疯狂的。但我明白你的意思。是的，对任何精神分析师来说，对自我的探究都是一个至关重要的部分。如果我们不能理解自己的无意识过程，怎么可能理解病人的无意识过程呢？

卡　　　尔：我们已经有一会儿没见到科尔先生了。

弗洛伊德：他费了不少心思给我们找了几瓶波兰酒，也许我们该喝点。但我年纪太大了，没法再去满足这样的兴致了。我更喜欢我的特拉布科斯雪茄……而你似乎对咖啡很满意。

卡　　　尔：确实如此。您知道，弗洛伊德教授，在我们刚才的这段谈话里，我们聊到了很多方面的内容——谈了不少关于您在1885年去巴黎之前，作为一名科学研究者所做的工作。

弗洛伊德：是的，我像一名科学家理应做到的那样，更加专注地回忆了往事。

卡　　尔：但在回顾了您在大学期间的工作——您的实证研究、医学研究后，我感到十分惊讶。您涉足了那么多领域。为什么呢？您在动物学、比较解剖学、生理学、组织学、麻醉学等领域开展研究。您也成了一位在神经学、神经解剖学、神经组织学以及神经病理学方面造诣极高的研习者。我觉得这非常了不起……而这一切都发生在您投身精神分析之前！

弗洛伊德：一个人必须努力学习尽可能多的东西。

卡　　尔：是的，但您确实非常认真地钻研了这么多领域……而且满怀热情，展现出了极高的智慧。

弗洛伊德：但物质回报却如此之少！

卡　　尔：尽管如此，我相信，在您最早期的研究工作中，我们已经能看出您具备成为一名伟大的研究者的潜质了。

弗洛伊德：谢谢。

卡　　尔：19世纪70年代末和80年代期间，您完成了专业训练，获得了行医资格，还得到了大学里不少人的资助，比如布吕克、梅纳特和诺特纳格尔。您也得到了很多来自校外的支持——特别是来自布洛伊尔的支持。难道您不觉得这一切为你奠定了良好的基础吗？

弗洛伊德：是的，我是这样认为的。但那时我还没有结婚。我还没有成家。我甚至没有自己的私人诊所。我错过了太多的机会。

卡　　尔：但是您获得了一定的认可……您甚至可能不清楚大家对您的认可到底有多高。

弗洛伊德：什么意思？

卡　　尔：赫尔曼·克纳普（Hermann Knapp）教授提到了您在可卡因方面的工作，他是一位出生于德国，后来移民到美国的眼科医生。早在1884年12月，这位先生就在一份眼科期刊上提到过您。

弗洛伊德：嗯，我想这肯定还是有点意义的。

卡　　尔：我研究过赫尔曼·克纳普。他的同事们无疑都非常敬重他。曼哈顿甚至有一家医院以他的名字命名。

弗洛伊德：如果我没记错，1886 年，克纳普到萨尔皮特里埃医院拜访沙尔科的时候，我见过他。他当时肯定已经了解我的研究了。

卡　　尔：看来是这样的。

弗洛伊德：是的，我确实记得见过这个人。

卡　　尔：但您逐渐放弃了将可卡因作为科学研究的对象，尽管在此后的一段时间里您个人还在继续使用它。

弗洛伊德：只是少量使用，你明白的。只是少量。

卡　　尔：然后，在 1885 年年初，您怀着对未来的希望和抱负，写信给玛莎·伯奈斯，说您有一天会成为传记的主人公。

弗洛伊德：我显然是一个很好的预言家。

卡　　尔：当阅读您给您未婚妻的信件……

弗洛伊德：但那些是私人信件！

卡　　尔：我想，由于您最终声名远扬，您的私人信件自那以后也成了公开档案的一部分。但请放心，您和伯奈斯小姐之间的通信真的非常动人，也很 sympathique（令人愉快）。

弗洛伊德：你在这些信件中发现了什么有趣的地方？

卡　　尔：嗯，很简单：您给人的印象是一个极有干劲和抱负的人。

弗洛伊德：当然。

卡　　尔：1885 年 1 月 21 日，您告知伯奈斯小姐，您已经递交了申请，想成为大学的 Privatdozent——用我们现在的学术语言来说，我想这有点类似于讲师或助理教授。然后，几个月后，1885 年 4 月 28 日，您向您的未婚妻解释说，您有朝一日会吸引不止一个，而是多个传记作家……事实证明，这一点完全正确。

弗洛伊德：你想表达什么呢？

卡　　尔：能看得出来，您当时确实在努力应对自己的处境——努力积极进取，努力追求成功，努力成为未来妻子的好丈夫。

弗洛伊德：是的，我当时决定要继续努力做下去，而我也确实这么做了。

卡　　尔：然后，就在几周后，您最年长的妹妹安娜·弗洛伊德——她现在嫁给了伊莱·伯奈斯（Eli Bernays），也就是您未婚妻的哥哥——生下了一个女孩，起名朱迪思（Judith）……您的外甥女。

弗洛伊德：是的，其他人似乎都达到了一种圆满的状态，而尽管外界对我的医学工作越来越感兴趣，但我仍未能获得一个稳定的职位。

卡　　尔：但是您*编外讲师*的申请通过了。

弗洛伊德：谢天谢地，我得到了这个职位，这给我带来了一定的地位和尊严，也为我成为一名教授提供了平台，尽管这花了相当长的时间。直到1902年我才成为教授！当然，作为*编外讲师*，我没有薪水，但我很高兴的是，这个任命必须得到政府部长的批准。这证实了我终于算是有了点成就。

卡　　尔：弗洛伊德教授，听您讲述您的生平，我很想知道，您是把自己看作一个努力拼搏，试图在这个世界上找到立足之地的人，还是说，您的野心太大了，以至于很难从自己的成就中获得快乐。

弗洛伊德：这确实是一种很个人的看法。但我会回答你的问题。我确实设定了很高的目标，因为我一直都知道自己能够成就一番伟大的事业。

卡　　尔：几年后——我想是在1908年——您完成了一篇简短但重要的论文，关于您称之为"Der Familienroman der Neurotiker（*神经症患者的家庭罗曼史*）"的主题。

弗洛伊德：我想，用你们的话说是"家庭罗曼史（Family Romances）"。1908年圣诞节，我写下了那几页文字，它后来收录在奥托·兰克1909年出版的 *Der Mythus von der Geburt des Helden: Versuch Einer Psychologischen Mythendeutung* 一书中。

卡　　尔：《英雄诞生的神话：神话的心理学解释》（*The Myth of the Birth of the Hero: A Psychological Interpretation of Mythology*）。

弗洛伊德：嗯，那怎么了？

卡　　尔：您推测……

弗洛伊德：不是推测……是观察。

卡　　尔：您观察到每个孩子都幻想过自己是国王或王后的子女。我们都怀有成为尊贵之人的渴望，部分原因是我们对自己父母的平凡感到失望。

弗洛伊德：你还记得当我父亲没有反击那个把他的帽子打落到大街上的非犹太人时，我所体验到的悲伤吧。我下定决心，以后不会让人那么轻易地欺负我。而这也激发了我的雄心壮志。

卡　　尔：所以您成了一名*编外讲师*，我相信，凭借这份新获得的自信，您申请了*旅行奖学金*，这让您可以在法国和德国待一段时间。

弗洛伊德：是的，我们已经谈到过我的巴黎之行了。

卡　　尔：但只是简单提了一下。

弗洛伊德：好的，让我伸展一下腿脚，然后，我们接着按时间顺序聊。一个很大的遗憾是，我创立了一门叫作精神分析的职业，而这个工作全程都得坐着，起码分析师得一直坐着！下一次，我必须发明一些更有活力的东西，让我们能够活动一下疲惫的身体。

卡　　尔：在早期，您和一些病人会在维也纳的环城大道（Ringstraße）上散步，同时进行精神分析谈话。

弗洛伊德：你知道，我们过去常把环城大道称为我们的 via Triumphalis（*凯旋之路*）。在我生活的那个年代，这条路很美。

卡　　尔：有时人们不把它称为环城大道，而是称为锡安大道（Zionstraße），因为所有富有的犹太人都住在附近，包括您的一些病人。

弗洛伊德：是的——这当然是一个带有很强反犹太主义色彩的称呼。

卡　　尔：当然。

弗洛伊德：但你说得对。我确实和我的学生一起沿着环城大道散步，有时我们会进行"站立式"的精神分析。但这种情况很少。我几乎所有的精神分析治疗都是在咨询室里进行的。坐着！所以需要伸展一下身体！

卡　　尔：做一些伸展运动确实很有帮助。我认识的所有心理治疗师和精神分析师，不是背非常僵硬，就是四肢酸痛！

弗洛伊德：我必须向你们所有人致以最深切的歉意！

多产的弗洛伊德

卡　　尔：感觉好点了吗，教授先生？

弗洛伊德：Ein bisschen（*稍微好一点*）。

卡　　尔：是的，稍微伸展了一下之后，我也感觉好多了。

弗洛伊德：现在我们可以继续了。

卡　　尔：那么，您 1885 年 10 月抵达了巴黎。我们已经谈到了非凡的沙尔科。他的才华、威望、名声、财富、对艺术的热爱，以及他领导着一群阿谀奉承的年轻医生……在您接近 30 岁生日的时候，所有这一切给您留下了深刻的印象。

弗洛伊德：男人需要一个值得自己敬仰的男人。

卡　　尔：莱昂·都德，一个作家……

弗洛伊德：他和我一起参加了沙尔科的一场社交聚会。他不是个讨人喜欢的人。

卡　　尔：他称这位沙尔科导师为"Charcot Imperator"——沙尔科皇帝。我还看到有人把他描述为"神经症领域的拿破仑"。这些头衔实在是太夸张了。

弗洛伊德：但这是他应得的。他确实成了 Imperator（皇帝）。你知道他发现了多少神经症状和疾病吗？他真正开创了神经学这一此前并不存在的专业领域。此外，他还成了一名杰出的心理学家，他甚至没有意识到自己对该领域做出了多大的贡献。

卡　　尔：在您进行了生理学和组织学研究，以及有了使用可卡因的经历之后，您愈发倾向于神经学领域，您也成了一名越来越有经验的神经科医生。

弗洛伊德：1885 年 2 月，在我去巴黎之前，我向一群美国医生讲授了我的神经学工作。长期以来，维也纳一直受到美国人的尊崇，我想他们认为我一定知道一些他们不知道的关于大脑的知识。在我对一例急性多发性神经炎做出了敏锐的诊断之后，我的声誉确实提高了。

卡　　尔：所以您的神经学知识也越来越精深了。

弗洛伊德：是的。

卡　　尔：然后在 1885 年 8 月，当您在德国万茨贝克（Wandsbek）追求伯奈斯小姐时，您还拜访了神经病理学家卡尔·艾森洛尔（Karl Eisenlohr）。

弗洛伊德：汉堡综合医院的 Herr Direktor（院长先生）。对。他友善地允许我在那里检查一些神经科病人，也允许我在海涅医院（Heine Hospital）——专门为犹太人开设的——检查病人。此外，我还去

了克莱因 – 弗里德里希斯堡（Klein-Friedrichsberg）的精神病院，在那里我可以见到精神失常的病人。

卡　　　尔：您凭借旅行奖学金在法国和德国学习期间，积累了大量神经病学和精神病学方面的临床经验。

弗洛伊德：那时我确实接受了良好的教育。很少有医生了解神经症，而那些有所了解的医生又不愿意认真对待神经症患者——他们把自己的病人视为装病者、骗子，甚至是女巫。正如我们讨论过的，这些病人会表现出各种各样引人注目的症状。我已经从布洛伊尔那里知道了一点……但沙尔科教会了我其他东西……一些不一样的东西。

卡　　　尔：他了解对癔症性神经症病人进行催眠的方法，也知道在催眠的影响下，症状会如何出现和消失。

弗洛伊德：如果一个人可以通过催眠消除病人的症状，那么这种症状很可能就不是由大脑损伤引起的。大脑损伤可不会因为催眠就消失。

卡　　　尔：因此，沙尔科确实为研究真正意义上的心理性精神病理学奠定了基础，与神经病理性精神病理学截然相反。

弗洛伊德：非常正确。相当正确。

卡　　　尔：您在勒戈夫街（Rue Le Goff）的布雷西尔酒店（Hôtel Brésil）安顿了下来。

弗洛伊德：酒店位于 cinquième arrondissement（*第五区*），就在卢森堡公园（Jardin du Luxembourg）和先贤祠（Panthéon）之间。顺便说一句，离索邦大学（Sorbonne）也很近。

卡　　　尔：之前，您从未在奥地利以外的地方长时间停留过。

弗洛伊德：确实没有那次这么长时间。没错。

卡　　　尔：在巴黎逗留期间，您的法语能力想必有了很大的提升。

弗洛伊德：当然，我的法语熟练到足以帮沙尔科做翻译工作了。

卡　　　尔：沙尔科*导师*很快就产生了影响。

弗洛伊德：他教了我很多关于临床神经病学和神经症的知识。此外，更令我高兴的一点是，尽管他在圣日耳曼大道（Boulevard Saint-Germain）上有一幢豪华的宅邸，但他也出身贫寒。你知道，他的父亲曾是个马车制造匠。但这并没有阻碍沙尔科的发展。他一路晋升，在法兰西学院（Collège de France）获得了教授职位，并成为萨尔皮特里埃医院杰出的医生，身边聚集着许多来自世界各地的优秀医生。

卡　　尔：我相信沙尔科在医院里拥有相当不错的设备。

弗洛伊德：当然。他有一个解剖学和生理学研究实验室，一个眼科诊疗室，一个存放标本（大脑样本）的病理博物馆，还有一个摄影工作室——因为他经常拍摄他的病人和他们的症状，比如面瘫、肌肉收缩……

卡　　尔：我想，他甚至有一个用来制作石膏模型的工作室，还有一个提供水疗和电疗的科室。

弗洛伊德：很明显，你看过我的报告了。

卡　　尔：嗯，是的……

弗洛伊德：那真是个不错的地方，氛围很好。充满活力，不像梅纳特在维也纳综合医院的病房，我觉得那里非常无聊，死气沉沉。

卡　　尔：沙尔科非常擅长表演。

弗洛伊德：他都可以和莎拉·伯恩哈特匹敌了。

卡　　尔：看过他们俩在"舞台"上的表演，您就会知道。

弗洛伊德：对。这个想法很有意思。但沙尔科的讲座和演示确实让我们看得津津有味。他让人把病人带进来展示，就如同演员从剧院的侧幕登台亮相一般。接着他会展示病人的症状。而且有时，他还能通过暗示和催眠让症状消失。

卡　　尔：您在萨尔皮特里埃医院一开始是做一些非常基础的神经病理学研究工作。

弗洛伊德：是的，我研究了儿童大脑的继发性萎缩和退化。沙尔科有很多标本——尸检标本。然后我和一位俄罗斯访学者，来自莫斯科的利韦里·达尔斯彻维奇（Liverij Darkschewitsch）医生一起研究延髓的后柱。我们在 *Neurologisches Centralblatt*（《神经病学中央杂志》）上发表了我们的工作。他后来因对后连合核的描述而声名大噪。你懂神经解剖学吗？

卡　　尔：我只了解您所知道的冰山一角，*教授先生*。

弗洛伊德：后连合是脑导水管中的一组纤维，它连接脑室，使脑脊髓液能够在大脑中流动。

卡　　尔：如今我们有扫描设备——一种非常强大的 X 射线设备，叫作磁共振成像仪。

弗洛伊德：当然，在我生活的那个年代就已经有 X 射线了，它是由威廉·伦琴（Wilhelm Röntgen）发明的。但是我想你们现在的设备功能更强大。

卡　　尔：嗯，我认为当代神经解剖学家轻松得多，因为他们可以瞬间拍摄到大脑中的一切。但在您所处的那个年代，所有工作都得靠手工完成，完全基于临床检查和对样本的尸检分析。您、沙尔科还有那个俄国人，达尔斯彻维奇……嗯，你们确实在神经学领域开展了真正具有开创性的工作。相当了不起。

弗洛伊德：在跟随沙尔科工作的那段时间，我开始喜欢上了临床演示，甚至可能比研究工作还要喜欢，这让我感到惊讶。沙尔科向我展示了鲜活的病人，而梅纳特和维也纳的其他人……他们只是让病人躺在床上——毫无生气。但沙尔科带来了生机与活力。而且沙尔科从未停下探索的脚步。

卡　　尔：和我说说您在巴黎的日程安排吧。

弗洛伊德：星期一，沙尔科*导师*会发表公开演讲。

卡　　尔：您形容那些讲座真的很完美。

弗洛伊德：是的，非常棒。真的，非常棒。

卡　　尔：那星期二呢？

弗洛伊德：星期二，我们有 consultation externe，或者说外部会诊，沙尔科的各个助手会将病例呈交给他检查。星期三，我们都会观摩帕里诺医生……亨利·帕里诺（Henri Parinaud），一位眼科专家。他会在沙尔科导师在场的情况下进行眼部检查。然后在星期四和星期五，沙尔科会巡视病房，他对我们的研究项目很感兴趣。我尽量每时每刻都和他在一起。有时我不得不自己检查病人，而沙尔科就站在我旁边，看着我……

卡　　尔：除了癔症，您还见过什么样的病例？

弗洛伊德：很多。很多。让我想想……遗传性肌肉萎缩、梅尼埃病、多发性硬化症、脊髓痨、舞蹈病、抽搐、部分性癫痫……沙尔科给了我很多帮助、很多指导。

卡　　尔：您师从的是最优秀的人。而且，想必您也从沙尔科的许多学生那里学到了不少东西吧——他们都是相当博学的人……

弗洛伊德：我们有约瑟夫·巴宾斯基（Joseph Babinski）。他是个单身汉。如果我没记错，他祖籍是波兰。他对催眠非常了解。当然，对于基础神经学也很在行。

卡　　尔：巴宾斯基反射？大概是以您曾经的这位同事命名的吧？

弗洛伊德：是的，就是那个巴宾斯基。他发现了正常足底反射的一种病理性变异，这种变异为我们判断皮质脊髓束是否受损提供了证据。和沙尔科一样，他也识别出了多种神经病理学病症。

卡　　尔：有时候那感觉肯定就像置身于一家糖果店一样。有那么多尚未被探索的美食……

弗洛伊德：这个比喻可不太恰当。神经系统疾病可不是什么美食。病人遭受了很多痛苦。

卡　　尔：当然。我的意思是，在那之前，医生确实极少详细记录任何有关症状学方面的内容，因此，对于有抱负的神经科医生来说，有那么多可供探索的广阔领域。

弗洛伊德：我明白。你知道吗？巴宾斯基后来成了教授，就像沙尔科*导师*一样。他还成了一名剧作家。当然，我从没看过他的剧作，但我们听说过。我想那部戏讲的是一位教师谋杀了一名年幼的学生……差不多是这样的情节。这部剧从未在维也纳上演过！

卡　　尔：那您是怎么听说的呢？

弗洛伊德：可能是一个年轻的法国人安德烈·布勒东（André Breton）和我提到过。他到维也纳来见我。Un surréaliste, je crois（*我想他是一个超现实主义者*）。

卡　　尔：是的，他与被称为超现实主义的艺术运动有着紧密的联系。

弗洛伊德：我更喜欢列奥纳多和米开朗基罗（Michelangelo）那种水准的艺术家。

卡　　尔：既然您提到了这件事，您知道吗？我记得好像读过一些关于巴宾斯基写的那部剧作的内容。是的，我记得他出席了首场演出，为了伪装自己而戴了假胡子。

弗洛伊德：我一直认为，在观众席上看到的东西往往比在舞台上看到的要有趣得多。

卡　　尔：即使是非凡的伯恩哈特的演出？

弗洛伊德：好吧，那是另一回事。

卡　　尔：说回巴宾斯基……他和您一样对癔症感兴趣。

弗洛伊德：沙尔科手下的人都对癔症感兴趣。

卡　　尔：您确切地发现了，男性和女性一样，也有可能患上癔症性神经症。

弗洛伊德：根据你对古希腊语的了解，你应该知道癔症这个词源于 hysteron——意思是"子宫"——因此人们一直认为这肯定是一种女性疾病。但我们看到了得癔症的男人。我们之前已经提到过我的病人"奥古斯特·P."，那个雕刻师。

卡　　尔：人们会觉得沙尔科是一个真正的神话终结者。

弗洛伊德：Was ist ein（*什么是*）"神话终结者"？

卡　　尔：您知道，就是一个挑战我们传统观念的人。他质疑是否只有女性才会患癔症。他质疑癔症是否真的存在，而如果存在，它是否实际上可能只是一种装病行为。而您通过您的精神分析工作，也会成为一个神话终结者。

弗洛伊德：我理解了。

卡　　尔：沙尔科很明显地引导您去研究神经症，不是吗？

弗洛伊德：确实。他告诉我，解剖学的研究实际上已经近乎完备了，在那个领域里，我们几乎已经知晓了所有需要了解的东西。但是神经症……

卡　　尔：是尚未得到探索的领域？

弗洛伊德：有一次，在一场*社交聚会*上，我无意中听到了沙尔科和布鲁阿代尔教授的对话……

卡　　尔：那位巴黎停尸房的负责人？

弗洛伊德：是的。沙尔科和布鲁阿代尔讲了一对夫妇的事——那位妻子……病得很重，而丈夫……阳痿很严重。沙尔科变得非常激动，他上蹿下跳地解释道："c'est toujours la chose génitale, toujours . . . toujours . . . toujours."

卡　　尔：这句话在精神分析文献中被大量引用。"总是和生殖器有关，总是……总是……总是。"

弗洛伊德：总是和生殖器有关。好吧，这让我想起了布洛伊尔医生对伯莎·帕彭海姆的治疗……她是如何爱上他的，她又如何认为自己怀了他的孩子——当然那是一种癔症性妊娠——但这些观察让我意识到，性生活方面的异常可能是导致神经症的一个非常关键的因素。

卡　　尔：那时的医生会忽视这些女人……还有男人……就像我们说过的

那样。

弗洛伊德：或者他们会进行一些奇怪的治疗，比如盆腔按摩、往生殖器上喷水……甚至会对生殖器进行手术。

卡　　尔：而您知道，就性方面的问题进行一次简单的私下交谈或许会更有效。

弗洛伊德：嗯，我那时就已经隐隐觉得，恐怕就是这么回事。

卡　　尔：您与布洛伊尔和沙尔科这两位伟大的医生关系密切，但他们都在某种程度上脱离了维也纳和巴黎正统医学的主流……

弗洛伊德：这是非常真实的评价。沙尔科在巴黎或许有着皇帝般的权威，但在维也纳肯定不是这样。奥地利人对沙尔科多少还是有些怀疑的。布洛伊尔从未真正属于主流群体。他把时间都花在了那些富有的病人身上，根本无暇成为一位学术领袖。这也不符合他的性情。所以我是向两位德高望重却又特立独行的人学习的。而且是的，我开始形成新的想法，一些激进的、不受欢迎的想法……关于性的想法。

卡　　尔：我们知道，这两位先生各自都对您产生了巨大的影响，因为几年后，当您和您的妻子为人父母时，您给你们头两个孩子起名叫作……

弗洛伊德：我们的第一个孩子，一个女孩，玛蒂尔德（Mathilde）。她于1887年出生……是的，我以布洛伊尔妻子的名字给她命名。

卡　　尔：还有您的第二个孩子，男孩让-马丁，出生于1889年。您以让-马丁·沙尔科（Jean-Martin Charcot）的名字为他命名。

弗洛伊德：是的，但当然，大家都叫他马丁——朴实，简单。让-马丁这个名字肯定不适合一个奥地利男孩。

卡　　尔：然而你却以这样的方式让这两位伟大的教师和导师名垂后世了。

弗洛伊德：*正确*。

卡　　尔：我知道梅纳特和其他许多维也纳人都对催眠抱有极大的怀疑。

弗洛伊德：是的，但沙尔科导师不是这样。他教给我 le grand hypnotisme（伟大的催眠术）。这对我之后的工作很重要。

卡　　尔：总而言之，您在巴黎待了大约四个半月。您请求沙尔科允许您把他的演讲翻译成德语。

弗洛伊德：他很友善地同意了我的请求。

卡　　尔：我真心希望，除了在萨尔皮特里埃医院的所有工作之外，您也能抽出时间以游客的身份来享受在巴黎的时光。我们知道您看过莎拉·伯恩哈特的舞台演出，您也光顾了小餐馆，等等。

弗洛伊德：是的，我还去了卢浮宫。毫无疑问，卢浮宫。而且我有幸观看了伟大的 diseuse（独白艺人）伊薇特·吉尔贝（Yvette Guilbert）的表演。

卡　　尔：我不知道人们是否能理解 diseuse 这个词的意思。

弗洛伊德：吉尔贝夫人会讲故事——她边说边唱，不知道你能不能明白我的意思。她不能被称为一位伟大的歌唱家，不是那种歌剧演唱家，然而，尽管如此，她唱得非常好。她把歌词演绎得十分优美……令人着迷。伊薇特能掌控全场并带来快乐。也许有人会说她是"卡巴莱①（cabaret）" artiste（艺人）？

卡　　尔：她成了您的好朋友。在您后来人生的很长一段时间里，您都和她保持着联系。

弗洛伊德：她是一位出色的表演者，嗓音美妙动人。我觉得她很迷人。你知道，亨利·德·图卢兹－劳特累克（Henri de Toulouse-Lautrec）为她画过像，人们完全能理解为什么他会为她画像。

卡　　尔：您当时并不知道吉尔贝夫人的侄女有一天会成为您女儿安娜·弗洛伊德的挚友，也会成为您的病人。

弗洛伊德：伊娃·罗森菲尔德（Eva Rosenfeld），吉尔贝的侄女。是的，我对

---

① 一种歌厅式音乐剧，通过歌曲与观众分享故事或感受，演绎方式简单且直接，不需要精心制作的布景、服装或特技效果，纯粹以歌曲最纯净的一面与观众交流。——译者注

伊娃进行了精神分析。谁能料到呢？

卡　　尔：世界真小。

弗洛伊德：看起来是这样。

卡　　尔：从巴黎回来后，您还有一些从旅行奖学金中获得的资助金可用。所以您去柏林待了几个星期。

弗洛伊德：我于1886年1月抵达柏林。那时我还不到30岁，但也快了！

卡　　尔：和我说说您在柏林的经历吧。

弗洛伊德：德国人对催眠、癔症和创伤没什么兴趣。

卡　　尔：您在柏林的经历更传统一些，那里没有伟大的沙尔科导师来激励您。

弗洛伊德：我利用在柏林的时间学习了更多的神经学知识，结识了其他神经科医生，也增加了我对儿童大脑的了解——你看，我对这方面的兴趣与日俱增。

卡　　尔：我相信您在柏林也检查过一些儿童病人。

弗洛伊德：伊曼纽尔·门德尔（Emanuel Mendel）教授，还有阿尔贝特·奥伊伦堡（Albert Eulenburg）教授，甚至还有巴金斯基……阿道夫·巴金斯基（Adolf Baginsky）医生——这些人允许我去他们的门诊，在那里我接触到了患有神经疾病的儿童。特别是巴金斯基医生，他给我留下了深刻的印象。你知道他编辑了 *Archiv für Kinderheilkunde*（《儿童疾病文献》）。

卡　　尔：那本儿科期刊。

弗洛伊德：没错。他是一个非常有影响力的人。我还见到了他的弟弟本诺·巴金斯基（Benno Baginsky）医生，他向我展示了他制作的听神经切片。非常有趣。我甚至参观了内森·尊茨（Nathan Zuntz）的农业实验室，他是柏林一所高等院校——你可以称之为皇家农业学院（Royal Agricultural College）——的教授。

卡　　尔：德国神经学家，和他们的奥地利同行颇为相似，对法国医生进行了猛烈批评。

弗洛伊德：他们中的一些人——特别是像柏林夏利特（Charité）医院的赫尔曼·奥本海姆（Hermann Oppenheim）这样的人——对新思想缺乏耐心。你知道，他后来成了精神分析的强烈反对者。从他先前对沙尔科和其他人的反应来看，我应该预见到这一点。

卡　　尔：总而言之，您充分利用了您在欧洲大陆的游历。您结识了各种各样有着不同理论背景的同行。您学到了很多，也提高了自己的临床技能。

弗洛伊德：我也写了很多论文。那是一段成果丰硕的时光。我还为各种出版物撰写医学文献摘要，并且承担了更多的翻译工作。是的，我让自己过得非常充实且富有成效。

卡　　尔：所以，您最终回到了维也纳，准备开启新的生活。

弗洛伊德：我这时已经决定，我终于要结婚了，而且我要开办自己的第一家私人咨询诊所。拥有属于自己的办公室。1886年复活节那天，我真这么做了，在市政厅街（Rathausstraße）7号开了自己的诊所。《新自由报》的晨报上还刊登了一则小小的广告。

卡　　尔：这是您最喜欢的报纸。

弗洛伊德：我想人们已经买不到这份报纸了吧？

卡　　尔：是的，它于1939年停刊了。

弗洛伊德：希特勒破坏了太多，太多。

卡　　尔：很遗憾，确实如此。但是告诉我们，弗洛伊德教授，您是如何开办起自己的私人诊所的？病人是怎么找到您的诊所的？

弗洛伊德：一开始我的病人很少。你知道，我的妹妹们……当时她们中只有四个人还住在维也纳，因为我最大的妹妹那时已经去了美国……嗯，她们经常坐在市政厅街的候诊室里，假装成病人。然后，如果真有病人碰巧前来咨询，她们可能会自言自语说："天哪，这位弗洛伊德医生可真受欢迎。我一定要把他推荐给我的朋友们。"

卡　　　尔：您的妹妹们真是太慷慨了，而且如此坚忍！

弗洛伊德：我之前一直从经济上帮衬家里，给每个人都出了不少钱。所以，他们至少在这方面是欠我人情的。

卡　　　尔：您为那些有"神经性"病症的病人提供什么样的治疗呢？

弗洛伊德：当然，我是一名神经科医生，但这让我接触到了许多看似有神经问题的癔症患者：瘫痪、惊厥、抽搐、挛缩，等等。我花了一些时间才意识到，他们中的许多人根本不需要神经科医生。他们需要的是精神分析师。但他们还得再等一段时间，因为在1886年我还没有发明精神分析。

卡　　　尔：那治疗方案是什么样的呢？

弗洛伊德：电疗和水疗，如你所料。有时我也会推荐温泉浴……当然，或者静养疗法。都是些常见的治疗方法。但我知道，光靠把病人送到水疗机构去，我是永远无法致富的。他们只会见我一次，然后就跑去做水疗了！

卡　　　尔：您早年大部分时间都生活在贫困的阴影中。

弗洛伊德：当然。我一直都在为钱发愁。总是如此。我知道组建家庭开销不会小，而且我也没有富裕的亲戚，根本没处寻求任何资助。

卡　　　尔：所以您终于结婚了。

弗洛伊德：我终于结婚了，很快我就得养活妻子和多达6个孩子。还有明娜（Minna）阿姨。

卡　　　尔：明娜阿姨，您的小姨子。

弗洛伊德：是的，没过多久，她也来和我们一起生活了。她是玛莎的妹妹。但她一直没有结婚，所以我有责任照顾她。

卡　　　尔：我们也提到到过家里的仆人。

弗洛伊德：仆人也得吃饭。所以这一切开销变得非常大。幸运的是，我的弟弟亚历山大最终成了一个有担当的人，我们一起分担了照顾母亲和未婚的妹妹多尔菲的费用。

卡　　　尔：阿道芬·弗洛伊德（Adolfine Freud）。

弗洛伊德：是的，她一直未婚。1896 年我父亲去世后，母亲需要有人陪伴，所以多尔菲——你知道，她不是我几个妹妹中最漂亮的——就承担起了这个角色。

卡　　　尔：所以，一回到维也纳，您不仅开始组建自己的家庭、开办私人诊所，而且开始开展讲座，讲授您在巴黎的工作，关于沙尔科、癔症和催眠等方面的内容。

弗洛伊德：是的，仅在 1886 年 5 月，我就做了两次关于催眠术的演讲，第一次是在维也纳的生理学俱乐部，第二次是在精神病学协会。不用说，我的那些医学界同行投来了诸多怀疑的目光。

卡　　　尔：但您坚持下来了，而且，我认为，您还与沙尔科导师保持着密切联系。

弗洛伊德：嗯，我必须这样做。我也想这么做。我做了大量的工作，把他的演讲翻译成德语，我需要随时让他了解情况。我完成了他那本书的翻译工作，甚至提前在 *Wiener Medizinische Wochenschrift*（《维也纳医学周刊》）上发表了其中的两章。这或许有助于提高我的知名度。

卡　　　尔：沙尔科送了您一套他的著作，是用皮革装订的。

弗洛伊德：非常慷慨。

卡　　　尔：但是您看，我们跳过了您的婚礼。我们都非常好奇呢。

弗洛伊德：我们在万茨贝克（Wandsbek）结的婚，你知道，那是汉堡的一个区。我们先是举行了一场世俗婚礼仪式，接着，一天后，我们在万茨贝克的犹太教堂里，拉比大卫·汉诺威（David Hannover）博士为我们主持了一场希伯来式的婚姻誓约祝圣仪式。

卡　　　尔：在 Chuppah 下面，传统的犹太彩棚下面？

弗洛伊德：是的，我们有犹太彩棚。

卡　　　尔：您戴了一枚金婚戒。

弗洛伊德：当然。

卡　　尔：您知道吗，我们还保存着您的结婚戒指，它被妥善安置在伦敦的弗洛伊德博物馆里。

弗洛伊德：哦，太好了。但我想把它拿回来。为什么人们一定要从逝者身上取下首饰呢？要知道，那枚戒指对除了我之外的任何人来说都没有什么价值。

卡　　尔：好的，之后我们再看看可以做点什么。

弗洛伊德：谢谢。

卡　　尔：您和新婚的弗洛伊德夫人一起度过了53年多的婚姻生活。这是一项了不起的成就。

弗洛伊德：其实也算不上什么成就。不过就是一场婚姻。

卡　　尔：您的婚姻引发了很多猜测。

弗洛伊德：那个叫荣格的人是不是又在四处散布不堪入耳的谣言了？

卡　　尔：嗯，他确实时不时提到，他认为您和您的小姨子明娜小姐有着不同寻常的亲密关系。

弗洛伊德：啊，胡说八道。难道一个人不能和自己的亲戚说话吗？

卡　　尔：我也犹豫要不要说给您听……

弗洛伊德：嗯……说来听听。

卡　　尔：不久前，一位来自德国的社会学家……

弗洛伊德：嗯，是。

卡　　尔：一位名叫弗朗茨·马切耶夫斯基（Franz Maciejewski）的先生……

弗洛伊德：你支支吾吾的，到底想说什么呢？

卡　　尔：唔，您还记得1898年8月，您和您的小姨子一起去恩加丁（Engadine）的马洛亚（Maloja）度假吗？

弗洛伊德：在瑞士阿尔卑斯山。*对*，我当然记得。那又怎么样？

卡　　尔：这位研究者，马切耶夫斯基博士，真的去了您当时住的施韦泽豪斯（Schweizerhaus）旅馆，他发现您和伯奈斯小姐住在一个房间里。准确来说，你们住在 11 号房，在 1898 年 8 月 13 日那晚。

弗洛伊德：这有什么好惊讶的呢？我经常和我的小姨子一起去度假。我的妻子不太喜欢旅行和长途步行。

卡　　尔：嗯，当然没什么可惊讶的。但您确实在旅馆的登记簿上签了"Dr Sigm Freud u Frau"——"西格蒙德·弗洛伊德博士及夫人"。

弗洛伊德：你要知道，我们当时住的是一间双人房。为什么要付两间房的钱呢？多年来，在维也纳的公寓里，我们一直住在相邻的卧室里。我们彼此之间没有任何秘密。

卡　　尔：我明白了。但您却以弗洛伊德博士和弗洛伊德夫人的身份进行登记。

弗洛伊德：如果不这样做，会引起酒店职员太多不必要的关注。

卡　　尔：当然。

弗洛伊德：你看这个叫马切耶夫斯基的人，还有其他所有窥探我私人生活的人……嗯，这只不过是我提出的"原初场景（primal scene）"的证据：那种非常原始的愿望——一种婴儿式的愿望——想要进入父母的卧室。我们都想知道里面发生了什么。

卡　　尔：所以您会认为这些对您私人生活的调查……

弗洛伊德：只不过是确认了原初场景的重要性。你还记得我的病人 der Wolfsmann 吧……

卡　　尔："狼人"？

弗洛伊德：他对这个部分特别关注。你可以回忆一下我的案例报告。

卡　　尔：是的，当然。

弗洛伊德：关于这一点，我们已经谈得够多了。让我们谈谈其他事吧。更重要的事。

卡　　尔：好的，弗洛伊德教授。当然。所以您回到了维也纳——这时您已经结婚了——您开始组建家庭，并着手创办自己的私人诊所。沙尔科让您接触到了各种各样的新颖且富有创造性的思想，关于癔症及其创伤性（往往与性相关）起源的思想，同时也让你了解到癔症的症状可以通过催眠来诱发。

弗洛伊德：还有男性和女性一样都会患癔症。

卡　　尔：于是您开始进行演讲，内容涉及您的工作，以及在巴黎的那段时光如何增进了您对相关领域的理解。

弗洛伊德：我回来后不久——我想是1886年10月15日——我进行了一场关于"Männliche Hysterie"的演讲……

卡　　尔：男性癔症。

弗洛伊德：对，Männliche Hysterie，讲给Kaiserliche und Königliche Gesellschaft der Ärzte（*帝国与皇家医师协会*）……

卡　　尔：医师协会。

弗洛伊德：对，在维也纳，由海因里希·冯·班贝格（Heinrich von Bamberger）教授主持。我的演讲没有得到积极的反响。但不论怎样，我坚持了下来，并发表了我的研究成果。梅纳特曾向我提出挑战，要我找到合适的病例，因此，在我们之前提到过的那位喉科医生朱利叶斯·冯·贝雷格斯扎西博士的帮助下，我找到了合适的病例。

卡　　尔：您介绍了名叫"奥古斯特·P."的病人，那个20岁的雕刻师。在我们谈话刚开始不久的时候提到过他。

弗洛伊德：是的，奥古斯特·P.有典型的癔症症状。1886年11月26日，我向医师协会报告了他的病例，此后不久，我在《维也纳医学周刊》上发表了我的发现。

卡　　尔：您的工作很快就得到了一些回应。在从巴黎回来后的几周内，您收到了许多公开演讲和演示的邀请，然后您很快就获得了发表文章的机会。如今，一个人的讲座内容即使真的能够出版，有时可能要等上1年多，甚至更久；而有些时候，根本就没机会发表。

弗洛伊德：是的，我获得了这些机会，而且抓住了它们。

卡　　尔：奥古斯特·P.这个病例真的证实了您在巴黎学到的东西。他有许多癔症症状。

弗洛伊德：是的——如果我没记错，奥古斯特·P. 有睡眠障碍、消化不良、心悸、思维奔逸、头痛以及疲劳等症状。

卡　　尔：您还证明了，这些症状在某个女人指控他偷窃后变得更加严重。

弗洛伊德：确实。这段经历——创伤性经历——使他更加抑郁，甚至有自杀的倾向。这加剧了他的心悸，还导致他身体左侧震颤。他的喉咙、胃和腹股沟也感到疼痛。他还总是做坠落的梦。虽然他有一份工作，但他无法再工作了，然后他的膝盖开始疼痛，左脚拖着步子走路……甚至他的记忆也受到了损害，他还开始耳鸣。真是一团糟！

卡　　尔：您将这种主要出现在患者身体左侧的感觉丧失称为偏侧麻木（hemi-anaesthesia）。

弗洛伊德：是的，这是典型的癔症症状。Sehr typisch（*非常典型*）。

卡　　尔：但您的同行们却持保留意见。

弗洛伊德：是的，即使我呈现了这个男性癔症的案例，同行们仍然表现出了相当多的抵触情绪。他们根本不相信男性会得癔症。

卡　　尔：从现代的观点来看，我认为，一种疾病只在一半的人群中出现，这似乎非常奇怪。毕竟，没有医生会认为只有女性才会患心脏病或癌症。遗憾的是，这些严重疾病对男性和女性都有危害。

弗洛伊德：是啊，但如果有医生拿出一个男性怀孕的病例，人们肯定会嘲笑他。在我生活的那个年代，我的同行都认为癔症只与女性生殖系统有关。

卡　　尔：就好像癔症可能是妇科问题，而不是心理问题。

弗洛伊德：完全正确。现在你明白我的困境了吧。

卡　　尔：您之前谈到了您所遭受的抵制和诽谤，但我们知道，1887年年初，就在您于维也纳做完演讲后不久，七位颇有名望的医生提名你加入医师协会，而您也确实当选了。我感觉到，尽管您有一些颇具争议的观点，但人们也开始敬重您的庄重风范以及对待目标的认真态度。他们知道您接受过布吕克、诺特纳格尔、梅纳特的精英式训练，后来又师从沙尔科……而且您发表了很多文章……

弗洛伊德： 是的，我有我的支持者。尽管如此，我并没有觉得自己得到了特别有力的支持。至少在遇到弗利斯之前是这样。

卡　　尔： 您在1887年的某个时候结识了威廉·弗利斯医生……在19世纪80年代后期和整个19世纪90年代，他在您的生活中都扮演了至关重要的角色。您能跟我们说说他吗？

弗洛伊德： 他和我一样，是个犹太人……弗利斯在柏林做耳鼻喉科医生。他有无可挑剔的科学资历，年轻时就认识赫尔曼·冯·亥姆霍兹、埃米尔·杜布瓦－雷蒙——你知道的，他们都是布吕克的同事——他还见过备受尊敬的鲁道夫·菲尔绍……在我们很多人心目中，菲尔绍是一位真正伟大的病理学家，他堪称严谨科学方法论的典范。

卡　　尔： 而弗利斯专攻耳朵、鼻子和喉咙……

弗洛伊德： 他对鼻子以及（鼻子内部的）黏膜在各种疾病成因中的作用特别感兴趣。他把鼻子看得非常重要！

卡　　尔： 这在您看起来是不是有点疯狂？

弗洛伊德： 一点也不。弗利斯研究过来自布雷斯劳（Breslau）的鼻科医生弗里德里希·沃尔托利尼（Friedrich Voltolini）的著作。沃尔托利尼对喉镜这一极为重要的仪器做了许多改进。有了这种先进的新型喉镜，人们第一次能够清楚地观察喉咙、鼻子，甚至耳朵内部的情况。因此，弗利斯对于自己现在能够恰当地对这些器官展开研究感到非常兴奋。没过多久，他便注意到，在许多病例中，都能发现鼻黏膜存在充血的情况。

卡　　尔： 您和弗利斯医生开始了长达数年的通信往来。

弗洛伊德： 而且会通过我们的"会议"来加深交流。确实是这样…… 我们有时每天都写信…… 全是很长很长的信。

卡　　　尔：只要有机会你们就会见面。你们时不时就会见面，进行这种"会议"。

弗洛伊德：是的，没错。威廉会认真地对待我的想法，而且我也愿意相信，我同样认真地对待他的工作。

卡　　　尔：您觉得自己得到了认可。

弗洛伊德：可以这么说。

卡　　　尔：后来的许多历史学家认为，您与弗利斯医生的通信有点像您的自白式精神分析。您不仅写信告诉他您的临床病例和理论观点的发展，您还与他分享了大量非常私人的信息。关于您童年的信息。关于您的婚姻。

弗洛伊德：确实是这样的。我无法用如此坦率的方式与其他任何人交谈。

卡　　　尔：弗利斯住在柏林，当您和他"说话"时，您见不到他，这对您有帮助吗？有点类似于分析师和病人之间缺乏视觉接触？

弗洛伊德：你试图探索我是否真在弗利斯那里做过精神分析。

卡　　　尔：嗯，我在想，如果弗利斯就住在维也纳，就在您附近，你们在学术和私人层面上的情谊会发生怎样的变化。

弗洛伊德：我明白你的意思。你或许说得对。我不知道。你可能是对的。但更有可能的是，威廉和我都感觉到，我们俩都有一些特立独行的想法。新的想法。不走寻常路：他在耳鼻喉科领域，而我……嗯，不完全是在神经学领域……而是走向了心理学。

卡　　　尔：我们知道，至少早在 1887 年 11 月 24 日，你们就开始通信了。

弗洛伊德：是这样吗？我不太记得了。

卡　　　尔：我们也知道，您和他之间这种亲密的关系是过了一段时间才得以深化的。直到 1892 年，您才开始使用更随意的德语称呼方式。

弗洛伊德：用"Du（你）"来称呼，而不是"Sie（您）"①。

---

① Du 是德语中的非正式称呼，用于称呼熟悉、亲近的人；Sie 是德语中的正式称呼，用于称呼不太熟悉的人。——译者注

卡　　尔：是的。在那之前，你们写的信要正式得多，至少在你们对彼此的称呼方面是这样。

弗洛伊德：我们成了亲密无间的朋友。有人可能会说，我们的友谊中带有同性恋的成分。这是同性恋力比多的投注。

卡　　尔：你们之间感情深厚。而且您会把自己的研究发现告诉他。他既是您的朋友，也是您的精神分析师，或许还可以算是您的临床督导。比如，在很早的时候，您曾写信给弗利斯医生，说您开始采用催眠术，将其作为您临床工作的一个特色。

弗洛伊德：他对我的催眠工作很感兴趣。而这激励着我更全面地研究催眠。

卡　　尔：当然，您还得到了约瑟夫·布洛伊尔的支持。

弗洛伊德：布洛伊尔更像一个父亲，或者哥哥的角色，你知道的。我得到了他的支持。但他始终无法消除对疾病的性因素的戒心。而相比之下，弗利斯则毫无障碍地将性因素视为一种致病原因。在与威廉谈论性议题时，我从未有过丝毫的犹豫或紧张。

卡　　尔：一方面得到布洛伊尔的助力，一方面受沙尔科的影响，而最近又在很大程度上得益于弗利斯的帮助，您已然开始成为神经症领域里的"go-to" man 了。

弗洛伊德：什么是"go-to" man？

卡　　尔：就是一流专家。

弗洛伊德：是的，我成了癔症和催眠术方面的"一流专家"。至少在维也纳是这样。

卡　　尔：1888 年，您为一本著名的医学教科书撰写了一篇关于癔症的重要文章。

弗洛伊德：阿尔贝特·维拉雷特（Albert Villaret）的医学手册。那是一本非常重要的出版物。

卡　　尔：您将癔症描述为"die bête noire der Medizin"——"医学的 bête noire（灾星）"——您指出，在过去的几个世纪里，患癔症的人会被绑在火刑柱上烧死或被施以驱魔之术。癔症患者受尽了嘲笑讥讽，许多医生认为这些病人只不过是爱夸大其词的装病者，不值得进行科学研究。

弗洛伊德：是的，我在尝试将科学引入对癔症的研究。

卡　　尔：而在这篇文章中，您真的冒了很大的风险，提出了癔症症状不符合解剖学规律的观点，事实上，病人可能会突然出现瘫痪、麻痹等症状，而没有相应的生物物理原因。

弗洛伊德：因此，既然没有真正的医学原因，就必须寻找心理学的解释。

卡　　尔：您会把这段时期描述为多产的时期吗？就婚姻方面来说肯定是多产的，在您的专业工作方面也是如此吗？

弗洛伊德：是的，我那时已经开始有所产出、有所发现，开始写作，开始发表文章。是的，我会工作很长时间，常常工作到深夜，我真的全身心地投入到了自己的研究中。

卡　　尔：我认为，您不仅从与弗利斯医生的定期通信中获得启发，而且在这个时期接触到了法国人伊波利特·伯恩海姆（Hippolyte Bernheim）的作品。

弗洛伊德：伯恩海姆，对。他那本关于暗示的书……书里的大部分内容都是关于催眠暗示的，你明白的……1886年在巴黎出版。大约在1888年，如果我没记错，我开始将伯恩海姆的作品从法语翻译成德语。这一切都进展得很迅速。

卡　　尔：伯恩海姆的书 *De la suggestion et de ses applications à la thérapeutique*（《论暗示及其在治疗学上的应用》）确实帮助您更加深入地钻研催眠术。这是延续了沙尔科的传统吗？

弗洛伊德：是的，有人可能会说，法国人那时已经开始形成一个流派了，尽管沙尔科和伯恩海姆的工作是完全独立的。但可以肯定的是，他们在催眠术对治疗神经症的疗效方面持有一些共同的观点——相较于那些无效的外科治疗和药物治疗而言，这是一个巨大的进步。

卡　　尔：您为伯恩海姆这本书的德文版写了译者序，在序言中，您非常坚定地指出，医生们再也不能忽视催眠这个课题了。您甚至提到您以前的教师、维也纳首席精神病学家，Hofrat（宫廷顾问）特奥多尔·梅纳特曾将催眠术称为"Gloriole der Abgeschmacktheit"。

弗洛伊德：翻译过来就是"平淡无味的光环"。

卡　　尔：有些人可能会觉得你这样做相当有胆量。

弗洛伊德：是的，我是在梅纳特去世之前写的。但你看，有威廉和伯恩海姆及其他人的支持，我就有了说出真相的勇气，并且分享我的临床和研究经验。催眠确实开始对神经症病人产生疗效，所以我不过是说出了实情。

卡　　尔：您在这段时间有一些非常重要的经历。首先，您去法国见了伊波利特·伯恩海姆，您翻译了他的作品。

弗洛伊德：是的。那其他经历呢？

卡　　尔：您开始治疗一个叫范妮·莫泽（Fanny Moser）的中年女性。她是个非常严重的癔症患者。您运用了许多在受布洛伊尔、沙尔科、伯恩海姆影响之后所获得的新知识和新经验来为她治疗。

弗洛伊德：但你是怎么知道她的名字的？在我那本关于癔症的书中，我把她写成了"艾米·冯·N.（Emmy von N.）"。

卡　　尔：就像我之前在我们的访谈中提到的，研究人员已经极为细致地研究过您的论文了，因此我们现在几乎知道了您所有病人的名字，包括莫泽夫人。

弗洛伊德：好吧，作为一名医生，我仍然有维护医疗裁量权的义务，所以此后，请务必用虚构的名字来称呼每一位病人。

卡　　尔：我们会在适当的时候谈到"艾米·冯·N."的，因为她将出现在您1895年与布洛伊尔医生合著的《癔症研究》一书中。

弗洛伊德：*很好！*我确实去了法国东北部的南希（Nancy），在那里，伯恩海姆亲自教我催眠术。

卡　　　尔：此外，1889年，您参加了在巴黎举行的国际催眠大会，伯恩海姆也参加了。

弗洛伊德：沙尔科*导师*也来了。再次见到他我非常高兴！

卡　　　尔：还有许多其他人：您在萨尔皮特里埃医院认识的约瑟夫·巴宾斯基，还有安布鲁瓦兹 – 奥古斯特·利博尔（Ambroise-Auguste Liébeault）和约瑟夫·德尔波夫（Joseph Delboeuf）……甚至还有哈佛大学的威廉·詹姆斯（William James）教授。我想还有法国人阿尔弗雷德·比奈（Alfred Binet）。

弗洛伊德：是的，来了相当多的人，特别是法国人和瑞士人——当然，还有奥古斯特·福雷尔（Auguste Forel）教授，我还评论过他的著作。他们都非常非常认真地对待催眠术。

卡　　　尔：当然，我刚刚意识到，1889年12月7日，您妻子生下了你们的第二个孩子。

弗洛伊德：也是我的第一个儿子，让 – 马丁。

卡　　　尔：这个孩子是以沙尔科的名字命名的，我们已经说过了。就在几个月前，您刚见过您的*导师*。所以，总的来说，这段时间，无论是在家庭还是学术研究方面，对您来说都是一个多产的时期。

弗洛伊德：我想是时候再抽一支雪茄了。

10

释放情绪：如何治疗癔症

卡　　尔：在 19 世纪 90 年代初的很长一段时间里，您都在大力开展神经学方面的研究工作。

弗洛伊德：神经学，是的。我尤其对儿童神经学感兴趣，但对成人神经学也有所关注。

卡　　尔：我们已经讨论过您在 1891 年发表的关于失语症的专著。

弗洛伊德：说来惭愧，那本书只卖出了 257 本，你已经知道了。

卡　　尔：但您还发表了很多其他神经学方面的文章。您曾为 Archives de

Neurologie（《神经学文献》）——这可是一份法国顶尖期刊——和《神经病学中央杂志》撰稿。

弗洛伊德：确实如此。我在儿童研究领域做出了多方面的贡献。我相信我可能是第一个发现一种特殊的儿科神经症状的人——偏盲，这是一种视觉症状。1888 年，我在《维也纳医学周刊》上发表了这一发现。

卡　　尔：《维也纳医学周刊》——不小的荣誉。给我们讲讲偏盲吧。

弗洛伊德：想必你的读者不会对此感兴趣的。从本质上讲，正如其名所示，这是一种儿童视力出现半侧——或者说"偏侧"——的缺陷。这十分令人苦恼。这些孩子会出现一只眼睛一半视野模糊的情况。有时他们甚至会失明。非常悲惨。

卡　　尔：太可怕了。我想您和您的医生同行当时并没有足够有效的办法来治疗这类视觉障碍吧。

弗洛伊德：没有，完全没有。

卡　　尔：您显然对神经学充满热情，也很有天赋。您为什么不继续做个纯粹的神经科医生？

弗洛伊德：我确实写过关于神经学的文章，这没错……但我写的内容比较特别。

卡　　尔：特别？

弗洛伊德：当然，我做出了一些在旁人看来堪称典型的贡献，但在我撰写的神经学文章中，我论证了，比如运动性瘫痪，其病因可能是器质性的，也可能是癔症性的。

卡　　尔：您做了一项比较研究。

弗洛伊德：是的。我在为《神经学文献》撰写的文章中报告了这一发现。这篇文章发表在 1893 年 7 月的那期杂志上，我不禁设想，沙尔科导师看到了这篇文章，甚至可能马上就读了，因为在那之后不久，他就在 1893 年 8 月 16 日与世长辞了。

卡　　尔：还有您发表在《神经病学中央杂志》上的文章……嗯，那篇文章颇具奠基意义。

弗洛伊德：是的，我和布洛伊尔一起发表了一篇关于癔症的初步报告，不过大部分工作都是我完成的。你看，我们后来称之为初步报告的这篇文章，确实综合了我们在癔症心理学方面的研究成果。

卡　　尔：好吧，也许我们稍后可以更全面地讨论这个问题。

弗洛伊德：当然。我随时听你吩咐。你一定要告诉我你想了解些什么。

卡　　尔：我一直私下认为，1892 年和 1893 年这两年——虽然经常被研究弗洛伊德的历史学家所忽视——对您个人产生了强烈的影响。

弗洛伊德：你具体是怎么想的？

卡　　尔：我非常清楚，作为夫妻，您和弗洛伊德夫人生育的子女越来越多——在 1887 年生下玛蒂尔德，1889 年生下让－马丁之后，你们很快又接连生了三个孩子。您的儿子奥利弗（Oliver）于 1891 年 2 月出生，另一个儿子恩斯特（Ernst）于 1892 年 4 月出生，不久之后，您的女儿索菲（Sophie）又在 1893 年 4 月出生了。

弗洛伊德：开销一下子大多了！

卡　　尔：添了三个新成员，您的生活发生了许多变化，但是您也不得不承受许多人的离去，因为很多您以前的导师和教授在这段时间都相继去世了。布吕克教授于 1892 年 1 月离世，随后梅纳特教授于 1892 年 5 月去世……

弗洛伊德：还不到 60 岁。

卡　　尔：确实很年轻。然后在 1893 年 8 月，沙尔科导师去世了，1894 年 2 月，您的外科导师比尔罗特教授也去世了。

弗洛伊德：他才 64 岁。

卡　　尔：还有您在布吕克实验室的密友兼同事，冯·弗莱施尔－马克索夫医生，于 1891 年 10 月去世，年仅 45 岁。

弗洛伊德：他在解剖时割伤了自己的拇指，导致血液中毒，后来他的拇指被截肢。为了止痛,他对吗啡上瘾了,我试着用可卡因帮他……我已经说过了。

卡　　尔:真是一个巨大的悲剧。

弗洛伊德:是的,一个巨大的悲剧。

卡　　尔:我想知道,您生育了这么多健康的孩子,还发表了大量作品,是否因此有很强的成就感?同时,在这么多导师离世之后,您是否也享受那种随之而来的自由?

弗洛伊德:你显然读过我关于俄狄浦斯情结的作品,以及小男孩想杀死父亲的愿望——即使是一位被深爱的父亲。的确如此。一个男人在某个时候必须超越自己的父亲。

卡　　尔:我觉得你给孩子们起的名字都非常合适。

弗洛伊德:我对起名的喜爱可以追溯到我父母曾希望我为我的弟弟亚历山大起名。

卡　　尔:是的,我们已经讨论过了。那您是怎么给您的孩子们起名的?

弗洛伊德:嗯,当然了,我妻子参与了讨论,但最后她允许我用我生命中非常重要的人的名字给孩子们命名。

卡　　尔:玛蒂尔德,您的第一个孩子,您以布洛伊尔医生的妻子的名字给她命名,然后是让 – 马丁,当然,取自沙尔科导师的名字。

弗洛伊德:是的。我们给我们最小的儿子起名为"恩斯特",是为了纪念布吕克教授。

卡　　尔:当然。

弗洛伊德:他是我尊敬的老师,曾给予我诸多帮助。

卡　　尔:也许您给恩斯特起这个名字也是为了纪念冯·弗莱施尔 – 马克索夫?毕竟,您曾得到过两位名叫"恩斯特"的人的指导。

弗洛伊德:也许吧。

卡　　尔:恩斯特·冯·弗莱施尔 – 马克索夫死于 1891 年 10 月 22 日,恩斯特·威廉·冯·布吕克死于不久之后的 1892 年 1 月 7 日,当时您的妻子正怀着你们的第四个孩子。然后在 1892 年 4 月 6 日，一个男婴出生了，所以——完全可以理解——您叫他"恩斯特"。

弗洛伊德： 你肯定做了不少功课……也许都有点强迫了。

卡　　尔： 还有索菲尔……

弗洛伊德： 索菲尔……我心爱的索菲尔……你知道她英年早逝。她的离世至今仍让我无法释怀。

卡　　尔： 我只能试着去想象您的悲痛，*教授先生*。

弗洛伊德： 对父母来说，没有什么比失去孩子更痛苦的事了。没有什么事。世上没有比这更大的悲剧了。

卡　　尔： 当然。

弗洛伊德： 我们给索菲起这个名字——还是为了让我开心——是用我从前的宗教老师塞缪尔·哈默施拉格的侄女的名字来命名的。他有个侄女叫索菲。

卡　　尔： 哦，是吗？

弗洛伊德： 她叫索菲·施瓦布（Sophie Schwab）。她嫁给了约瑟夫·帕内特（Josef Paneth）。

卡　　尔： 帕内特成了一位著名的生理学家。我相信您和约瑟夫·帕内特曾一起在冯·布吕克教授手下共事过。

弗洛伊德： 我们确实共事过。

卡　　尔： 说回哈默施拉格……

弗洛伊德： 嗯？

卡　　尔： 您真的非常敬重塞缪尔·哈默施拉格和他的整个家族。

弗洛伊德： 当然，我从未成为一个宗教徒，但你知道，我一直都很感激优秀的老师，在我很小、极易受影响的年纪，哈默施拉格激发了我对学习的热爱。

卡　　尔： 您和哈默施拉格家族的许多其他成员都有很多联系。正如您告诉我的，您老师的儿子保罗·哈默施拉格（Paul Hammerschlag）娶了约瑟夫·布洛伊尔的女儿伯莎·布洛伊尔。

弗洛伊德： 你确实很强迫。

卡　　尔： 这能帮助我理解在您所处的背景环境中，知识是如何传承的。

弗洛伊德： 不管怎么说，作为一名维也纳医生，我当然认识了很多人。哈默施拉格家的人交际很广，你知道的。他的一个儿子帮我校对了我翻译的关于沙尔科的讲座内容的那本书，另一个儿子与古斯塔夫·马勒（Gustav Mahler）成了朋友，等等。但是对老哈默施拉格，我尤其怀有最深的敬意。

卡　　尔： 所以玛蒂尔德、让－马丁、恩斯特和索菲……

弗洛伊德： 是的，我用老师的名字，或者我老师或导师的女性家庭成员的名字给他们命名。

卡　　尔： 当然，除了您的儿子奥利弗。

弗洛伊德： 还有，别忘了我的女儿安娜。

卡　　尔： 嗯，因为我们还在说 19 世纪 90 年代初期……

弗洛伊德： 所以，她还得等等。

卡　　尔： 但是说回奥利弗……我相信，他的名字能让我们深入了解您当时的心境。

弗洛伊德： 哦，你真这么觉得吗？

卡　　尔： 我猜，您是以奥利弗·克伦威尔（Oliver Cromwell）的名字为他命名的，那个推翻了长期存在的英国君主制，并批准处决国王查理一世（King Charles I）的人，我没猜错吧？

弗洛伊德： 我明白你的意思了。我和其他人——布洛伊尔、沙尔科、布吕克、哈默施拉格——都有私交，但和克伦威尔没有。

卡　　尔： 是的。人们会觉得克伦威尔确实深深吸引了您……不仅是因为他杀了一个国王——一个父亲般的人物——还因为他推翻了旧政权，建立了新政权——而这正是您在医学和心理学领域努力想要做到的事。

弗洛伊德：是的，不过我倒希望我发起的这场革命不像克伦威尔那么血腥。

卡　　尔：而且我相信您也知道，克伦威尔帮助犹太人重新回到了英格兰。这有没有让您对他更加钦佩呢？

弗洛伊德：难道这还不足以让你对他更加钦佩吗？犹太人已经被逐出英格兰数百年了。

卡　　尔：早在13世纪晚期，爱德华一世就将犹太人赶出了英格兰。

弗洛伊德：而克伦威尔又把他们带回来了。

卡　　尔：一些历史学家认为，克伦威尔支持犹太人重返英格兰并不是出于对他们本身的关爱，而是为了吸引阿姆斯特丹富有的犹太商人来到英格兰。

弗洛伊德：也许是的。也许是这样。但不管他的动机是什么，他确实做到了这件事。

卡　　尔：我看得出来，您和奥利弗·克伦威尔之间有着强大且富有意义的联结。

弗洛伊德：你忘了提到，克伦威尔身为一个英国人，很让我欣赏。我一直都非常钦佩英国人。

卡　　尔：当然，您同父异母的哥哥埃马努埃尔和菲利佩已经移民到了英国曼彻斯特地区，您有时会去看望他们。

弗洛伊德：是的，这激起了我毕生对前往英国的向往。当我们1938年离开维也纳时，我们得到了在伦敦定居的许可，这让我非常高兴，毕竟可以选择的地方那么多，而我们偏偏能定居在伦敦。我不愿意离开我生活了这么多年的家——但我不得不离开，原因你知道的，而且我再也找不到比英国更让我感到愉快自在的地方了。你的同胞们允许我在伦敦定居，这样我就能在自由中度过余生直至离世。

卡　　尔：如果克伦威尔没有让犹太人重返英国……

弗洛伊德：我也许就无家可归了。或者我就只能去美国了。这是我不希望发生的事情。

卡　　　尔：我发现所有这些探索都非常有意思。我们的谈话确实强调了多层次、多元决定的……

弗洛伊德：多重决定（over-determined）……

卡　　　尔：是的，心智的多重决定方面，充满了如此多的动机链……对于一个微小的行为而言，存在着如此多起作用的因果因素。

弗洛伊德：是的，我们正在进行精神分析工作，探索所有不同的假设，以理解潜藏在我们行为背后的愿望。这是一项非常有意义的工作，不过最好是在咨询室里进行，而不是在兰特曼咖啡馆。

卡　　　尔：当然，弗洛伊德教授。当然。

弗洛伊德：但我认为你说得有道理……关于1892年、1893年，以及所有这些。

卡　　　尔：是的，我想知道您孩子的出生以及导师的离世是否让您拥有了自由、信心和力量，真正像克伦威尔那样去推翻精神病学界在癔症及其他神经症方面的传统观念体系。

弗洛伊德：是的，这一点在我们1893年关于癔症的论文中得到了最充分的体现。

卡　　　尔：就是我们表述为《论癔症现象的心理机制：初步通报》（"On the Psychical Mechanism of Hysterical Phenomena: Preliminary Communication"）的那篇论文吗？

弗洛伊德：是的，是我和约瑟夫·布洛伊尔一起写的。

卡　　　尔：而且您还将它作为1895年所著的《癔症研究》这本书的开篇章节再次发表了。

弗洛伊德：是的。

卡　　　尔：嗯，也许我们可以更详细地回顾一下这篇论文，还有那本具有里程碑意义的书。

弗洛伊德：《初步通报》源于我与布洛伊尔的长期合作，建立在他与"安娜·欧"的工作，以及我更近期与癔症病人的工作的基础上。我治疗了一位病得很重的女士……

卡　　尔："艾米·冯·N."夫人？

弗洛伊德：就是她。

卡　　尔：您每天都会见她，就像布洛伊尔对"安娜·欧"所做的那样。

弗洛伊德：这位女士——艾米·冯·N.——让我在癔症及其治疗方面获益良多。

卡　　尔：我们已经讨论过，以前的医生是如何忽视患癔症的女性的，认为她们是骗子或装病的人……是不值得医生关注的人。

弗洛伊德：但我们持有不同的看法。我们——也就是布洛伊尔和我——能够看出这些女性深受多种症状的折磨：神经痛、麻痹、厌食、抽搐、呕吐、震颤、挛缩、幻觉。你知道的，我还能接着列举下去。

卡　　尔：然后您和布洛伊尔开始调查这些病人的私生活——她们的性生活、婚姻生活。

弗洛伊德：以前从来没有人这样做过。

卡　　尔：和我们说说《初步通报》的要点吧。

弗洛伊德：布洛伊尔和我开始将癔症视为创伤性神经症的一种形式。我们提出的证据表明，通常是很久以前，我们的病人身上发生了一些事情，正是这些事情导致了这些癔症症状。但病人自己常常不记得根本病因。因此，我们一开始采用了催眠术，来帮助我们诱导病人进入一种能够更自由表达的状态。

卡　　尔：你们在病人身上投入了大量的时间和精力。

弗洛伊德：是的——我们确实如此。通过这种方式，我们可以观察到一种模式。首先，病人会开口表达，从而说出被压抑的记忆。这种对记忆的揭露……这种宣泄……产生了很大的影响。

卡　　尔：情绪性影响。

弗洛伊德：是的，病人会哭，会大喊大叫，等等。而结果就是，癔症病人的症状会得到缓解。

卡　　尔：您在论文中用了一个可爱的表述。您解释说，这个谈话的过程能让病人"哭出来"并"释放情绪"。

弗洛伊德：对，对，我记得。Sich ausweinen……哭出来。

卡　　尔：您还用了另一个短语……

弗洛伊德：Sich austoben……释放情绪……释放内心的愤怒。对，非常生动形象的语言。我记得。

卡　　尔：您和布洛伊尔医生假设病人之前没有机会宣泄他们的创伤……去释放这些情绪。而且您第一次使用了"压抑（repressed）"这个词。

弗洛伊德：是第一次，但只是精神分析意义上的第一次。"压抑"这个词不是我创造的。

卡　　尔：是的，我知道。但是您使用了压抑这个独特的概念，来描述那些痛苦的记忆所经历的状况。它们经常被压抑。

弗洛伊德：情况确实如此。

卡　　尔：这些观察让您得出结论……这是您最著名的话语之一……"癔症病人主要受回忆的折磨"。

弗洛伊德：对，是这样的，"der Hysterische leide größtenteils an Reminiszenzen"。

卡　　尔：您把这个观点发表在了一本重要的神经学杂志上。如今要做到这一点可太难了。

弗洛伊德：也许是这样。但这篇《初步通报》成了我们那本书的出发点。我不得不劝说布洛伊尔和我一起写一本书。但过程很艰难。你看，我觉得布洛伊尔是一个不太情愿从事心理治疗工作的人。尽管如此，我相信我还是说服了他和我合作。

卡　　尔：所以《初步通报》就成了《癔症研究》的第一章。在这本书中……

弗洛伊德：出版于 1895 年 5 月……

卡　　尔：布洛伊尔最终撰写了"安娜·欧"的案例以供出版。

弗洛伊德：是的，就是他关于帕彭海姆小姐的案例记录。他花了将近 15 年的时间才以这样的方式记录下这个案例。由此可见他的矛盾心理。

卡　　尔：我能理解布洛伊尔医生的不情愿。他接受的是成为一名医生的训练……一名从事科学工作的人……然后他发现自己面对的病人表现出如此多看似怪异的症状。

弗洛伊德：她会被描述为"多重症状"，而不是"单一症状"。

卡　　尔：是的，她谈到了她脑海中的"私人剧院"，以及"她想象中的童话"。布洛伊尔发现自己面对的是一个病得很重的……

弗洛伊德：但很富有表现力的……

卡　　尔：是的，一个病得很重且很有表现力的病人。

弗洛伊德：布洛伊尔和我充分利用了这种表现力，我们鼓励癔症病人说话……也就是谈话疗法。

卡　　尔：布洛伊尔允许帕彭海姆小姐讨论她的白日梦。他还允许她生气。

弗洛伊德：是的，她甚至还扔靠垫。

卡　　尔：她成功地展示了自己的全部症状，无论是会聚性斜视，还是她关于黑蛇的幻觉，等等。

弗洛伊德：布洛伊尔把这一切都与失去父亲的哀伤联系在一起，她曾不知疲倦地照顾父亲。

卡　　尔：布洛伊尔不仅允许她说话，甚至还喂她吃过东西。

弗洛伊德：我们现在知道不应该给病人喂食物。这只会促使病人对医生产生情欲性的感觉。

卡　　尔：*教授先生，我记得您曾经请您著名的病人"鼠人"吃过一顿饭，对吗？*

弗洛伊德：嗯，那是另一回事。当时那个可怜的家伙没吃东西。他饿了。我没有像布洛伊尔那样引发任何情欲性移情。

卡　　尔：您的导师布洛伊尔医生每天会去看望帕彭海姆小姐两次。您认为，每周五次的精神分析治疗是不是就是以此为范例的？重视每天与病人接触？

弗洛伊德：也许吧。也许。

卡　　尔：他确实仔细观察了病人。

弗洛伊德：与其他医生不同的是，他没有使用麻醉剂，而在当时，使用麻醉剂本是常规的治疗手段。

卡　　尔：他使用谈话。

弗洛伊德：谈话。对，是这样。

卡　　尔：当代精神分析从业者已经开始主张，治愈可能并非主要靠"谈话疗法"，而是"倾听疗法"。谈话可以起到治疗作用，但有时被倾听更具疗效。有些人甚至谈到"关系疗法"——您知道，就是与另一个人建立联结。

弗洛伊德：对此我表示认同。

卡　　尔：当我们早些时候在谈到安娜·欧的案例时提到，她在治疗结束一段时间后又住进了一家医疗机构，而且所谓神奇的"谈话疗法"，或许根本就没有那么神奇。

弗洛伊德：公平地说，布洛伊尔在他发表的报告中透露，1881年，这位病人就有自杀冲动，她住进了维也纳的一所乡村住宅接受照顾。你知道，她之前就有被送进医疗机构的经历。但最主要的问题是，布洛伊尔并不了解精神分析。他知道宣泄疗法……谈话疗法……但不了解负移情。对负移情的认识，是后来才有的事。

卡　　尔：人们花了更长时间才意识到谈话疗法……倾听疗法……需要耐心……需要缓慢而持续的努力，而且往往要持续许多年……

弗洛伊德：病人必须持续地宣泄，带着真实的情感……所有这些都需要时间。并且病人可能会决定破坏治疗。事情变得非常复杂。

卡　　尔：然后布洛伊尔医生发现这个病人突然爆发了情欲——她坚信自己怀了他的孩子——实在令人恐惧。

弗洛伊德：是的。他不明白这种症状的意义。那时候我也不明白。发现无处不在的俄狄浦斯情结花了一些时间……你知道……年轻女孩想要怀上父亲的孩子的愿望。

卡　　　尔：我明白了。

弗洛伊德：也许我们把这件事说得太简单了。聊一会儿，然后，voilà（瞧），病就好了。

卡　　　尔：嗯，我认为，从20世纪初到20世纪10年代，再到20世纪20年代和30年代，随着您不断有作品问世，您的读者也能和您一样，开始更深刻地认识到精神分析工作极为复杂的特性。

弗洛伊德：当然。我同意。

卡　　　尔：但是布洛伊尔的方法——谈话疗法——它既是一种启发，也是您在19世纪80年代末和90年代初治疗癔症病人的基础。

弗洛伊德：是的——我甚至没有意识到自己已经开始从神经病理学家转变成心理治疗师了。我确实从一名脑科医生转变成了一名心理医生。用你的话来说，就是一名谈话–倾听–建立关系的医生。

卡　　　尔：和我说说艾米·冯·N.吧。我记得，您是在1888年开始治疗这位女性的——她是您最早治疗的癔症病人之一。

弗洛伊德：我得查查我的记录，但听起来大致是对的。

卡　　　尔：她有许多神经症症状：一个多症状的病人，饱受抑郁、失眠和身体疼痛的困扰。

弗洛伊德：她以前看过很多医生，那些医生用泡澡和按摩的方法给她治疗，但都不见效。

卡　　　尔：但您也安排了按摩。实际上，您亲自给艾米·冯·N.按摩全身，有时一天会按摩两次。

弗洛伊德：你不能因此指责我。那时我还没有成为一名精神分析师。而作为医生，如你所知，有权触摸病人的身体。

卡　　　尔：您还抚摩了她的眼睛……

弗洛伊德：为了帮助唤起她的联想和记忆。这就是我精神分析工作的开端。我使用了布洛伊尔的催眠技术，并在病人身上花了很多时间。同时我也开始和这位特别的病人探讨她早年的记忆。

卡　　　尔：当艾米夫人斜靠在躺椅上时,您与她进行了咨询。

弗洛伊德：是的,但不是我让她躺在那儿的。在我刚开始治疗她的时候,她自己就已经采取了俯卧的姿势。

卡　　　尔：这是否促使您向其他病人推荐使用躺椅?

弗洛伊德：不是特意推荐,但可能是无意识的做法。你得记住,在那个时候,大多数癔症病人只是单纯地躺着,这通常是由于癔症性瘫痪导致的过度疲劳,无法自己站立。

卡　　　尔：给我们讲讲艾米夫人的挣扎吧。

弗洛伊德：在还是孩子的时候,她度过了一段非常艰难的时期。她是十四个兄弟姐妹中的第十三个,你能想象吗……而且他们中的许多人都离世了。她成了仅有的几个幸存者之一。

卡　　　尔：对她来说,尤其是对她的母亲来说,不得不埋葬这么多孩子,这是多么可怕啊。

弗洛伊德：是的,相当可怕,确实。

卡　　　尔：按摩、泡澡和催眠并没有真正起作用。

弗洛伊德：嗯,我确实设法唤起了她的一些记忆,其中包括她的兄弟姐妹向她扔动物尸体的往事。复述这段记忆让艾米·冯·N.出现了昏厥痉挛的症状。

卡　　　尔：从精神分析的角度来看,这听起来是一个非常值得深入探究的领域。

弗洛伊德：确实如此。她承受了巨大的创伤。你知道吗,在她15岁那年的某一天,她发现她的母亲……死了……因为中风。后来,艾米·冯·N.的丈夫也去世了。我让她非常详细地向我讲述这些记忆。

卡　　　尔：您治疗艾米·冯·N.的时间相对较短。

弗洛伊德：是的,如果我没记错,我们一起工作了七个星期。这算不上一段

10 释放情绪：如何治疗癔症

长时间的分析，你明白的。但在1888年，花七个星期在一位病人身上可是很不寻常的。你还记得吗？在我们之前的谈话中，我和你说过梅纳特诊所里的那些精神病患者。他们来了之后很快就离开了，人员流动非常快。而且几乎没人跟他们交流，也没人过问他们童年的经历。

卡　　尔：所以您发现谈话疗法能让您在治疗病人方面取得一些进展。

弗洛伊德：是的。而且我对使用这种工作方式越来越有经验了。

卡　　尔：病人开始来找您。

弗洛伊德：是的，有时候在一些很不寻常的地方也会有人找我。甚至在我度假的时候。

卡　　尔：啊——我猜您指的是"卡塔琳娜（Katharina）"，您的另一个案例。

弗洛伊德：1893年，我去爬了拉克斯山（Rax）。

卡　　尔：您很喜欢爬山。

弗洛伊德：我真希望我还能这么做。

卡　　尔：我知道很多人对拉克斯山并不熟悉。

弗洛伊德：真是这样吗？

卡　　尔：嗯，英国人和美国人——那些可能会阅读这次谈话记录的人——他们可能不知道拉克斯山。

弗洛伊德：那我真为他们感到遗憾。它是那片壮丽山脉的一部分，距离维也纳约50千米，位于奥地利边境。其最高点海拔超过1.2万英尺[①]。你爬过这座山吗？

卡　　尔：很遗憾，没有。

弗洛伊德：总有一天，你一定要去爬一爬。拉克斯山和施内山（Schneeberg）……

卡　　尔：雪山。

弗洛伊德：是的，施内山的意思是"雪山"。拉克斯山和施内山环绕着赫伦塔

---

① 1英尺=0.3048米。——译者注

尔（Höllental）山谷——我想英国人称之为"地狱谷"。它很美。相当壮观。我爬过施内山，你知道，还有拉克斯山。

卡　　尔：您在爬山度假期间，曾住在拉克斯山的一家旅馆里。

弗洛伊德：没错，我住在奥托旅舍（Ottohaus）。准确地说是奥托大公旅舍（Erzherzog-Otto-Schutzhaus）。真有意思，我居然还记得这个名字。

卡　　尔：然后发生了什么？

弗洛伊德：我在访客登记簿上签了名，我一定说了自己是西格蒙德·弗洛伊德博士。当然，后来我才意识到，这无异于发出了一种邀请……

卡　　尔：一种邀请？

弗洛伊德：其中一个女服务员——实际上是店主的女儿——一个叫"卡塔琳娜"的年轻女孩……她很快就来找我，向我坦白说她的神经方面有问题，而之前的治疗都没能缓解病情。

卡　　尔：我发现，我们的很多病人以前都接受过治疗——通常是相当不成功的治疗，这很令人惊讶。

弗洛伊德：恐怕一直都是这样。

卡　　尔：所以卡塔琳娜鼓起勇气和您这个完全陌生的人说话。

弗洛伊德：而且您还是她父母旅馆的客人，这就更不简单了。她相当大胆，真的。也许是太绝望了。

卡　　尔：但是您倾听了她的诉说。

弗洛伊德：我听了。医生从来都没有真正彻底地休过假。一年365天，医生始终肩负着照料病人的责任。

卡　　尔：卡塔琳娜跟你说了她有哪些症状呢？

弗洛伊德：啊，可怜的女孩，她有很多很多症状，比如焦虑发作和呼吸困难。还有对窒息的恐惧。晕眩。她脑袋里的嗡嗡声，对死亡的恐惧，还会呕吐。这些足够让一个医生忙上一阵子了，你不觉得吗？

卡　　尔：您是怎么做的？

弗洛伊德：我没法给她催眠。我没有咨询室。我们没有真正私密的地方。但我们进行了交谈。我们只是简单地交谈。当然，没过多久我就发现，她很早就目睹了一场令人不安的性场景。她的叔叔……

卡　　尔：引诱了她？

弗洛伊德：不，不。嗯，实际上我在病历里写了……

卡　　尔：嗯？

弗洛伊德：她叔叔引诱了她堂姐，我在病历中称她堂姐为"弗兰齐斯卡（Franziska）"。她看到她叔叔压在她堂姐弗兰齐斯卡身上。当然，在我发表的案例中，我把该男子说成她的"叔叔"，是为了保护相关人员的隐私。但现在，这么多年过去了，我可以告诉你，这个男人……

卡　　尔：根本不是她叔叔？

弗洛伊德：事实上，这个人是她的父亲。卡塔琳娜看到她父亲诱奸她堂姐。更糟糕的是，他后来娶了这个堂姐。

卡　　尔：卡塔琳娜没有当面质问过他父亲或堂姐吗？

弗洛伊德：她保守了这个秘密。而且你要是读过我的作品就会知道，任何秘密都可能产生很强的致病性。保守秘密会让人得病。

卡　　尔：但是卡塔琳娜信任您？

弗洛伊德：她信任我。然后我了解到，当然了，她父亲的好色之举可不仅仅局限于对弗兰齐斯卡。女服务员卡塔琳娜告诉我，事实上，在她14岁的时候，那个毫无道德底线的父亲就已经对她进行过性骚扰了。这个父亲会喝酒。当他喝醉的时候，他就会做出这些带有性意味的举动。

卡　　尔：所以，看到她父亲和弗兰齐斯卡在一起会……

弗洛伊德：没错，完全正确。这会激活她之前被压抑的、未曾表达出来的关于自己曾被父亲引诱的记忆。

卡　　尔：太可怕了。

弗洛伊德：你知道，她父亲还让她堂姐弗兰齐斯卡怀孕了。所以情况变得非常复杂。

卡　　尔：在那个时候，您还没有阐明您的俄狄浦斯情结理论。

弗洛伊德：没错。那是几年后的事了。但你为什么这么问？

卡　　尔：嗯，我们知道这种性质的性创伤会对一个年幼的人造成很大的伤害。我们也知道，由于孩子对父母，甚至是对施虐性父母的强烈渴望，可能会让情况变得更加复杂。

弗洛伊德：确实如此。如果我在10年或15年后治疗卡塔琳娜，如果我在位于伯格巷的办公室里，而不是在拉克斯山上治疗她，我会充分探究她的嫉妒情绪。每个女孩都希望成为父亲的幻想对象。

卡　　尔：所以，也许当卡塔琳娜看到她父亲触碰弗兰齐斯卡时，不光感到厌恶，还可能感到嫉妒。

弗洛伊德：毫无疑问是这样的。

卡　　尔：在这个案例中，您还做出了另一个重要贡献——在卡塔琳娜14岁时，性虐待并没有对她产生全面的影响，但在几年后，当她自己在性方面变得更成熟之后……

弗洛伊德：目睹后来的场景会激活她对过去场景的记忆和感官印象，而当时过去的场景对她来说并没有什么意义。是的，创伤可以分为两个阶段。通常是第二阶段……也就是后来的阶段……病人感受到的冲击会强烈得多。

卡　　尔：所以，创伤有一个潜伏期。

弗洛伊德：你表达得很简洁。是的，我同意你的看法。

卡　　尔：卡塔琳娜后来怎么样了？只是简单的交谈……以及坦白……带来了什么变化吗？

弗洛伊德：我觉得她的症状有所缓解。但我没能如愿地跟进这个病例。后来我确实和这个病人有过一些联系，我想她最终过得还不错。

卡　　尔：许多历史学家已经发现了卡塔琳娜和她的家庭成员的真实姓名。

弗洛伊德：啊，又在窥探卧室了……还暴露我病人的身份！

卡　　尔：由于这些信息现在已经公开了，请允许我分享一条重要的临床传记信息。

弗洛伊德：嗯，我想……

卡　　尔：奥雷莉亚·克罗尼希（Aurelia Kronich）。

弗洛伊德：是的，那是卡塔琳娜的真名。奥雷莉亚·克罗尼希。

卡　　尔：她的父亲呢？您记得他的名字吗？

弗洛伊德：不记得。过了这么久，不记得了。

卡　　尔：他叫朱利叶斯·克罗尼希（Julius Kronich）。

弗洛伊德：但你想说什么？

卡　　尔：很简单，几年后，奥雷莉亚嫁给了一个叫朱利叶斯·厄姆（Julius Öhm）的男人。

弗洛伊德：她嫁给了一个和引诱她的父亲同名的男人？

卡　　尔：是的。这会是巧合吗？

弗洛伊德：绝对不是。在我看来，这一点很能说明问题。但由于我作为医生，需要维护医疗裁量权，我不能把这些细节写出来发表。你能理解吧？

卡　　尔：当然，我理解。但这一信息确实有助于强调朱利叶斯·克罗尼希对他女儿的深刻影响。她无法如此轻易地摆脱一个名叫朱利叶斯的性伴侣。

弗洛伊德：我只能希望她成功地嫁给了一个正派的朱利叶斯——就是你提到的那位厄姆先生——这可能有助于把那个残忍的父亲的形象转化成更慈爱的父亲的形象。

卡　　尔：将创伤转化为胜利。

弗洛伊德：将创伤转化为胜利。是的。

卡　　尔：我认为我们无法恰当地剖析您的《癔症研究》中提到的所有其他女性的情况。您在那本书里写了很多案例，现在都很有名："伊丽莎白·冯·R.（Elisabeth von R.）""露西·R.（Lucy R.）""塞西莉·M.（Cäcilie M.）"，等等。

弗洛伊德：我也记得她们。你知道化名为"塞西莉·M.（Cacilie M.）"的案例？

卡　　尔：当然……这是您众多经典案例之一。尽管篇幅比其他的要短一些。

弗洛伊德：是的，确实如此。嗯，那位女士……你知道她的真名吗？

卡　　尔：安娜·冯·利本（Anna von Lieben）。

弗洛伊德：这么说，这些"侦探"已经揭露了一切！

卡　　尔：似乎是这样。

弗洛伊德：嗯，我的这个病人"塞西莉"——安娜·冯·利本——曾经住在这栋楼里，就在我们现在坐着喝咖啡的兰特曼咖啡馆的楼上。

卡　　尔：真的是这样吗？在咖啡馆楼上？

弗洛伊德：人们可能觉得这不可思议，但在当时的维也纳，一些宏伟的宫殿底层是商铺，而上面有好多好多层。我想，兰特曼咖啡馆所在的这栋楼有四层，冯·利本（von Lieben）家族曾在这儿居住多年，此后这栋建筑便以"利本–奥施皮茨宫（Palais Lieben-Auspitz）"闻名。

卡　　尔：所以您来兰特曼咖啡馆不仅是为了喝咖啡和看报纸，也是为了治疗冯·利本夫人？

弗洛伊德：对，你知道这栋楼里还发生了什么吗？

卡　　尔：我只能猜了。

弗洛伊德：多年来，维也纳杰出的社交名媛贝塔·祖克坎德尔（Berta Zuckerkandl）——一位聪慧过人的女士——一直在这栋楼里举办她的知名沙龙，维也纳的各路知识分子都聚集在这里。

卡　　尔：真有意思……一座充满历史底蕴的宫殿。

弗洛伊德：确实是这样。

卡　　尔：您知道吗，我觉得您关于癔症的病例记录，可谓开辟了新的领域。

弗洛伊德： 在什么方面？

卡　　尔： 当然了，您把这些病例写得那么优美，那么迷人，引人入胜。

弗洛伊德： 我在写作上下了很大功夫。

卡　　尔： 您呈现这些病例的方式，就如同展现那些需要解开的精彩悬疑故事一般。

弗洛伊德： 我记得我曾感到有些惊讶，因为我的那些病例记录读起来更像中篇小说，而非典型的精神病学报告。

卡　　尔： 我一直认为最了不起的是，您在病例记录中加入了病人真实对话的实例——实际上是大量的例子。在精神病学史上，这一点让我觉得极不寻常。

弗洛伊德： 是的，我非常认真地对待病人讲述的故事，我尽可能地引用他们的原话——一字不差、准确无误的原话。

卡　　尔： 我认为这是精神病学史上真正的一大进步。与病人交谈，而不是谈论病人。

弗洛伊德： 是的，我明白这一点。我确实努力转变了侧重点。

卡　　尔： 您把临床接触变成了更具互动性、更注重关系的过程……

弗洛伊德： 而不是简单的……

卡　　尔： 而不是简单地用临床术语描述病人。

弗洛伊德： 我确实试着用这些女性自己的话来展现她们。我很高兴自己这么做了。

卡　　尔： 《癔症研究》确实标志着您从神经病理学家到心理治疗师的转变。

弗洛伊德： 确实是这样。

卡　　尔： 在这个过程中，您开始越来越少地使用催眠术，并越来越多地依赖自由联想。

弗洛伊德： *自由联想*。

卡　　尔： 我发现"自由联想（Freier Einfall）"的德语原词更能引发联想，您觉得呢？

弗洛伊德：嗯，当然。在我与病人的工作中，我希望他们能让这些想法以一种自由的方式进入他们的头脑。但"自由联想（free association）"这个词让它听起来更像一个主动的、刻意为之的过程，而我当然绝不是这个意思。

卡　　尔：罗伯特·朗斯（Robert Langs）博士，一位伟大的美国精神分析师……

弗洛伊德：我不认识这个人。

卡　　尔：直到20世纪70年代，他才开始崭露头角，那时您已经去世很久了。但在我看来，他是一个相当聪明的人……很遗憾，他现在已经离世了。他曾对我说，自由联想就是让心灵舞蹈的过程！

弗洛伊德：我喜欢这个说法。是的，当病人躺在躺椅上时，思想应该变得像瀑布一样。想法应该被允许突然进入内心——在心灵中舞蹈——然后我们就会了解，对病人来说真正重要的是什么。

卡　　尔：如今，许多形式的心理治疗都依赖于提出一些理性问题："你为什么到这里来？""你对此有什么感觉？"等等。而我一直觉得，病人往往不知道这些问题的真正答案。

弗洛伊德：在我生活的那个年代，人们只是简单地回答："是我的神经出问题了，Herr Doktor（*医生先生*）。"但这根本说明不了什么。

卡　　尔：所以"*自由联想*"能帮助我们了解病人心灵"私人剧场"中的那些故事？

弗洛伊德：是的，这就是精神分析的本质。我放弃了催眠的方法——该方法需要对病人做一些事情——我允许病人不受干扰地说话。只有这样，我们才能真正开始掌握挖掘病人内心深处那座被掩埋的"心灵之城"的艺术。

卡　　尔：您在《*癔症研究*》中也使用了"被掩埋的城市"的考古学比喻，不是吗？

弗洛伊德：这一直是我的兴趣所在。我把我对考古学的热爱和我对心理学的热爱结合起来，并且提出了这样一个观点：真的，它们非常相似。正如我们之前说过的，心理学家必须成为心灵的考古学家。

卡　　　尔：所以您放弃了催眠术。

弗洛伊德：是的，逐渐放弃了。

卡　　　尔：还有把手指按在病人额头上的做法。

弗洛伊德：是的，我有时会那样做，坚持让他们告诉我他们内心的想法……也许有点太直接了——试图把他们内心的想法诱导出来。但我逐渐意识到，这种做法也远超出了必要的主动干预程度。人们需要一种更温和的方式……我们需要创造一种环境，让医生能够以一种更温和的方式把病人的想法诱导出来。

卡　　　尔：我同意。

弗洛伊德：我很享受这种回忆的行为。事实证明，19 世纪 90 年代是我生命中非常重要的一段时期——从一名传统的神经科医生转向从事一种更难以界定的职业。那时，没有人知道心理治疗师是做什么的，更不用说精神分析师了。我真的开创了一个全新的职业。

卡　　　尔：您对您的病人非常关心。如果我没记错，您曾对"伊丽莎白·冯·R."发表过一番特别感人的言论。

弗洛伊德：我说了什么？

卡　　　尔：类似于"我们无法抑制对伊丽莎白小姐深切的人性共情"之类的话，差不多就是这个意思。

弗洛伊德：对，"eine herzliche menschliche Teilnahme"……深切的人性共情。听起来是对的。她经历了很多痛苦，还藏着一些与性有关的秘密。

卡　　　尔：您帮助她解除了防御，您称之为对内心中不相容的想法的"抵御"……或"Abwehr"……

弗洛伊德：的确如此。

卡　　　尔：您在那本关于癔症的书的结尾处，至少提出了两项重要的观点。

弗洛伊德：你指的是什么？

卡　　尔：首先，您将心理治疗过程描述为"对医生来说既费力又耗时"。

弗洛伊德：我记得我写的是"Mühselig und Zeitraubend für den Arzt"。

卡　　尔：是的。

弗洛伊德：确实很费力，也很耗时。这就是为什么在我所处的那个时代的大多数医生都选择了轻松的途径——我想，用你会说的话来讲，就是走"捷径"。给病人迅速开个处方，让他们去疗养院泡治疗浴，这要简单得多，当然，对医生来说也省事得多。

卡　　尔：您最后一章的倒数第二句话被精神分析领域的作者一再引用。

弗洛伊德：麻烦帮我回忆一下。

卡　　尔：您写道，"如果我们成功地将你的癔症性痛苦转化为普遍的不幸，我们将收获良多"。

弗洛伊德：啊，是的。

卡　　尔：您这么写是想要表达什么呢？当然了，没有人希望以"普遍的不幸"告终吧？大多数人都渴望彻底治愈。

弗洛伊德：你会发现我写这句话的时候是很谨慎的。我确实将"普遍的不幸"——"gemeines unglück"——作为一个合理的目标，但我确实认为，这是一种比病人的"癔症性痛苦"——"hysterisches Elend"——更让人满意的状态。坦率地说，与痛苦相比，不幸已经算是个不错的结果了。要是能有比这更好的结果，那就是意外之喜。

卡　　尔：您的意思是……？

弗洛伊德：你看我。我患了多年的癌症。这给我带来了极大的不幸。无论一个人接受了多少精神分析，都无法预防疾病，无法阻止衰老，无法阻止失去亲人，也无法吓退死亡，不会的。鉴于我们作为人类必须忍受的一切，普遍的不幸——日常生活中的不幸——是一个相当合理的结果。

卡　　尔：所以您把这看作现实原则的一种表达。

弗洛伊德： 当然。

卡　　尔： 您在《癔症研究》最后一章的结尾处写了另一句话，而学者们常常忽略了这句话。

弗洛伊德： 你得再帮我回忆一下。

卡　　尔： 在您谈到心理治疗可以将癔症性痛苦转化为普遍的不幸之后，您写道："当精神生活恢复健康，你就能更好地对抗这种不幸。"

弗洛伊德： 是的，有更健康的 Seelenleben……

卡　　尔： 精神生活……

弗洛伊德： 是的，有了更健康的 Seelenleben，或者如你所说的"精神生活"，我们将更好地对抗 Unglück……更好地对抗不幸。

卡　　尔： 确实如此。

弗洛伊德： 但这正是我的观点。我很高兴有人能提醒我曾说过这样的话。正如我们说过的，人无法避免不幸。然而，有了健康的心灵，就能更成功地对抗不幸。

卡　　尔： 这是非常深刻的见解。非常重要。

弗洛伊德： 是的，我同意。对我们所有人都很重要。

卡　　尔：《癔症研究》确实让您成了一名独立的心理学思想家，渐渐地，全世界的医生都开始阅读您的著作，也逐渐了解了您的思想。

弗洛伊德： 没有你想象的那么多。

卡　　尔： 您可能并不知晓所有从您早期作品中寻求灵感的人。

弗洛伊德： 我记得当时遭受的敌意；而没有那么多认可。

卡　　尔： 当然。我认为这本书对您与合著者约瑟夫·布洛伊尔的私人关系造成了相当大的影响。

弗洛伊德： 正如我和你说过的，他是极其不情愿地成为一名心理治疗师的。而且他觉得帕彭海姆小姐太让人筋疲力尽，太有挑战性了。他还认为我过于强调性和性方面的病因。

卡　　尔： 1909 年，该书出版了第二版。值得注意的是，在 1895 年的第一版中，你们俩共同签署了前言，但在1909年的第二版中，你们分别撰写了前言。这很能说明问题。

弗洛伊德：那时，我已经开始关注梦，关注婴儿早期的经历，关注无意识的象征意义……布洛伊尔对这些都不感兴趣。所以，是的，我们分道扬镳了。

卡　　尔：您觉得这很痛苦吗？毕竟，布洛伊尔对您帮助很大。

弗洛伊德：我永远不会忘记这点。永远，永远不会。但在生活中，人必须向前看。认为我们能一直都幸福快乐，这种想法太幼稚了。

卡　　尔：当然。

弗洛伊德：现在我累了，我担心我们把科尔先生吓跑了。也许你可以叫人去找找他，现在正好可以停下来再吃点东西。

卡　　尔：乐意之至，弗洛伊德教授。

11

自杀的王储和被谋杀的皇后

卡　　尔：我已经让科尔先生给我们再拿些茶点来了。

弗洛伊德：啊，那太好了。我渴了，不瞒你说，我也饿了。

卡　　尔：是啊，我们一直在认真谈话。不过我们得和科尔先生说清楚，别给您送花椰菜来！

弗洛伊德：你知道我讨厌花椰菜？

卡　　尔：是的，当然。我一直觉得，对于您这位前神经科医生来说，花椰菜肯定看起来很像大脑。

弗洛伊德：没错，所以，我要吃点别的。

卡　　尔：当然了，*教授先生*。我猜您也不吃鸡肉吧？

弗洛伊德：你真的把研究我的生活当成了你的专业。

卡　　尔：嗯，您在给您过去的同事威廉·弗利斯的一封信中，确实提到了这一点。您的儿子马丁也在他的回忆录《荣耀：西格蒙德·弗洛伊德——男人与父亲》（*Glory Reflected: Sigmund Freud-Man and Father*）中提到了您对鸡肉的厌恶。

弗洛伊德：我明白了。好吧，还是别对我讨厌鸡肉这件事进行精神分析了。

卡　　尔：当然，*教授先生*。

弗洛伊德：那么，我们接下来讨论什么？

卡　　尔：我突然意识到我们忘了谈论您的家庭情况，还有您确切的家庭住址。

弗洛伊德：如你所知，我的妻子玛莎……*教授夫人*……嗯，她和我把我们的第一个家安在了玛丽亚-特雷西亚大街（Maria-Theresienstraße）8号，也就是原来的赎罪宫（Sühnhaus）。

卡　　尔：和我们说说赎罪宫吧。

弗洛伊德：你知道，那里是Ringtheater（*环形剧院*）的所在地，但它在1881年被完全烧毁，数百人因此丧生。对我们的城市维也纳来说，这是一个巨大悲剧。皇帝弗朗茨·约瑟夫（Franz Josef）自己掏钱重建了它，并建造了一栋公寓楼。经过一番考虑，我和妻子决定住在那里。

卡　　尔：许多人对赎罪宫持有强烈的迷信观念，觉得这栋楼被诅咒了。亡者的鬼魂四处游荡……

弗洛伊德：真是太愚蠢！太不理性了！作为一名科学家，曾有人在那个地方丧生这件事，丝毫没有让我感到困扰。人总得继续生活下去，你明白的。所以，我们搬进去了。你知道后来发生了什么吗？

卡　　尔：不知道。

弗洛伊德：我最大的孩子，玛蒂尔德……

卡　　尔：是的？

弗洛伊德：她成了在赎罪宫出生的第一个婴儿……第一个新生命。皇帝甚至派他的副官给我们送来了贺礼和一封信。

卡　　尔：多棒啊！

弗洛伊德：是的，一个来自皇家瓷器工坊的精美花瓶。

卡　　尔：天哪！然后，在1891年，您带着不断添丁进口的一家人搬到了伯格巷。

弗洛伊德：是的，正如我们之前说过的，位于第九区的伯格巷19号，夹在列支敦士登巷（Liechtensteingasse）和波兹拉尼巷（Porzellangasse）之间。

卡　　尔：您在伯格巷住了将近50年，直到1938年您离开去伦敦。

弗洛伊德：很长一段时间。

卡　　尔：确实如此。你们最开始住在一楼的5号公寓。

弗洛伊德：是的。

卡　　尔：而且您的咨询室也在那套公寓里。

弗洛伊德：是的，但后来我把办公室搬到了一楼的4号公寓。然后……哦，那一定是1907年或1908年……我们把所有东西都搬到了二楼。从那时起，我们就占了整层二楼……住所和咨询室紧挨着。非常方便。

卡　　尔：但我想您有独立的入口？

弗洛伊德：访客得爬楼梯——有30多级台阶——然后找我咨询的病人会从右边6号公寓的门进去。而那些想见我家人的人则会从左边5号公寓的门进去。安排得很周到。你知道，我妹妹罗莎……罗莎·格拉夫（Rosa Graf）……这是她婚后的名字……她和她的家人之前住在6号公寓，他们搬出去后，我就接管了那间公寓。

卡　　尔：所以，当您关于癔症的书出版时，您已经有了一个规模相当大的家庭——五个孩子——还有安娜，您最小的孩子也即将出生。

弗洛伊德：她在 1895 年 12 月加入这个家庭。

卡　　尔：在这个时候，您安装了一部电话。

弗洛伊德：非常时髦。是的，一部电话。在当时看来这似乎是必要的。但我并不喜欢用电话。我更喜欢写信。

［科尔先生来到桌边。］

弗洛伊德：科尔，你去哪儿了？我们需要补充点能量。

科　　尔：*教授先生*似乎完全沉浸在工作中……我不忍打扰。

卡　　尔：您有什么可以推荐给我们的吗，科尔先生？

科　　尔：如果让我推荐，我想可以来点具有维也纳特色的东西。

弗洛伊德：*很好*。你来选吧。这位先生和我正沉浸在关于旧时维也纳的谈话中呢。

科　　尔：当然可以，*教授先生*。稍后我会带一些东西回来，我想肯定能让*教授先生*满意。

弗洛伊德：Danke（*谢谢*），科尔。

［科尔先生回到兰特曼咖啡馆的厨房去准备食物。］

卡　　尔：我们聊聊维也纳可以吗？

弗洛伊德：当然可以。确实该聊聊。

卡　　尔：许多学者都想知道，维也纳这座城市本身对精神分析发展的真实影响。

弗洛伊德：发明精神分析的不是维也纳，是弗洛伊德。

卡　　尔：自然是您。但从历史学家的角度来看……19 世纪末 20 世纪初的维也纳……嗯，那是一个相当了不起的地方……催生了许多新的思想运动。

弗洛伊德：你到底想跟我说什么呢？

卡　　尔：我只是想说，当您在维也纳开办私人诊所的时候，这座城市刚刚经历了一些极为重大的变革，并且将继续经历更多重大的变革。

弗洛伊德：重大的变革？

卡　　尔：奥地利的大部分地区变得越来越"现代化"了，也许我可以这样描述。这个国家开始经历从农业到工业化的转变，越来越多的人离开乡村，涌入城市。

弗洛伊德：这当然符合我自己家庭的情况。除了在维也纳综合医院做传统医生的那段时间外，我从未像我的祖辈那样真正从事过体力劳动。

卡　　尔：没错。这种城市化为作家、艺术家、建筑师和新思想家创造了空间。在这一时期，维也纳开始见证一种转变，即从我们或许可以称之为"传统主义"的状态转变为更具"进步主义"的状态。

弗洛伊德：我不知道这些概念，但我可以从你所说的话中推测出它们的含义。

卡　　尔：嗯，我认为到了 20 世纪之交——也就是我们所说的 fin-de-siècle①，维也纳的年轻人沉浸在文化的大熔炉中，开始质疑传统的罗马天主教结构和阶级等级，他们推动了一场迈向更大程度平等、更大程度自由主义以及更大程度性自由的运动。

弗洛伊德：是的，我想有些人已经对君主制感到幻灭了。毕竟，王位继承人——Kronprinz（王储）鲁道夫（Rudolf）——Erzherzog und Kronprinz von Österreich……

卡　　尔：奥地利大公兼王储……

弗洛伊德：是的……嗯，他谋杀了自己的情人，然后又自我了断，这令他的家族、他的国家和君主制本身蒙羞。

卡　　尔：啊，您知道发生了什么。我原以为当时的报纸曾试图掩盖这起令

---

① 法语短语，字面意思是"世纪末"，通常用来形容 19 世纪末至 20 世纪初的时期。——译者注

人震惊的丑闻。

弗洛伊德：你知道，当时我们看到报道说他死于动脉瘤，也可能是心脏病发作。但这种悲剧是瞒不住的。王储死于1889年，我没记错吧？

卡　　尔：是的，1889年。完全正确。

弗洛伊德：当然，最终我们还是知道发生了什么。皇帝的儿子射杀了一个年轻女子，玛丽·韦切拉（Marie Vetsera）——他的情人——然后他举枪自杀。这是一起双重谋杀。谋杀，接着自杀。你当然知道，自杀只不过是对自己的谋杀。这就是为什么我们在德语中称其为Selbstmord。

卡　　尔：自我谋杀。

弗洛伊德：对，对。自我谋杀。

卡　　尔：所以您知道这件事的真相。

弗洛伊德：我从我的一个病人那里隐约了解到了一些情况。你知道，我治疗过不少贵族女士，因此我时不时会听到许多关于宫廷的流言蜚语。

卡　　尔：真是一场可怕的悲剧。而且更糟糕的是，多年后，那位*王储*的母亲……

弗洛伊德：皇后……是的，伊丽莎白（Elisabeth）皇后……我们自己的那位Kaiserin（*皇后*）。她被一个狂热分子谋杀了。被刺身亡。非常残忍。凶手一定有严重的精神疾病。

卡　　尔：皇后出了什么事？

弗洛伊德：我无法想象她可以从自己儿子兼王位继承人的自杀中恢复过来。对父母来说，没有什么比失去孩子更痛苦的事了。没有。对于这一点我有切身体会。

卡　　尔：您的女儿索菲。

弗洛伊德：我仍然不想谈论这件事。我们还是说回皇后吧。

卡　　尔：好的，当然。

弗洛伊德：她一直穿着黑色的衣服。她沉浸在深切的悲痛之中，而这种悲痛后来转变成了忧郁症，你知道的。她试图通过旅行来寻求慰藉。而在她旅行期间……让我想想我是否还记得，她是在哪里去世的呢？

卡　　尔：我记得是日内瓦。

弗洛伊德：当然，她去了日内瓦湖，对吧，在一八几几年……她是哪一年去世的？

卡　　尔：1898年。

弗洛伊德：是的……被刺身亡。真是个悲剧。而且她还是一位那么美丽的女士！

卡　　尔：所以奥地利失去了它的*王储*，它的儿子兼继承人，还有它的皇后，它的母亲。

弗洛伊德：这感觉就像经历了一场家族的丧亲之痛。你要知道，我们是在这些王室成员的影响下长大的，他们确实很照顾我们。我相信，我们之前已经提到了我那篇关于"神经症患者的家庭罗曼史"的简短论文了吧。

卡　　尔："家庭罗曼史"。一篇非常出色的文章。

弗洛伊德：如你所知，我提出了这样一个观点：我们每个人都希望自己是由国王和王后、皇帝和皇后抚养长大的。这种幻想能让我们摆脱自己父母的平凡，毕竟他们难免会时不时让我们失望。

卡　　尔：随着王室中这些重要人物的离世……

弗洛伊德：奥地利人——我们所有人——经历了这些悲剧，就好像我们也失去了家人一样。

卡　　尔：我真希望您去过1997年的英国，那时我们美丽的戴安娜王妃，也就是我们女王的儿媳……

弗洛伊德：不是维多利亚女王（Queen Victoria）。

卡　　尔：不，是她的玄孙女，伊丽莎白女王（Queen Elizabeth）。

弗洛伊德：我从未听说过她。

卡　　尔：当然。但是可怜的戴安娜王妃，我们女王的儿媳……她年纪轻轻就在一场车祸中丧生了，整个国家连续多日都沉浸在哀悼之中。人们悲痛万分，仿佛失去了自己的亲人一般。

弗洛伊德：这并不让我感到惊讶。一点都不会。

卡　　尔：您知道吗，相当多的作家认为，1889年和1898年发生的这些悲剧事件——恰好发生于您在心理学领域开展奠基性工作的那段时间——对精神分析的发展产生了巨大的影响。

弗洛伊德：我不明白这怎么……

卡　　尔：嗯，维也纳深受创伤，沉浸在悲痛中……人们见识到了人性残酷的阴暗面，充斥着谋杀、暗杀、自杀、情杀、安全感缺失……您知道，诸如此类的事情。

弗洛伊德：仿佛我们所有人都直面了人性中更险恶的一面。

卡　　尔：是的，确实。

弗洛伊德：人们只要阅读任何一本历史书，就能找到大量关于人性险恶一面的证据。

卡　　尔：我同意，*教授先生*。但我只是想探索一下，在19世纪最后的10年里，是不是有某些因素营造出了一种氛围，从而推动了精神分析的诞生，毕竟，精神分析是一门致力于探索人类性格中"黑暗"面的科学。

弗洛伊德：我想，无论当时的氛围如何，我都会发现精神分析。你知道，我有能力观察和倾听病人向我倾诉的东西，我想如果我在巴黎工作……如果我在柏林工作……甚至在纽约……我仍然会接触到人类性格中共通的方面。

卡　　尔：您认为您挖掘出了一些普遍存在的东西？

弗洛伊德：我不是"认为"。我是确定。

卡　　尔：是的，您知道。当然。

弗洛伊德：但我同意你对维也纳的看法。这座城市确实存在着诸多阴暗面。

我们深知人性中可怕的一面。这里充斥着大量的犯罪、贫困、卖淫现象以及残忍的行为。这些情况当然存在。

卡　　尔：摄影师赫尔曼·德拉韦（Hermann Drawe），还有记者埃米尔·克吕格尔（Emil Klüger）。

弗洛伊德：我已经很久没有听到这些名字了。

卡　　尔：他们对维也纳的贫困状况进行了大规模的揭露报道。人们住在下水道里。生存条件糟糕透顶，令人蒙羞。

弗洛伊德：当然。

卡　　尔：还有卖淫？

弗洛伊德：是的，我有许多嫖妓的男病人，他们中的许多人最终因此感染了梅毒。在我生活的那个年代，维也纳发生过很多糟糕的事情。当然，这些我都非常清楚。

卡　　尔：我们已经谈到过市长卡尔·卢埃格尔了，他是一个狂热的反犹太主义者。

弗洛伊德：是的，一个极其可怕的人。

卡　　尔：很多人都把卡尔·卢埃格尔看作阿道夫·希特勒（Adolf Hitler）的前身。

弗洛伊德：非常有洞察力的见解，我敢肯定是这样。

卡　　尔：您见过卢埃格尔对吗？

弗洛伊德：见过他？不，我从没见过……

卡　　尔：哦，我以为您见过……

弗洛伊德：啊，等等……先等等……我实际上并没有见过这位 Bürgermeister（*市长*），但当我和我的弟弟亚历山大去度假时，我想是在1898年，我们碰巧同时在圣坎吉安（Saint Cangian）的石灰岩洞穴里。我们站得很近，但他对我毫无兴趣。

卡　　尔：所以您近距离地靠近过邪恶。

弗洛伊德：我想你可以这么描述。

卡　　尔：您真的不认为，您在维也纳接触到的生活中丑恶的一面，对您最终关注人类的破坏性冲动产生了一定影响吗？

弗洛伊德：我们即使不在维也纳，也一样会有破坏性！

卡　　尔：好吧，我就不继续这个话题了，但很多学者都试图把精神分析理解为在特定的时间和地点的熔炉中诞生的天才之作。

弗洛伊德：你显然是想表达些什么。

卡　　尔：不，我想您已经回答了我的问题。

弗洛伊德：你是在暗示，如果西格蒙德·弗洛伊德生活在18世纪，他或许就不会创造精神分析。

卡　　尔：我可不敢……

弗洛伊德：你是对的。我确实需要依靠我的老师们——布洛伊尔、沙尔科和其他人，比如布吕克——他们教会了我如何成为一名科学家。如果我生活在18世纪，我就不会遇到这些人。

卡　　尔：是的，有道理。我还想问您一些关于维也纳的其他问题。我们提到了反犹太主义、贫穷、卖淫，等等……

弗洛伊德：继续……

卡　　尔：嗯，我们也了解到了当时的自杀浪潮。在您生活的那个年代，维也纳经历了如此多的自我毁灭。不仅仅是王储鲁道夫。

弗洛伊德：这个问题不仅在世纪之交困扰着我们，而且在我于维也纳度过的这么多年里一直存在。我们的精神分析学会甚至举办了一场关于自杀的专题研讨会。自杀事件发生在学童群体中……也发生在同性恋群体中……

卡　　尔：阿尔弗雷德·莱德尔（Alfred Redl）？

弗洛伊德：是的，就是那位军官。有人勒索他……威胁说要揭露他是同性恋……于是他选择了自杀。但秘密最终还是泄露了出去。

卡　　尔：还有亚瑟·施尼茨勒（Arthur Schnitzler）的短篇小说《古斯特少尉》（*Lieutenant Gustl*），几乎通篇都在讲述一个有自杀倾向的男

11 自杀的王储和被谋杀的皇后

人的故事。

弗洛伊德：没错。

卡　　尔：我认为，当时维也纳那种压抑甚至致命的氛围，至少在一定程度上是由于人口的快速增长造成的。这座城市变得越来越拥挤……

弗洛伊德：*当然*。是的，当然了。而这也让我的病人增多了不少！

卡　　尔：我想很可能确实是这样。

弗洛伊德：现在科尔先生怎么还没把我们的食物送来呢？我真的很饿。

卡　　尔：哦，看，科尔先生……

［科尔先生端着一个巨大的托盘回到桌边，里面装满了美味佳肴。］

科　　尔：先生们，我给你们带了几道菜，希望能合你们的胃口。

弗洛伊德：都有什么，科尔？

科　　尔：有我们主厨推荐的特色菜 Rindergulasch——牛肉炖菜——搭配 Semmelknödel。

卡　　尔：德式面包丸子……多美味啊。

科　　尔：还有一些 Tafelspitz，我们维也纳特有的上等煮牛肉。

弗洛伊德：*很好*。

科　　尔：稍后将送上我们著名的 Wiener Schnitzel（*维也纳炸肉排*），还有卷心菜汤。

卡　　尔：美味。真是一顿大餐！

科　　尔：当然，之后还会给你们上我们著名的点心。一些 Kaiserschmarrn（*皇家松饼*），或者再来点维也纳可颂？

弗洛伊德：等会儿吧，我的好朋友。让我们先把眼前这些吃完，不然我这可怜的、衰老的胃可承受不了那么多。

科　　尔：好的，*教授先生*，我稍后再来。Guten Appetit（*用餐愉快*）！

［科尔先生离开向厨房走去。］

弗洛伊德：我们可以一边享受美食，一边继续谈话。我想我应该先吃一点煮牛肉，我已经很久没有吃过了。啊，das ist köstlich（真好吃）！太美味了！

卡　　尔：我很高兴您吃得这么开心。我也试试您吃的这个。嗯……我可以告诉您，这比伦敦的任何食物都好吃得多。

弗洛伊德：那么，你还想知道什么？我很快就得回去做其他工作了。

卡　　尔：但是*教授*先生，我们梳理的时间线还没推进多少呢。我们还停留在19世纪90年代……也就是《癔症研究》出版后不久。而我们得聊到1939年，您去世的那一年。

弗洛伊德：嗯，我想一次采访就像一段精神分析，需要花时间，你可能还得再邀请我回来。但与此同时，咱们接着聊吧。我们还有1小时左右的时间。

卡　　尔：如今，人们一想到1900年的维也纳，就会联想到文化和思想领域发生的所有伟大革命。1900年的维也纳会因亚瑟·施尼茨勒的小说、古斯塔夫·克里姆特（Gustav Klimt）的画作、阿诺尔德·勋伯格（Arnold Schonberg）的音乐、约瑟夫·霍夫曼（Josef Hoffmann）的建筑，当然还有西格蒙德·弗洛伊德的心理学发现而被人铭记。

弗洛伊德：你想知道我是否参与了这场激进思想家的运动？

卡　　尔：嗯，您认识其中的一些人吗？

弗洛伊德：我要么直接认识他们，要么认识与他们关系密切的人。维也纳的犹太社区……嗯，在我生活的那个年代，这是一个非常小的圈子，你明白的。这些人不是我的病人，就是我的邻居。或者我的病人甚至可能和他们中的一些人有过肌肤之亲，你知道的！

卡　　尔：作为《新自由报》的忠实读者，我猜您至少在某种程度上了解这些进步主义艺术家的情况吧？

弗洛伊德：当然，当然。施尼茨勒，我当然知道他。他最初是一名医生，而且和我一样，他也在维也纳综合医院工作过，所以在我们的生活圈子里有很多共同认识的人。我非常欣赏他的文学作品。

卡　　尔：有些人认为亚瑟·施尼茨勒是当时最杰出的社会评论家之一，他揭露了人类性格中的压抑和矛盾，就像您一样。

弗洛伊德：我想，人们可能会发现某些相似之处，但我实际上并非对他所有的作品都很了解。

卡　　尔：他写过关于性方面的内容。而且就像您一样，弗洛伊德教授，施尼茨勒也不得不忍受各种关于色情的指控。

弗洛伊德：因为他揭露了人类的性……人类欲望的真相？

卡　　尔：是的。

弗洛伊德：我们之间有一种惺惺相惜的感觉。也许我们进行过类似的调查，不过我一直是一名医生，而他却转型为一名艺术家。

卡　　尔：施尼茨勒成了所谓的"内心独白"大师，这与您通过自由联想的过程所揭开的内心独白并无二致。他的小说《古斯特少尉》，我刚才提到过……起初是短篇小说，后来成书出版……好吧，尤其是这个小故事，让施尼茨勒的意识流展现得栩栩如生。我们可以说它本质上是自由联想式的。这也许是您称他为您的"Doppelgänger"——您的"分身"的原因之一？

弗洛伊德：哦，我想是的。没错，我想是的。你知道，施尼茨勒和我还互相通过信。

卡　　尔：您很欣赏他写的关于情欲和心理的文章。我相信他也从您的文章里获益。

弗洛伊德：看起来的确如此。你知道我的学生赖克写了一本关于施尼茨勒的专著吗？

卡　　尔：特奥多尔·赖克——是的。那其他的一些相互关联以及艺术层面的影响又有哪些呢？

弗洛伊德：你指哪些方面？

卡　　尔：您与20世纪初的维也纳先锋派音乐家和作曲家有过接触吗？

弗洛伊德：当然，我认识古斯塔夫·马勒。他曾在我度假时来见我，希望我帮助他处理一些个人问题。还是一样的，出于医疗裁量权的考虑，我不能透露太多。

卡　　尔：当然。但通过马勒，您肯定发现了许多在性方面的相互关联。毕竟，这位作曲家的妻子阿尔玛·马勒（Alma Mahler）与奥斯卡·柯克施卡（Oskar Kokoschka）有染，或许还与古斯塔夫·克里姆特有过纠葛。马勒还成了阿诺尔德·勋伯格的赞助人，勋伯格的妻子与画家理查德·格斯特尔（Richard Gerstl）有染，后来格斯特尔自杀了。一切都变得非常混乱，关系错综复杂。

弗洛伊德：你提到勋伯格……那个作曲家。

卡　　尔：怎么了呢？

弗洛伊德：你知道吗，我的出版商雨果·海勒（Hugo Heller）——嗯，多年来他一直是我的出版商之一——不管怎样，他经营着一家沙龙……Kunstsalon（艺术沙龙）……专为艺术家之类的人开设的。我相信他展出了勋伯格的画作。你知道勋伯格也画画吗？

卡　　尔：太有意思了！

弗洛伊德：当然，我多多少少对这些人都有所了解。但你知道，我过着一种更偏向中产阶级的私人生活。

卡　　尔：但您一定知道，这些人彻底颠覆了西方世界的文化生活。阿诺尔德·勋伯格通过他对十二音音阶的推崇，开辟了音乐创作的全新天地——这与约翰·施特劳斯（Johann Strauss）的风格截然不同。

弗洛伊德：Der Sohn（儿子）？

卡　　尔：是的，小约翰·施特劳斯，是儿子……不是父亲。他是一位非常受欢迎的音乐家。相比之下，阿诺尔德·勋伯格——一位截然不同的作曲家——却不得不面对各种指责，说他堕落、疯狂、变态。

弗洛伊德：我也是这样。

卡　　尔：确实。您听过勋伯格的 *Pierrot Lunaire*（《月迷彼埃罗》）吗？

弗洛伊德：这是什么？《月迷彼埃罗》？

卡　　尔：勋伯格的早期作品之———部声乐与器乐相结合的音乐话剧——它打破了所有的常规。我希望有一天您能听到这部作品。它真正体现了他对于无调性音乐的思考。

弗洛伊德：虽然我已经离世了，但我的时间仍然排得很满，而且人必须谨慎地选择自己的嗜好。无论如何，我从来都不喜欢过多的音乐。

卡　　尔：这些人……他们真的打破了常规。就拿我刚才提到的理查德·格斯特尔来说吧。

弗洛伊德：那个自杀的人？

卡　　尔：就是他。他画了一幅自己全裸的画像，我相信他是有史以来第一位这么做的艺术家。一幅真正正面全裸的自画像。

弗洛伊德：真是个悲伤的故事。

卡　　尔：还有克里姆特……古斯塔夫·克里姆特。他创作了所有那些极具感官刺激性的画作。

弗洛伊德：啊，是的，克里姆特。女士们常常谈论起他。

卡　　尔：我确实认为这些维也纳艺术家中的许多人与您有某些共同的特点，弗洛伊德教授。

弗洛伊德：共同特点？

卡　　尔：你们都蔑视传统。你们所有人都揭露了人性中那些更难以让人接受的一面。你们每个人都解构了传统所带来的安逸感，并且描绘出了更真实的人性面貌。

弗洛伊德：毫无疑问，这就是精神分析所做的。也许这些人从我这里学到了这一点。

卡　　尔：他们确实有可能，没错。

弗洛伊德：你喜欢你的食物吗？科尔先生给我们两个饥肠辘辘又如此健谈的人准备了这么丰盛的晚餐。

卡　　尔：真的很美味……和我们英国菜比起来真是不一样。

弗洛伊德：嗯，你一定得再到兰特曼咖啡馆来。

卡　　尔：我真心希望能再来。

弗洛伊德：你知道吗？回忆起你提到的所有这些艺术界及犹太社群中存在的关联和相互关系，真是非常有趣。而且它们常常是一回事。

卡　　尔：是吗？

弗洛伊德：嗯，在我们维也纳精神分析师的小圈子里，也存在类似的相互关联。我们中的许多人——事实上，我们中的大多数人——都有犹太背景。虽然我一直希望能让非犹太人也参与到这项事业中来，而且我确实成功地吸引了一些非犹太人……否则，我们很容易被当作一门犹太科学而遭摒弃。

卡　　尔：我相信，您的追随者之间的关系也相当错综复杂。

弗洛伊德：我的好朋友，奥斯卡·里（Oskar Rie）……

卡　　尔：那位与您合作过的医生……您还和他一起打过牌……

弗洛伊德：没错，就是他。你知道他娶了梅兰妮·邦迪（Melanie Bondy）。而她的姐妹艾达·邦迪（Ida Bondy）嫁给了我以前的朋友威廉·弗利斯。

卡　　尔：而且奥斯卡·里和梅兰妮·邦迪的孩子……

弗洛伊德：他们的一个女儿玛丽安·里（Marianne Rie）成了一名医生，同时也是精神分析师。我给她做过精神分析，后来她成了我女儿安娜的好朋友。

卡　　尔：然后玛丽安·里嫁给了年轻的艺术史学家恩斯特·克里斯（Ernst Kris），他后来也成了一名精神分析师。

弗洛伊德：*正确*！

卡　　尔：他们的另一个女儿玛格丽特·里（Margarethe Rie）嫁给了年轻的

精神分析师赫尔曼·努恩伯格 (Hermann Nunberg)。

弗洛伊德：没错！

卡　　尔：您可能不知道，奥斯卡·里的两个女儿都嫁给了精神分析师，她们生下的孩子最终也都成了精神分析师。

弗洛伊德：真的是这样吗？

卡　　尔：玛丽安·里和她的丈夫恩斯特·克里斯有一个叫安娜·克里斯（Anna Kris）的小女儿，还有一个叫安东·克里斯（Anton Kris）的儿子，您在他们小的时候见过他们。在那之后，他们成了美国非常著名的精神分析师。安东·克里斯甚至当上了西格蒙德·弗洛伊德档案馆（Sigmund Freud Archives）的董事会成员，这个组织负责保管您的许多文献资料，现在这些资料存放在华盛顿特区的美国国会图书馆，这个机构还收藏着许多美国总统——乔治·华盛顿（George Washington）、托马斯·杰斐逊（Thomas Jefferson）、亚伯拉罕·林肯（Abraham Lincoln）等——以及许多其他世界知名人物的档案。

弗洛伊德：知道这些事情真让人觉得不可思议。

卡　　尔：奥斯卡·里的另一个女儿……也就是后来的玛格丽特·努恩伯格（Margarethe Nunberg）……嗯，她接着翻译了维也纳精神分析学会（Wiener Psychoanalytische Vereinigung）的会议记录并将其出版。

弗洛伊德：你是说有人出版了我们的讨论内容？

卡　　尔：是的——至少四卷！努恩伯格夫妇的儿子亨利·努恩伯格（Henry Nunberg）也成了一名精神分析师。

弗洛伊德：所以这确实凸显了我们当初不过是寥寥数人的先驱者，而这些年来，我们已发展壮大了许多。就在我们说话的时候，我发现自己想起了所有其他的相互关联。我的病人海因茨·哈特曼（Heinz Hartmann）是一个非常有才华的年轻人，也是一个优秀的理论家……如果我没记错,他是我从前的导师、妇科医生鲁道夫·克罗巴克(Rudolf Chrobak)的孙子,克罗巴克帮助我理解了性在神经症中的重要性。

卡　　尔：海因茨·哈特曼娶了约瑟夫·布洛伊尔的侄孙女多拉·卡尔普斯(Dora Karplus)。而她成了一名著名的儿童心理分析师。

弗洛伊德：哦,天哪,真是个复杂的圈子。

卡　　尔：克罗巴克教授……我知道他……他在维也纳经营一家Frauenklinik——妇科诊所……

弗洛伊德：这些都是事实。

卡　　尔：我相信,他强调了性挫折在癔症症状发展中的重要性。

弗洛伊德：他提醒我,癔症女性需要的是 Penis normalis dosim repetatur(*正常的阴茎,重复剂量*)!我知道你是一个有学识的人,肯定能理解这句拉丁语的意思。

卡　　尔：当然。但是,您知道,想想克罗巴克教授的评论……这让人想起了沙尔科教授关于"chose génitale(*生殖器相关的因素*)"重要性的评论,我们已经提到过了……

弗洛伊德：是的,这两种评论非常相似。

卡　　尔：嗯,这让我意识到,为了和您的癔症病人谈论他们的性生活——无论是性虐待、性创伤和强奸,还是性挫折或性无能……

弗洛伊德：在我生活的那个年代,要开诚布公地谈论性是需要勇气的。

卡　　尔：但这正是我对古斯塔夫·克里姆特、奥斯卡·柯克施卡、理查德·格斯特尔,当然还有埃贡·席勒(Egon Schiele)的看法。这些人画了更勇敢、更大胆的情色肖像——更生动,更少理想化。他们把人物的脸和身体画得很丑……不像汉斯·荷尔拜因(Hans Holbein)画的那样漂亮且衣着光鲜。这也许根本不是巧合,您的孙子卢西安(Lucian)……

弗洛伊德：啊,是的,恩斯特的一个儿子。卢西安发生了什么?

卡　　尔：您听到这个可能会觉得很开心，卢西安·弗洛伊德（Lucian Freud）曾是有史以来最著名的艺术家之一，也是最富有的艺术家之一。

弗洛伊德：曾是？你是说他也去世了？

卡　　尔：恐怕是这样。不过，他很长寿，活到了88岁。

弗洛伊德：比我多活了5年。

卡　　尔：我提到您的孙子是因为，就像柯克施卡和其他人一样，卢西安·弗洛伊德以最原始、最真实、最赤裸的状态描绘人的身体。从这方面来说，您的孙子是一个非常弗洛伊德式的画家。

弗洛伊德：我想看看他的一些作品。他小时候我不太了解他。他大部分时间都和父母住在柏林。但我当然知道他，我很高兴他从希特勒手中逃过一劫，还能设法谋生。

卡　　尔：odium sexicum——这种对性的憎恶在19世纪晚期普遍存在——您必须与之进行激烈的抗争，才能开创一个空间，让您和您的病人能够审视身体、生殖器、思想和幻想等的重要性。

弗洛伊德：odium sexicum——这是一个很贴切的表述。我看出来了，你确实懂拉丁语。

卡　　尔：我记得读过一个故事，是阿道夫·路斯（Adolf Loos）写的……

弗洛伊德：我记得这个名字……那个建筑师。

卡　　尔：就是他……

弗洛伊德：我想他比我早去世了好几年……尽管他比我年轻得多。

卡　　尔：是的，我们可以把阿道夫·路斯的名字添加到挑战传统的艺术家名单上。

弗洛伊德：和我说说路斯先生吧。

卡　　尔：他是极简主义建筑的先驱，他抨击了建筑物上不必要装饰的观念。

弗洛伊德：确实很现代。你为什么要提他的名字？

卡　　尔：哦，对——我记得我读过阿道夫·路斯写的一篇关于活泼奔放的美国舞者伊莎多拉·邓肯（Isadora Duncan）的记述，她于1902年在维也纳 début（*首次演出*）。

弗洛伊德：我完全不知道这个人。邓肯小姐与这些有什么关联呢？

卡　　尔：她当时已经颇有名气了，因为她表演现代舞的时候穿着非常暴露、轻薄透明的服装。

弗洛伊德：啊，我明白了。

卡　　尔：在她的首演上，一位相当古板的维也纳女士在演出过程中开始抱怨……很大声地抱怨……您绝对猜不到后来发生了什么！

弗洛伊德：快告诉我。

卡　　尔：邓肯小姐坚定地站着，丝毫不为这个古板的人所吓倒。而且似乎她还大声宣称……大声宣布……在这位引发争议的女士离开剧院之前，她不会再跳一步舞！

弗洛伊德：我很好奇当时的报纸是否报道了这件事。但我不记得了，一点也不记得了。

卡　　尔：但您必须承认，这样一个故事确实凸显了那个时代在性观念方面所存在的冲突，道理就是这么简单明了。当然，这类逸事能帮助我更好地理解，作为一个如此直白地撰写有关性方面内容的人，您所面临的真正挑战。

弗洛伊德：我同意你说的。是的，一件轻薄透明的连衣裙并不会让我感到惊慌。不过必须得说，我不会鼓励我的任何一个女儿在公共场合穿这样的衣服，更不用说我的妻子了！

12

在梦的边缘

弗洛伊德：你知道吗,喝了这么多咖啡,吃了这么多东西,我的胃开始变得非常不舒服……就连雪茄的烟味也开始让我难以承受……

卡　　尔：我必须向您道歉,*教授先生*,我们已经在这里坐了很长时间了,您一直非常有耐心。我们都很感激。

弗洛伊德：你知道,我真的很喜欢*咖啡馆*。这是维也纳的一大特色。但一个人不能整天整夜都坐在*咖啡馆*里。你也知道,人必须工作。

卡　　尔：在您生活的时代,人们会来到这些绝妙的*咖啡馆*,就只是坐着,看看书，喝喝咖啡，吃点东西，聊聊天，我觉得这很不可思议。您如果发现，在 21 世纪的今天，大多数人会走进一家名为"星巴克"的咖啡连锁店，点了咖啡然后"外带"，您一定会感到震惊的。

弗洛伊德："外带"是什么意思？我不明白。"连锁"又是什么意思呢？我不理解这个词的意思。

卡　　尔：您可能会觉得很有趣，就在我今天早上到达兰特曼咖啡馆之前，我路过了您从前的住址，伯格巷。在那里，阿尔瑟格伦德（Alsergrund），我偶然发现了一家现代咖啡店——您要知道，那不是传统的咖啡馆，而是一家商店，在那里人们可以迅速买到用纸杯装着的咖啡。顾客付完钱，短短几分钟就能进店买好咖啡离开。

弗洛伊德：这太令人震惊了。

卡　　尔：店外的招牌上自豪地写着："Kaffee zum gehen"："外带咖啡"！

弗洛伊德：啊，*外带咖啡*。对，对，我明白了，*外带咖啡*。这概念真令人震惊。对我来说这太躁狂了。

卡　　尔：我相信在精神分析运动的早期，您曾邀请您的同事们去伯格巷抽雪茄、喝咖啡……

弗洛伊德：你知道的，那要文雅得多。

卡　　尔：您的几个弟子都回忆过这件事。比如，鲁道夫·冯·乌尔班奇施（Rudolf von Urbantschitsch）博士回忆说，过去有个女仆会给您端咖啡，而且每个人都有自己专用的烟灰缸。

弗洛伊德：确实是这样。不过关于咖啡已经说得够多了！现在让我们回到工作上来。

卡　　尔：但是我们不是正在工作吗，弗洛伊德教授？我们正努力梳理您的人生经历以及您所做出的贡献，我希望能绘制出一幅既准确又在一定程度上详尽的"地图"。

弗洛伊德：是的，我想我们是在工作。虽然作为一个总是喜欢在环形大道上快步疾走的人，我确实喜欢高效地完成很多事情。说不定我会喜欢你们的*外带咖啡*呢。你知道我们咖啡馆的历史吗？

卡　　　尔：嗯，就在您来接受我的采访之前，科尔先生告诉了我一些关于兰特曼咖啡馆的历史。但请您再多给我讲讲吧。我很想知道您会传授给我什么，尤其是我们在这里度过了这么长时间之后。

弗洛伊德：我不是专家，但我认为，土耳其人早在 1683 年就把咖啡带到了维也纳。在此之前的很多年，在君士坦丁堡就已经有咖啡馆了。你知道的，当时土耳其人试图围攻我们的城市，但他们没有成功。

卡　　　尔：我想那是一场极其血腥的战斗，伴随着臭名昭著的骑兵冲锋。

弗洛伊德：确实是一场血腥的战斗。你知道，我们本质上都是动物。不管怎么说，这场战斗带来的一个好结果是，土耳其人留下了大量的咖啡储备！维也纳咖啡馆就是在这场可怕的军事冲突之后发展起来的。

卡　　　尔：太有趣了！

弗洛伊德：据我所知，土耳其人用咖啡豆贿赂了一个叫格奥尔格·弗朗茨·科尔施奇茨基（Georg Franz Kolschitzky）的双面间谍……从那以后，奥地利人渐渐爱上了咖啡。我觉得这个故事有点荒诞。

卡　　　尔：不过，请跟我说说您所处的那个时代的咖啡馆吧，教授。

弗洛伊德：嗯，我想人们来这里是为了逃避。最初，只有男士才被允许进入。那时这里确实成了男士们躲避女士的一处避风港。从根本上来说，人们来这儿是为了吃喝，尤其是为了看报纸。有些男人会一连坐上好几个小时——事实上，有些人会坐上一整天——但我从不这样。我要看的病人太多，可没闲工夫干这种事。对我来说，来*咖啡馆是我工作间隙的一种放松方式*——我想，这就相当于维也纳版的西班牙 siesta（*午睡*），但没有真睡！仅仅是一个能享受片刻宁静的机会，远离病人，也远离家人。

卡　　　尔：这听起来是一个不错的传统。

弗洛伊德：是的，而且食物也很美味。虽然不得不说，我并不是大美食家。但人们可以尽情地享用美食——嗯，这才是真正的口欲满足。

卡　　尔：我想，您很长时间以来都经常光顾咖啡馆吧？

弗洛伊德：当然，很多很多年都是如此。

卡　　尔：您的儿子马丁·弗洛伊德写了一本关于您的回忆录，在您去世约18年后出版。我可能已经提到过这件事了。

弗洛伊德：马丁一直都很喜欢写作。

卡　　尔：他引用了一首流行的维也纳歌曲，这首歌提到了犹太人的*咖啡馆*传统。

弗洛伊德：这我不知道。

卡　　尔：这首歌里有一句歌词……大意是："当犹太人穿越红海时，利奥波德城所有的咖啡馆都空无一人。"

弗洛伊德：我完全不记得了。但听起来似乎是那么回事。许多犹太人都经常光顾这些地方。

卡　　尔：据我所知，即使您在军队服役期间，当您被派驻到您故乡摩拉维亚的奥尔米茨（Ölmutz），您常抽时间光顾咖啡馆。

弗洛伊德：我想你们伦敦没有这样的*咖啡馆*。1938年，当我抵达你们这座城市时，已经病得很重了，所以我很少出门去四处走走。

卡　　尔：在17世纪和18世纪及之后的时间里，伦敦的咖啡馆文化确实十分活跃。但我觉得，它始终无法企及维也纳咖啡馆传统所具有的那种庄重与高雅。

弗洛伊德：我曾听说是一位犹太人在英国创办了咖啡馆。但这或许只是传闻。

卡　　尔：不，您说得对。早在1650年，一位名叫雅各布（Jacob）的犹太人在牛津的圣彼得教区创办了英国第一家"咖啡馆（Coffey house）"。

弗洛伊德：他和*我的*父亲同名！

卡　　尔：雅各布。

弗洛伊德：是的。

卡　　尔：您一直都来兰特曼咖啡馆吗？这家咖啡馆离伯格巷相当近。

弗洛伊德：不是，不过请别告诉科尔先生。有时我会去费斯泰尔宫（Palais Ferstel）的中央咖啡馆（Café Central）。当然，我也去过其他咖啡馆。在我所处的那个时代，维也纳有一千多家咖啡馆呢。

卡　　尔：我知道，有时候，在精神分析学会的会议结束后，您会和同事们聚集在鲍尔咖啡（Café Bauer）进行非正式的讨论。

弗洛伊德：是的，没错。我已经忘了这件事了。但后来我开始更喜欢这个地方了，这家兰特曼咖啡馆。

卡　　尔：您会在这里看报纸吗？我猜您看的是《新自由报》吧？

弗洛伊德：是的，有时也看其他报纸。维也纳有那么多报纸可供我们选择。但我非常喜欢《新自由报》，有时我甚至还为它写稿。

卡　　尔：我相信服务员能记住每位常客看什么报纸，并因此而感到自豪。

弗洛伊德：对，确实如此。他们总是会特意把我要看的报纸拿给我。

卡　　尔：那您也会下国际象棋吗？

弗洛伊德：会下，但只在我年轻的时候。这是一种需要时刻保持专注和精力集中的游戏，随着年龄的增长，我不得不把越来越多的精力投入我的病人所呈现出的心灵谜题中。你知道，精神分析就像一盘棋。

卡　　尔：您的确在您的著作中做过那样的类比。事实上，是在您最后写的某部作品中……

弗洛伊德：你是指我去世前最后的几部作品之一吗……我还在写作，你知道的……在"天上"……

卡　　尔：嗯，我们希望不久之后能有幸拜读您的新作。但没错，在您1939年出版的 Der Mann Moses und die Monotheistische Religion: Drei Abhandlungen，即《摩西与一神教：三篇论文》（Moses and Monotheism: Three Essays）一书中，您将国际象棋大师与科学家和音乐家大师一起列入了伟人名单。

弗洛伊德：要想下好国际象棋需要很高的智商。绝对是这样。但你知道国际象棋的秘密吗——那个无意识秘密？

卡　　尔：不知道，请和我说说。

弗洛伊德：这是一场生与死的游戏。它给我们带来了很多隐藏的愉悦感。

卡　　尔：原因是？

弗洛伊德：国际象棋的关键……嗯，其实很简单。我们意识到，如果在对局中不小心走错了一步棋，导致"皇后"被吃掉，我们总是可以重新开始，然后一局又一局……一遍又一遍地下棋。但是在现实生活中，却并非如此。在现实生活中，走错一步可能就会带来灾难性的后果，但在国际象棋中，我们有机会掌控因失去和毁灭而带来的创伤。

卡　　尔：多么绝妙的见解啊。我现在对国际象棋有了更深刻的了解。

弗洛伊德：你下棋吗？

卡　　尔：我小时候会下，但我在这方面没有什么特别的天赋。

弗洛伊德：对，我明白。就像所有伟大的才能一样，需要持续不断地投入精力，而且随着年龄的增长，我们必须越来越谨慎地选择自己专注的领域。时间有限，你知道的。

卡　　尔：也许您关于国际象棋最著名的论述可以在您 1913 年发表的文章《治疗的开始：精神分析技术的进一步建议之一》（"On Beginning the Treatment: Further Recommendations on the Technique of Psycho-Analysis.I"）中找到。您将国际象棋对局和精神分析过程做了比较。

弗洛伊德：里维埃夫人帮我翻译了那篇文章，不是吗？

卡　　尔：我想是的。然后斯特雷奇先生又进行了一些修改。

弗洛伊德：我以"Weitere Ratschläge zur Technik der Psychoanalyse：I. Zur Einleitung der Behandlung"为题发表了那篇文章。但我不知道为什么译者调换了主标题和副标题的顺序。不过，如果容我自夸的话，那确实是一篇很不错的文章。但是我不记得我写了什么关于国际象棋的内容了。请提醒我一下。

卡　　　尔：*教授先生*，您可能还记得，您曾把精神分析治疗过程比作一盘国际象棋——您称之为"高贵的棋局"——您观察到，在国际象棋和精神分析中，人们都可以系统地研究开局和结束的策略……

弗洛伊德：啊，是的……"das edle Schachspiel"……"高贵的棋局"。我们确实对分析的开始和结束有更多的了解。

卡　　　尔：但是游戏的中间部分——就像精神分析的中间部分一样——更难被描述。

弗洛伊德：现在我想起来了。

卡　　　尔：直到今天，这一点仍然非常正确。在当代精神分析和心理治疗领域，我们有很多关于开始治疗的书和论文——对病人进行评估，建立治疗联盟，等等——还有很多关于终止或结束的书。但是，关于漫长的中间阶段——精神分析的主体部分——的出版物却少之又少。在这一中间阶段，我们努力维系希望，在这个漫长且常常让人疲惫不堪的过程中坚持下去。

弗洛伊德：没错。我始终没能成功写出一本优秀的教科书，以更加详细、循序渐进的方式来阐述治疗过程的逐步展开。也许精神分析过于复杂、过于微妙，难以简化为一系列的技术规则和准则。

卡　　　尔：在您写给荣格博士的一封信中……

弗洛伊德：这和我们说的有什么关系？

卡　　　尔：啊……嗯……

弗洛伊德：继续说吧。

卡　　　尔：您之前提到有一个病人向您讲述了一个梦，但您很难理解，因为她没有提供任何联想。实际上，您把这种情况称为"一个巧妙的国际象棋问题"。

弗洛伊德："Eine sehr geistreiche Schachaufgabe."

卡　　尔：没错。您的记忆力真好！

弗洛伊德：所有这些关于国际象棋的讨论，让我想起了我早年在咖啡馆的日子。中央咖啡馆位于维也纳内城的绅士巷（Herrengasse），那里有许多国际象棋棋手，以至于有时人们都把它叫作"Die Schachhochschule"。

卡　　尔：国际象棋学院？

弗洛伊德：国际象棋学院。

卡　　尔：我相信列夫·托洛茨基（Leon Trotsky）以前经常光顾中央咖啡馆。

弗洛伊德：哦，我想是的。但去那儿的主要是作家：彼得·阿尔滕贝格（Peter Altenberg）和胡戈·冯·霍夫曼斯塔尔（Hugo von Hofmannsthal）……还有施尼茨勒……还有阿道夫·路斯……还有赫茨尔……特奥多尔·赫茨尔（Theodor Herzl），如果我没记错。

卡　　尔：还有您以前的同事，阿德勒博士。

弗洛伊德：是的。要我说，阿德勒花太多时间在喝咖啡上了。要是他能多培养培养更出色的科学思维，把精力用在更有成效的地方就好了。

卡　　尔：在咖啡馆里，人们也谈论了很多关于阿道夫·希特勒的事情。一些作家常常声称，在1913年，您和希特勒可能曾并排坐在相邻的桌子旁！有几位剧作家甚至写了剧本，猜测如果希特勒年轻时来找您做精神分析，会发生什么。

弗洛伊德：这几乎让人厌恶得根本不忍去细想。尤其是现在我知道了我妹妹们的命运。

卡　　尔：您知道您妹妹们的事吗？她们是在您去世几年后离世的。

弗洛伊德：消息传到了我所在的"天上"。是的——真是一场可怕的悲剧。

卡　　尔：我向您致以最深切的哀悼。我甚至找不到合适的词……

弗洛伊德：真希望在1938年的时候，我们能把那些老妇人一起带到英国去。但我当时确实没想到纳粹会杀害四个那样年纪的老妇人。这些施虐狂毫无底线。

卡　　　尔：很遗憾，是的。

弗洛伊德：但我们别再讨论这个话题了。让我们继续我们的采访。

卡　　　尔：我想知道对许多人来说，咖啡馆是否起到了精神分析的作用。

弗洛伊德：什么意思？

卡　　　尔：嗯，咖啡馆肯定让许多孤独、孤立的人聚在一起，或者至少给了他们一种彼此有联系的幻想。也许对那些负担不起精神分析费用的人，或者甚至不知道精神分析的人来说……

弗洛伊德：对，对，咖啡馆的功能就像一个 Ambulatorium。

卡　　　尔：无须预约的诊所。

弗洛伊德：但是咖啡要好得多！

卡　　　尔：确实如此。

弗洛伊德：年轻的作家彼得·阿尔滕贝格曾经说过："Du hast Sorgen, sei es diese, sei es jene–ins kaffeehaus！"

卡　　　尔：换句话说，如果你为某事担心……

弗洛伊德：那就去咖啡馆！

卡　　　尔：真有意思。

弗洛伊德：你知道，把咖啡馆和精神分析办公室做比较是非常恰当的。我现在想起来，我的一个病人告诉我，他以前常常和他的同伴在咖啡馆里……在分析小节结束后讨论我们分析的内容。我告诉他不要这样做。

卡　　　尔：我想我知道那个病人，但我不会……

弗洛伊德：是的，我受医疗裁量权相关规则的约束，所以我不能告诉你他的名字。但他是一名美国医生……总是聊个不停。精神分析治疗必须保持其不可侵犯性。

卡　　　尔：您肯定还记得那部电影 Geheimnisse einer Seele……《灵魂的秘密》（Secrets of a Soul）……它于 1926 年上映。

弗洛伊德：我的一些年轻同事为那个电影项目提供了咨询，给出了关于精神分析本质的建议。这让我很不高兴。我不想让精神分析成为一部低俗电影的题材。

卡　　尔：确实如此。但您可能知道，在这部电影的德语原版中，导演加入了一个场景——一位精神分析师和一个病人在*咖啡馆*见面。我听说，这部电影在英国上映时，这一幕最后被删减了。

弗洛伊德：请不要和我谈论那部电影。我现在没那个心情。

卡　　尔：您不仅在咖啡馆里喝咖啡，在家里也喝，还和同事一起喝。

弗洛伊德：这不足为奇。

卡　　尔：您的一位同事写了一篇自传体文章，他回忆说，在周三晚上于您的等候室举行的精神分析会议上，您会确保所有男士都有雪茄可以抽，之后还有黑咖啡可以喝。

弗洛伊德：*对，当然*。这篇回忆录是谁写的？

卡　　尔：我有点犹豫……

弗洛伊德：嗯？

卡　　尔：斯特克尔，我们提到过他。

弗洛伊德：让我们继续谈吧。那个人就是个卑鄙小人，我后悔拿我最好的雪茄和黑咖啡招待他！

卡　　尔：当然，*教授先生*。我们继续按时间顺序讲述您的生平怎么样？

弗洛伊德：这是个好主意。

卡　　尔：我记得我们之前谈到了您与布洛伊尔医生于1895年出版的那本关于癔症的书。

弗洛伊德：是的，对我和我的工作来说，这是一个非常重要的转折点。

卡　　尔：但事实证明，1895年在许多其他方面也是重要的一年。

弗洛伊德：是吗？我不记得了。

卡　　尔：您写了一篇关于心理想法和潜在神经元之间的相互联系的宣言……

弗洛伊德：啊，是的，我称之为"Entwurf einer Psychologie"。

卡　　尔：《科学心理学项目》（"Project for a Scientific Psychology"）。

弗洛伊德：这是大家所熟悉的英文标题吗？

卡　　尔：是的。

弗洛伊德："蓝图（blueprint）"这个词可能会更好些，你不觉得吗？《科学心理学蓝图》，或者甚至叫作《科学心理学草案》。

卡　　尔：您写了一份非常大胆、非常具有冒险精神的宣言。

弗洛伊德：我必须这么做。我发现自己被夹在神经学的旧世界——传统医学——和心理学的新世界的边缘。我想，为了让自己保持清醒理智，我需要搭建一座桥梁，勾勒出这两个学科之间的重叠领域。

卡　　尔：1895年5月，随着《癔症的研究》一书的出版，您真正开始转型为一名心理学家。

弗洛伊德：是的，我确实成了一名心理学家。在这个时候，我实际上已经放弃将催眠作为一种可行的治疗方法了。在我看来，它从来没有真正起过作用。

卡　　尔：我相信您从来没有打算将《科学心理学项目》这本书出版。

弗洛伊德：的确如此。我写它的时候纯粹把它当作一部正在创作中的作品。你读过吗？

卡　　尔：是的，我读过。

弗洛伊德：你印象如何？

卡　　尔：我觉得这部作品从两个层面来说……都极有难度。首先，我认为，如果没有扎实的神经学和神经生理学基础，读起来会很吃力。其次，它挑战了长期以来主导西方思想的那种粗糙的身心理论。

弗洛伊德：嗯……

卡　　尔：因此……在这两个方面都颇具挑战性。

弗洛伊德：对，我同意你的看法。所以你读《科学心理学项目》时很吃力。而我写它时也很艰难……这是一部为神经学家写的心理学作品，如果你愿意这么理解。

卡　　　尔：您在《科学心理学项目》中提出了一些大胆的主张——尤其是指出思想可以在无意识层面——神经生理层面产生。人可以在没有意识到的情况下思考：这一前提后来成了精神分析的基础。而且如果我理解正确的话，您提出了这样的观点，即心理事件——思想——甚至可以改变潜在的神经生理状态。

弗洛伊德：我们要明确一点，我想绘制一幅能体现我对神经学和心理学这两个领域兴趣的"地图"，而且，正如你所指出的，我想要证明——或者至少努力证明——神经元活动是心理思维的基础。但我也希望把心理学建立在科学的基础上。

卡　　　尔：您的同行并不认为"心理学"是一门真正的科学。

弗洛伊德：岂止不认为它是真正的科学……他们觉得那更像无稽之谈。想象一下：一位医生不再穿白大褂，一位医生不再触碰病人，一位医生不开药方，一位医生不做手术。那算哪门子医生？

卡　　　尔：所以通过开创您的心理治疗"谈话疗法"，您真正开始将自己置身于传统科学和传统医学之外。

弗洛伊德：是的。我成了一个被排斥的人。

卡　　　尔：嗯，历史无疑证明了您是正确的，因为近几十年来，许多严谨的生物学家和物理学家研究了您的《科学心理学项目》，他们发现它在许多方面都惊人地准确，而且极具前瞻性。事实上，相当有先见之明。

弗洛伊德：既然如此，我得再抽一支雪茄。这么好的消息理应庆祝一下。

卡　　　尔：西格蒙德·埃克斯纳（Sigmund Exner）关于大脑和思维之间相互关系的宣言，是否在任何方面对您产生过影响？

弗洛伊德：埃克斯纳？

卡　　　尔：他是布吕克教授的生理研究所里您的导师之一。

弗洛伊德：我知道埃克斯纳是谁，但我不记得你说的这个"宣言"。

卡　　　尔：1894年，在您写《科学心理学项目》的前一年，埃克斯纳写了一份标题与之类似的手稿，名为"Entwurf zu einer Physiologischen Erklärung der Psychischen Erscheinungen（《关于心理现象的生理学解释大纲》）"，探讨了记忆、思维和知觉的生理相关性。实际上，弗朗茨·多伊蒂克（Franz Deuticke）——他后来出版了您那本关于梦的解析的书——出版了埃克斯纳的这篇专题论文。他在自己这本书的第八章中写了很多关于本能的内容，所以我只是想知道……

弗洛伊德：我确实记得埃克斯纳的这篇论文。但我不认为他在这方面影响了我，尽管我对他很尊敬。在那时，只有弗利斯认真对待我关于无意识的兴趣，或许布洛伊尔也有一点在意。

卡　　　尔：我相信，布洛伊尔在《癔症研究》中关于理论的部分，简单地提到了埃克斯纳的这项工作。

弗洛伊德：你可真执着。也许我在布吕克和埃克斯纳指导下所付出的努力，帮助我更好地理解了其中的一些问题。

卡　　　尔：我希望我们有更多的时间来探讨您在神经解剖学方面的研究工作，以及您向心理学领域的转变……事实上，我希望我们有更多的时间来详细讨论您的所有著作。

弗洛伊德：我认为，跟我这样一个已离世的人交谈时，你也在表达自己对死亡的焦虑。事实上，当你说了两次"我希望我们有更多的时间……"的时候，我认为你真正想说的是，在死之前活得更久一点是件好事。我们都希望有更多的时间。

卡　　　尔：我完全同意您的诠释。

弗洛伊德：我们无法逃离死亡。也许这就是为什么我如此努力地通过创造精神分析来留下一点不朽的东西。

卡　　　尔：确实如此。弗洛伊德教授先生，您曾提到，您成了一个非常不同的医生：一个不穿白大褂，不触碰病人，不开药的医生。

弗洛伊德：一个非常不同的医生。没错，当然。

卡　　尔：您和您的病人谈话——真正地和他们交流——然后他们开始好转。

弗洛伊德：这听起来不太科学，也几乎不需要接受医学训练。

卡　　尔：嗯，如今心理治疗已经越来越脱离医学训练了，成为精神分析师或心理治疗师的医生也越来越少。事实上，大多数现代精神分析从业者都在心理学或社会工作领域接受培训，甚至将心理治疗本身作为一门核心学科。作为一名心理学和心理治疗教师，我有幸与一些真正出色的学生共事，他们的职业生涯始于文学、商业等不同领域。我甚至与一位前警察和一位前出租车司机密切合作过，他们后来都成了非常有成就的临床工作者。

弗洛伊德：所以情况发生了变化，医生不再独占精神分析了。

卡　　尔：就像您一直希望的那样。

弗洛伊德：是的，这是一项历史性的成就……让治疗不再掌控在医生的手中。

卡　　尔：的确如此。

弗洛伊德：是的，我愿意认为是我促成了医学与精神分析的分离，尽管我是医学出身。

卡　　尔：我们已经提到过来自密歇根州的精神病学家罗纳德·布兰克博士发表的报告，他见过您以前的裁缝。那个人记得您抛弃白大褂，改为定制西装的确切时间。

弗洛伊德：我的着装转变，如果你愿意这么说。

卡　　尔：是的。

弗洛伊德：我现在就穿着其中的一套西装。它们质量相当不错。

卡　　尔：《癔症研究》于1895年5月出版。然后，在1895年9月，您开始撰写《科学心理学项目》。那是具有里程碑意义的一年。

弗洛伊德：当时我抽了很多雪茄来庆祝。

卡　　尔：1895年您还在伯格巷的住所安装了一部电话，我们之前说过的。

弗洛伊德：是的，但你是怎么知道的？

卡　　　尔：我记得您在给威廉·弗利斯的一封信中提到过电话簿。琼斯博士在他写的传记三部曲的第一卷中写到了电话安装一事。您的儿子马丁在他的书中也提到了这件事。

弗洛伊德：所以你读了我写给弗利斯的信？

卡　　　尔：嗯……是的。

弗洛伊德：我从没想过除了弗利斯以外，会有其他人读这些信。

卡　　　尔：我完全可以想象，当您意识到您的生活和工作让人们如此感兴趣时，您一定会感到惊讶。

弗洛伊德：知道有人对我的工作感兴趣我倒不惊讶。但怎么会对我的私人生活感兴趣？

卡　　　尔：我认为研究另一个人的生活可能是对色欲的实践——也就是您所谓的"原初场景"……the Urszene……孩子希望进入父母的卧室，他们觉得自己被完全拒之门外。

弗洛伊德：完全正确。

卡　　　尔：但对我和其他有历史意识的人来说，对您的私人生活感兴趣是很重要的，因为我们发现这让您更有人情味，也让您的工作变得更有吸引力。

弗洛伊德：我发现这个观点很有意思。好吧，我很乐意顺着这个思路聊下去。

卡　　　尔：那么，说说您的新电话……

弗洛伊德：我自己很少用它。我从来都不喜欢电话。但在我们安装了这个设备后，我就不必留出固定的接诊时间了。

卡　　　尔：固定接诊时间？

弗洛伊德：当然，你一定知道，维也纳的医生——至少在我所处的那个时代——常常会公布我们的坐诊时间……就是可以接待那些直接上门来咨询的病人的时间段。

卡　　　尔：我明白了。

弗洛伊德：然后，在我开始使用电话后，病人就可以精确地预约就诊时间。

我们没办法在候诊室里挤满了随时会进来的病人的情况下进行精神分析……精神分析会谈需要大量的时间。

卡　　　尔：所以 1895 年，电话的出现确实对精神分析实践的发展产生了巨大的影响。

弗洛伊德：也许是这样。当然，有时我会与病人通信，特别是那些住在国外的病人，这样，我也可以通过这种方式为他们安排具体的预约时间。

卡　　　尔：所以，事实证明 1895 年意义非凡……

弗洛伊德：是的，甚至比你可能意识到的还要重要。我不仅和布洛伊尔一起出版了关于癔症的书，写了《科学心理学项目》，还安装了一部电话……而且我还完成了对梦的无意识含义的第一次全面分析……在 1895 年 7 月。

卡　　　尔：我们过一小会儿再讨论您关于梦的工作。

弗洛伊德：没问题。

卡　　　尔：然后，在 1895 年 12 月，您的妻子生下了你们最小的孩子，安娜小姐……

弗洛伊德：她是以安娜·利希海姆（Anna Lichtheim）夫人的名字命名的，她是我曾经的教师塞缪尔·哈默施拉格的女儿。

卡　　　尔：我明白了。

弗洛伊德：总而言之，1895 年是成果丰硕的一年。确实很丰富。

卡　　　尔：您作为一名心理学家——一名心理治疗师——的工作在海外开始得到一定程度的认可，特别是在同行们熟悉了您 1893 年的《初步通报》和 1895 年的《癔症研究》之后。

弗洛伊德：我不记得获得多少认可了。我只记得那些带着怀疑的态度跟我打招呼的同行们的神情。

卡　　　尔：1895 年 12 月，大约在安娜出生的时候……

弗洛伊德：我妻子生她的时候非常艰难……

卡　　　尔：听到这个消息我很遗憾……

弗洛伊德：但我打断你了……那一年的12月还发生了什么？

卡　　尔：您开始收到一些非常迷人的评价。您还记得阿尔弗雷德·冯·贝格尔（Alfred von Berger）在《新自由报》——您最喜欢的那份报纸——上写过您工作的文章吗？他把您的新心理治疗方法——您的"谈话疗法"——称为"Seelenchirurgie"："心灵手术"。

弗洛伊德：啊，对，对……Seelenchirurgie……心灵手术。我很喜欢这个说法。也许说到底我还是一名医生，甚至可以说是一名外科医生。

卡　　尔：一名心灵的医生。

弗洛伊德：多么狡猾的措辞。你了解阿尔弗雷德·冯·贝格尔吗？他不是医生。

卡　　尔：请和我们说说。

弗洛伊德：作为一名戏剧导演，他的名气越来越大……我想他也是一名哲学教授。

卡　　尔：一位艺术家称您为心灵外科医生，这并不让我感到惊讶。

弗洛伊德：从医之人没有谁会具备这样的文学敏感性，能用这样的方式来形容我，不是吗？

卡　　尔：但您确实获得了称赞。我怀疑，如果没有这样的认可——这样的赞赏——您可能根本不会坚持您的工作。

弗洛伊德：可能是这样。

卡　　尔：但我相信，1895年也有其阴暗面。

弗洛伊德：阴暗面？

卡　　尔：艾玛·埃克斯坦（Emma Eckstein）？

弗洛伊德：不能讨论。她是我的病人。你知道我不能谈论她。

卡　　尔：当然。

弗洛伊德：是什么让你问起她？

卡　　尔：嗯，我们确实知道弗利斯医生——在19世纪90年代与您关系密切的同事——给这位女士做了手术。我相信弗利斯对她的一个鼻窦做了手术，还切除了左侧中鼻甲。但遗憾的是，他把一些浸过消毒用的碘仿的纱布留在了她的鼻腔里，这导致了感染和出血。

弗洛伊德：这些消息是怎么传出去的呢？我们从来没把这个病例写成文章发表过。

卡　　尔：但是您给弗利斯写了一封关于埃克斯坦小姐手术情况的长信。如您所知，玛丽·波拿巴公主买下了这些信件，以确保这些信件能够留存下来，传之后世。

弗洛伊德：我觉得这很不可思议。我的私人记录绝不应该被用作任何公开资料的一部分。这是对医疗裁量权的侵犯。

卡　　尔：我同意。但不管怎样，您的名气已经盖过了这些更为传统的考量因素。

弗洛伊德：弗利斯犯了一个错误。我不知道他为什么这样做。我只能猜测。但没错，他确实在埃克斯坦小姐的鼻腔里留下了一块纱布。这最终导致了大出血，我不得不请另一位医生来处理这种情况。我别无他法，因为那时埃克斯坦小姐已经开始流血了，而且那股气味变得相当难闻。

卡　　尔：幸运的是，这个病人活了下来。但她确实需要进一步的治疗，之后她去了一家疗养院休养康复。

弗洛伊德：是的，但几年后，她确实有一段时间成了一名精神分析师。

卡　　尔：发生在1895年的这件事肯定损害了您对弗利斯的信任，也肯定让您对他关于神经症的鼻部起源的理论产生了怀疑。

弗洛伊德：是的，这听起来很疯狂，我承认，也许确实如此。但在那时，作为一名耳鼻喉科医生，弗利斯有着丰富的经验，我没有理由怀疑他做手术的能力。事实上，我发现他关于鼻反射和鼻神经症的新观点很有意思。但我很快就修正了我的观点。是的，我修正了我的观点。

卡　　尔：对您来说，那真是一段复杂的过往。

弗洛伊德：我们一直是很好的朋友。他都成了我们家的一员。弗利斯也认识布洛伊尔，你知道的。我记得他治疗过布洛伊尔的女儿朵拉（Dora）。布洛伊尔治疗过邦迪家族的成员，包括弗利斯未来的妻子艾达。我们都生活在同一个关系非常密切的圈子里。但最终我意识到，我必须与善良的弗利斯*医生先生*分道扬镳。

卡　　尔：也许与威廉·弗利斯的决裂让您能够更充分地追寻自己的原创理念，从而使您摆脱对布洛伊尔或弗利斯等人的愧疚感。

弗洛伊德：是的，我学会了更充分地相信自己的信念……你知道，我自己的科学和临床观察。

卡　　尔：在接下来的这一年里，就是1896年，您迎来了一段创造力和工作效率都有所提升的时期，而且，或许最为人熟知的是，您第一次使用了"精神分析"这个词。

弗洛伊德：你知道吗？"精神分析"这一概念首次出现的时候……nicht auf Deutsch, sondern auf Französisch……

卡　　尔：不是用德语表述的，而是用法语。

弗洛伊德：*正确*！

卡　　尔：请和我们讲讲。

弗洛伊德：我为法国的一份神经学期刊 *Revue Neurologique*（《神经病学评论》）写了一篇关于神经症病因学的文章，发表在1896年3月30日那一期上。

卡　　尔：我相信这是一本非常知名的期刊，由爱德华·布里索（Édouard Brissaud）和皮埃尔·玛丽（Pierre Marie）编辑，他们都是伟大的沙尔科的学生。

弗洛伊德：当然。我们都是伟大的沙尔科的学生。不幸的是，如果我没记错，布里索英年早逝，死于脑瘤。

卡　　尔：您在这份期刊上发表了"精神分析"这个专业术语。

弗洛伊德：在这份法语刊物上，我们使用了带连字符的"psycho-analyse（*精*

神－分析)"一词。我把我的发现描述为"nouvelle méthode de psycho-analyse"——精神分析的新方法。

卡　　尔：精神病学的历史从此发生了改变。

弗洛伊德：嗯，在每一项重大突破的背后，都能看到为获得认可而经历漫长奋斗的痕迹。你知道吗？在这份期刊的目录中，编辑们——或者是某个愚蠢的助手——把我的名字拼成了"西葛·弗伦德（Sigur Frend）"。

卡　　尔：是的，但是编辑们也算有礼貌，把您的文章放在一个名为"Travaux Originaux"——原创作品——的栏目里！

弗洛伊德：西葛·弗伦德。你能想象吗？听起来就像雪茄品牌！

卡　　尔：是您发明了"精神分析"这个词……

弗洛伊德：当然，不只是这个词，而是整个概念。你知道，我经常认为精神分析有三个方面：它是一种治疗神经症的方法，它也是一套理解人类心理的理论体系，而且，它还是一个透镜，通过它我们可以探索隐藏的意义。但也许我之前已经和你说过这些了。

卡　　尔：这是一个相当了不起的成就，弗洛伊德教授，没人会质疑您在开创这样一套系统且深入透彻的心理学方法方面所具有的领先地位。我相信您是在1896年5月开始使用德语术语"Psychoanalyse"的。

弗洛伊德：对，似乎是这样。精神分析先是一个法语术语，然后才变成德语术语的。我不知道英国人是从什么时候开始使用"psycho-analyse（精神－分析）"这个词的——至少在早期，一直都带有那个最初的连字符。

卡　　尔：不过，您可能会有兴趣知道，几年前，也就是在1961年……

弗洛伊德：在我去世很久之后……

卡　　尔：是的，一位学者出版了英国浪漫主义作家塞缪尔·泰勒·柯勒律治（Samuel Taylor Coleridge）的私人笔记，似乎这位大文豪早在1805年就提及了"精神－分析式的理解"。准确地说，是在

1805 年 9 月 15 日。

弗洛伊德：我觉得这很难让人相信。你为什么要告诉我这些？

卡　　尔：哦，请不要惊慌。柯勒律治是以一种非常独特、自创新词的方式使用这个词的。此外，他用它是为了阐释对神话的理解，所提及的是朱庇特和阿波罗。

弗洛伊德：与精神疾病无关？

卡　　尔：哦，不，完全无关。

弗洛伊德：我总是说，我们的诗人对人类心理的了解，有些是我们精神分析师要花好几年时间才能发现的。

卡　　尔：是的，自从您去世后，这句话经常被引用，*教授先生*。

弗洛伊德：*对，对*。那些诗人。他们比医生要敏锐得多，这一点毋庸置疑。

卡　　尔：但我相信，您在 1896 年还经历了很多其他事情。

弗洛伊德：我永远不会忘记，1896 年 4 月 21 日，我在维也纳 Verein Für Psychiatrie und Neurologie 给我的同行演讲。

卡　　尔：维也纳精神病学和神经学协会。

弗洛伊德：正是……讲关于我在癔症病因学方面的工作。但我的同行对我不屑一顾。克拉夫特-埃宾说了一些刻薄的话。

卡　　尔：理查德·冯·克拉夫特-埃宾（Richard von Krafft-Ebing）。奥地利最著名的精神病学教授之一。

弗洛伊德：是的。但他和他的同事们无法容忍听到这些如此新奇又令人震惊的观点……性……诱惑……男性癔症。我得承认，这让我深受打击。不久之后，在那年的 10 月，我年迈的父亲去世了，享年 80 岁。

卡　　尔：我记得他有心力衰竭和膀胱麻痹。

弗洛伊德：是的。我曾担心自己活不到父亲那么大的年纪。

卡　　尔：事实上，您比您父亲多活了 3 年，直到您 83 岁生日后才去世。而且您的著作几乎比所有人都长寿！

弗洛伊德：看起来是这样，否则你就不会浪费时间和我没完没了地喝咖啡了。

卡　　尔：您妻子的妹妹，明娜小姐，在同一年搬到了伯格巷来与你们同住。

弗洛伊德：她是一名未婚女性，无处可去，而且我妻子觉得有她做伴是必不可少的。照顾六个小家伙可不是那么简单的事，明娜帮了大忙。

卡　　尔：我最近发现，您在1896年得到了美国人的进一步认可，威廉·詹姆斯教授在关于异常精神状态的洛厄尔研究所（Lowell Institute）讲座中提到了您，他是当时哈佛大学著名的哲学家和心理学家。

弗洛伊德：我在1909年去克拉克大学接受荣誉学位时见到了詹姆斯。这也许是另一个故事了。但什么是洛厄尔讲座呢？

卡　　尔：在美国马萨诸塞州波士顿举办的一个非常著名的公开系列讲座，我记得是从19世纪30年代开始的。许多著名学者在系列讲座中发言：奥利弗·温德尔·霍姆斯（Oliver Wendell Holmes）、埃德蒙·戈斯（Edmund Gosse）、阿尔弗雷德·拉塞尔·华莱士（Alfred Russell Wallace）、查尔斯·桑德斯·皮尔斯（Charles Sanders Peirce），等等。而您，*教授先生*，作为一名神经学家，肯定知道查尔斯–爱德华·布朗–塞卡尔（Charles-Edouard Brown-Sequard）这个名字。

弗洛伊德：确实如此。所以，在洛厄尔的演讲中被提到是一件了不起的事。

卡　　尔：是的，相当了不起。您的作品确实开始传播了。我记得在1897年，维也纳大学的教授集体提议授予您教授职位。

弗洛伊德：没错——但是，唉，他们觉得我的工作太有威胁性了。我又等了5年才当上教授！他们让我等了又等。

卡　　尔：但您的一些医学同行仍然认为您配得上教授职位，包括理查德·冯·克拉夫特–埃宾男爵，尽管他批评了您在癔症方面的工作。显然，如果他当时向公共教育部部长举荐您担任这一职位，那他就不可能完全讨厌您，实际上甚至可以说一点都不讨厌您。

弗洛伊德：你是如何知道这些的？

卡　　尔：在维也纳的博物馆——位于伯格巷——里，人们可以在显眼的地方看到这封信，上面不仅有克拉夫特-埃宾的签名，还有诺特纳格尔的签名。

弗洛伊德：是的，我记得他们确实提议授予我 Professor Extraordinarius（*特聘教授*）的头衔，尽管如此，他们还是对我的工作心存严重的疑虑。

卡　　尔：有些人声称您根本不能容忍不同意见。一些学者认为，人们必须毫无保留地钦佩您，否则您会觉得自己被摧毁了。

弗洛伊德：谁说的？太荒谬了！

卡　　尔：嗯，我只是想弄清楚，克拉夫特-埃宾提名您为教授，而您却觉得他讨厌您。

弗洛伊德：这都是很久以前的事了。我不记得确切的情况了。但我可以告诉你，早在1896年，在精神病学协会上，他就对我的工作不屑一顾。也许他后来感到内疚了，因此试图弥补。这个想法倒是挺有意思的。

卡　　尔：由于没有得到您所期望的认可，以及反犹太主义的持续存在，甚至愈演愈烈，您一定感觉受到了很大的攻击。卡尔·卢埃格尔于1897年当选维也纳市长。我知道我们已经提到过他了。

弗洛伊德：是的。当然，我们提到过卢埃格尔。对我来说，提得太多次了。真是个可怕的人。一个可怕的*市长*。他对我们犹太人的暴虐行径，在维也纳煽动起了民众的仇恨情绪。

卡　　尔：我最近了解到，卢埃格尔的一个追随者——一个叫约瑟夫·谢歇尔（Josef Scheicher）的人——在1900年写了一本小册子，他在其中表示希望每天能绞死大约300名犹太人。

弗洛伊德：Abstoßend（令人厌恶）！多么令人恶心！

卡　　尔：而且谢歇尔接受过神职人员的培训。

弗洛伊德：我一直都知道宗教对那些有着婴儿式固着的人很有吸引力……而且是以一种相当危险的方式。但让我们聊点别的吧。一想到我可怜的妹妹们落在那些纳粹畜生的手中，我就受不了。

卡　　尔：我已经极大地考验了您的耐心，弗洛伊德教授，非常感谢您满足了我的好奇心。我们暂时先结束这次讨论吧。

弗洛伊德：但我们甚至还没有开始聊我在20世纪的生活，只聊了19世纪的！

卡　　尔：嗯，我们正在逐步向前推进。但您的生平经历如此丰富，充满细节，又有这么多新发现，所以要花些时间。我们可能还需要见很多次面！

弗洛伊德：当然。我不催你。

卡　　尔：在世纪之交前，您并没有获得教授职位，但在1899年，您确实成了一名Docent（*讲师*），这个词有时拼作Dozent。

弗洛伊德：他们授予我"Docent für Nervenkrankheiten an der Universität"的称号。

卡　　尔：我们可以把它翻译成大学神经疾病讲师。

弗洛伊德：是的，我终于得到了一点小小的认可。

卡　　尔：就在同一年，您终于完成了那部手稿，如今很多人都认为它是您最重要的著作，即《*梦的解析*》，所有说英语的人都知道这本书叫 The Interpretation of Dreams。

弗洛伊德：这可是一项浩大的工程……相当耗费精力……但最终还是值得的。你接下来肯定会让我说说《梦的解析》，但恐怕我现在没有精力讨论这个话题了。我想你已经读过这本书了。

卡　　尔：读过很多很多遍。

弗洛伊德：那你已经了解这本书的内容了。

卡　　尔：嗯，可我还是有很多问题。

弗洛伊德：下次吧……我要是给你讲无意识的功能，那可得讲整整一堂课，而要讲这个，我得先睡上一觉才行。

卡　　尔：我都没有意识到"天上"的人也需要睡觉。

弗洛伊德：还有很多你不知道的。但总有一天你会发现的。

卡　　　尔：对此我毫不怀疑！但简而言之，和我们说说……

弗洛伊德：告诉你，我发现了梦的隐秘意义……我发现我们的梦反映了自我们婴儿时期最早期起那些隐藏的愿望的实现……我创造了一种全新的人类心灵理论……我开始认识到梦是有意义的……这些我现在没法展开说。

卡　　　尔：这本书的扉页上印的日期是 1900 年，但我相信您的出版商弗朗茨·多伊蒂克早在 1899 年 11 月 4 日就把这本书推向市场了。

弗洛伊德：多伊蒂克肯定意识到了这本书潜在的重大影响力，你知道的，他希望出版日期——1900 年——能引领新世纪的到来。

卡　　　尔：我相信，您更早便在 1899 年 10 月收到了两本已出版的书。

弗洛伊德：天哪。你们这些历史学家似乎追踪到了我生活中的每一个细节。这让我感到很不安。你们怎么知道这些的？

卡　　　尔：好吧，您在 1899 年 10 月 27 日写信给威廉·弗利斯，感谢他来信告知已收到您寄给他的那本书。您寄给弗利斯的那本书上写着"24 Okt. 1899"——1899 年 10 月 24 日。我在一家珍本书商的目录里看到过这个信息！

弗洛伊德：你见过我这本书的初版吗？

卡　　　尔：哦，是的——见过不少呢，包括您自己的那本私人藏书，现在存放在伦敦弗洛伊德博物馆里一个安全的地方。

弗洛伊德：我的天啊！

卡　　　尔：如果您知道，文献目录学家以科学般的精确程度研究了这本书的初版，您肯定会觉得很有趣。出版商多伊蒂克用棕色硬纸板装帧这本书，书脊上有烫金的字。这本书长 220 毫米，宽 145 毫米……

弗洛伊德：这太详细了，尤其是对于一本前 6 年只卖出 351 本的书来说。

卡　　　尔：我能理解这一定让您很难过。您知道吗？查尔斯·达尔文的名著《论依据自然选择即在生存斗争中保存优良族的物种起源》(*On the Origin of Species by Means of Natural Selection, or the Preservation* of Favoured Races in the Struggle for Life）的初版在出版第一天就售罄了。没错，我在达尔文的一封信中读到过，初版——总共大约印了1250本……

弗洛伊德：出版当天就卖光了？

卡　　尔：似乎是这样。

弗洛伊德：是啊，我从来没有取得过这样的成功。

卡　　尔：但是《梦的解析》给您带来了很多新学生。事实上，几乎每一位早期的精神分析师都是在发现您的这本书如此具有变革性之后，才来跟您学习的。

弗洛伊德：嗯……也许是这样。

卡　　尔：您不需要达尔文的所有读者。首先，您只需要一小群忠实的追随者，他们真正理解您的工作，能够逐步以坚实的基础为依托，开创一场心理健康运动。您不需要一夜成名。

弗洛伊德：谢谢你的这番见解。我同意你的看法。一个人不可能通过一次宣传活动就创造出一场精神分析运动。但你也不完全正确。达尔文的作品一出版就成为畅销书，但我们不能说他是一夜成名。我想他此前已经经历了很多。

卡　　尔：当然。

弗洛伊德：并非所有人成名的方式都一样，而且成名的时间点肯定也不尽相同！

卡　　尔：让我们说回您的书。释梦这门艺术本身……嗯，它有很悠久的历史，正如您在《梦的解析》第一章中所阐明的那样。

弗洛伊德：是的，在我之前很久，许多哲学家就试图释梦，但在我看来，他们都不太成功。

卡　　尔：您的书确实是独一无二、出类拔萃的，它不仅是一本关于释梦的入门读物，也阐释了一种心理功能的模型——您在书中区分了意识、前意识和无意识这几个心理层次，还是一本关于成人心理功能的童年起源的教科书……

弗洛伊德：啊，我看你已经理解了我所写的……

卡　　尔：是的，当然。我们都花了很多年的时间来研究这本书。

弗洛伊德：但你还想说别的吧……

卡　　尔：是的，《梦的解析》不仅是对心理学——对梦的心理学和心智理论来说都是如此——的巨大贡献，而且它代表了医学写作的一个独特发展方向，因为我们找不到其他任何一本"科学"著作像它这样，包含了如此多关于作者个人的私密信息。您的书中充满了无数您自己的梦、您年幼的孩子的梦、家庭故事、早期记忆、自白，等等。《梦的解析》堪称一本别具一格的教科书，在这本书里，作为专家的作者本人也成了自己的研究对象。

弗洛伊德：从很多方面来看，它都是一本自传。你说得没错。但我只是把这些自传式自白当作一种数据来源，以此来助力构建一门科学理论。

卡　　尔：在接下来的20世纪里，在您后来写的那些关于口误和笑话的书中，您还会继续这样做。通过以这样的方式表达，嗯，我认为你掀起了一场变革……打破了此前医生和病人之间原本泾渭分明的界限。

弗洛伊德：是的，精神病理不是病人的专利。我们的性格中都有精神病理的方面，因此我给我的那本关于口误书起了这个书名：Zur Psychopathologie des Alltagslebens。

卡　　尔："日常生活中的精神病理学（The Psychopathology of Everyday Life）"，强调了日常生活。

弗洛伊德：是的，我们每个人都有精神病理，每天都有……

卡　　尔：这种对自传式自白的运用……嗯，我觉得它很独特。许多历史学家甚至认为您延续了圣奥古斯丁（St Augustine）的传统中，圣奥古斯丁以将自白作为心理学数据的来源而闻名。

弗洛伊德：这倒也不失为一个不错的榜样。尽管他并不了解我所发现的关于性和婴儿期的那些知识。他又怎么可能了解呢？天主教会对人类思想的限制实在是太严苛了。

卡　　　尔：确实如此。

弗洛伊德：嗯，我们现在已经说到 1899 年 11 月 4 日了。新世纪即将到来。

卡　　　尔：此后不久，对您的书的评论开始出现在维也纳的报刊上。第一篇评论发表于 1899 年 12 月 16 日，刊登在维也纳杂志 *Die Gegenwart* 上，我想它的意思是《当下》(*The Present*)。

弗洛伊德：是卡尔·梅岑廷（Carl Metzentin）写的。

卡　　　尔：在这篇评论中，他对您赞誉有加。

弗洛伊德：是的。我收到了一些鼓舞人心的回应。但也有很多批评……大多是以沉默的方式表现出来的。我的书本应该卖出更多的。

卡　　　尔：梅岑廷先生称您的书具有开创性，但尽管如此，您仍然觉得他的评论令人失望。

弗洛伊德：他没有认真思考我书中的内容。

卡　　　尔：但您对一本文学杂志能有什么期待呢？

弗洛伊德：嗯……你也写过书，对吧？

卡　　　尔：是的。虽然远没有您写的那么多，但也有几本。

弗洛伊德：那你就会明白作为一名作家所面临的挑战了。

卡　　　尔：我明白。

弗洛伊德：看，科尔先生拿着我们的外套走过来了。隔着房间我就能看到他。我很欣赏他的审慎，在我们谈话的最后这段时间里，他让我们能畅所欲言……这最后一杯咖啡。就我个人而言，我不能再喝咖啡了。

卡　　　尔：他在照顾我们的需求方面做得无可挑剔。

弗洛伊德：但让我们说完吧。这次漫长的访谈也快结束了。

卡　　　尔：我一直感到非常震惊的是，您最伟大的作品——您的巨著《梦的解析》——付梓印刷之时，距离当时维也纳最负盛名的人物约翰·施特劳斯（Johann Strauss）的离世仅仅过去了几个月。我说的是小约翰·施特劳斯，而不是他同样杰出的音乐家父亲。

弗洛伊德：我知道你说的是谁。我们会说，约翰·施特劳斯，der Sohn。我们之前在谈话中提到过他，不是吗？

卡　　尔：您的记忆力可真好。是的，确实。约翰·施特劳斯，儿子。

弗洛伊德：对，我想，除了皇帝弗朗茨·约瑟夫之外，这位施特劳斯先生很可能是全奥地利最受欢迎的人物。女士们都喜欢他。每个人都随着施特劳斯的华尔兹舞曲起舞。当然我不跳。我不跳舞。但很多人都跳。

卡　　尔：我最近读了一本回忆录，作者是一位非常有趣的奥地利人，他成长于 *19 世纪末至 20 世纪初* 的维也纳，他回忆说，约翰·施特劳斯，der Sohn，实际上在流行文化中享有与维多利亚女王和奥托·冯·俾斯麦（Otto von Bismarck）同等的知名度。

弗洛伊德：这也许是真的。

卡　　尔：施特劳斯于 1899 年 6 月 3 日去世，仅仅 5 个月后……

弗洛伊德：《梦的解析》就问世了。

卡　　尔：是的。从象征意义的角度来看，施特劳斯之死与弗洛伊德作为公众人物的"诞生"，也许并不完全是巧合。

弗洛伊德：施特劳斯用他轻快活泼的华尔兹舞曲帮助我们忘记烦恼。

卡　　尔：但是弗洛伊德却迫使我们回忆过去。

弗洛伊德：这口号不错。

卡　　尔：我想您不是施特劳斯的乐迷吧？

弗洛伊德：没到那种程度。你呢？

卡　　尔：我必须承认，我的确很喜欢他的华尔兹舞曲，还有他的舞台作品……他的轻歌剧。

弗洛伊德：比如，*Der Zigeunerbaron*……

卡　　尔：是的，我们会说《吉卜赛男爵》（*The Gypsy Baron*）。

弗洛伊德：那 *Die Fledermaus* 呢？你用英语怎么说？

卡　　尔：实际上，大多数英国人都知道这部作品的德语原名，我想它的意思是《蝙蝠》(*The Bat*)。

弗洛伊德：你喜欢《蝙蝠》吗？

卡　　尔：我喜欢，不仅是因为音乐。

弗洛伊德：是吗？

卡　　尔：这部轻歌剧于 1874 年首演，其中有一首美妙的波尔卡舞曲——"Trinklied"，也就是饮酒歌——在我看来，这首歌真正体现了施特劳斯和弗洛伊德之间的差异。

弗洛伊德：和我多说说。

卡　　尔：如果我没记错，歌词是这样的："Glücklich ist, wer vergisst, was doch nicht zu ändern ist."您还记得这首曲子吗？嘀–嘀–嘀……哒–哒–嘀……

弗洛伊德：能忘掉自己无法改变之事的人是幸福的。

卡　　尔：没错。而您完全颠覆了施特劳斯的观点。您帮助我们铭记过去。

弗洛伊德：我明白为什么他的轻歌剧如此有影响力。1873 年，整个奥地利都因那场 Krach（*崩盘*）——证券交易所的崩溃——遭受了巨大的痛苦……经济危机爆发，许多人血本无归。所以一部关于饮酒和遗忘的轻歌剧……嗯，当然变得很有吸引力。

卡　　尔：当然。

［此时，科尔先生拿着外套、帽子，还有弗洛伊德教授的手杖来到了桌旁。］

科　　尔：*教授先生*，您的交通工具到了。

卡　　尔：交通工具？

弗洛伊德：是的——你知道，我们不是靠长着羽毛的翅膀飞到天堂去的。

卡　　尔：我最好还是别再问问题了。

弗洛伊德：你很快就会明白的，我年轻的朋友。总有一天你会知道的。

科　　尔：在*教授先生*离开之前，先生们还需要点些什么吗？

弗洛伊德：不了，科尔，你已经照顾得非常周到了，只是现在我们得休息一下，让这些咖啡和糕点在胃里消化消化。

科　　尔：当然，*教授先生*。

卡　　尔：科尔先生，劳驾您准备一下账单，这样我好结账……

科　　尔：*啊，不用了。不用，不用，不用*！兰特曼咖啡馆对接待你们的这次访谈感到非常自豪，我们做梦也想不到……

卡　　尔：但是我们已经享用了你们这么多美味的咖啡和可口的食物。我必须得付账。

科　　尔：我们有幸接待了弗洛伊德教授，奥地利最著名的人物。应该是我们为这份荣幸买单才对。

卡　　尔：好吧，真是太慷慨了。教授和我都感激您。

弗洛伊德：的确，科尔。

科　　尔：*教授先生*能赏脸拍张照片挂在我们店里的墙上吗？

弗洛伊德：绝对不行！你们已经很清楚我的长相了。

科　　尔：当然，*教授先生*。原谅我。

弗洛伊德：没关系。现在，把我的帽子给我吧，科尔。

科　　尔：在这里，弗洛伊德*教授先生*。

弗洛伊德：我很感激。*谢谢*。

卡　　尔：弗洛伊德教授，您给我们留下了如此丰厚的遗产。您告诉我们，我们的父母在童年时对待我们的方式深刻地影响着我们成年后的生活。您告诉我们，梦、口误和生活中的细枝末节都源于深层的动力，通过分析我们精神生活的这些方面，我们有能力更好地了解自己。您描绘了一幅人类的真实图景，充满了性和破坏的力量与冲动。

弗洛伊德：这是极高的赞美。

卡　　尔：但这是事实。您为我们提供了一种治疗精神痛苦的方法——这种方法比在您之前的几个世纪里所实行的治疗方法要人道得多，那时医生会残酷殴打、忽视和虐待病人。当然，您抛弃了医生常用的仪器和医疗器械——X光、药物、手术刀、检验室——您教我们如何坦诚地进行深入的、毫无保留的对话。这种交谈和联结的体验让人们被看到——真正被看到——并感到被理解。

弗洛伊德：你说得很准确。

卡　　尔：因为上述种种，以及更多的贡献，您在历史上赢得了属于自己的一席之地。当然，您也赢得了我们永远的感激。

弗洛伊德：这番赞誉言过其实了。不过还是谢谢你。

卡　　尔：我希望有一天我们能有机会再见面。

弗洛伊德：我们只追溯了我从1856年到1900年的经历。甚至还没有触及1900年到1939年我去世那段时间的事呢。

卡　　尔：我会试着邀请您回来，再进行一次逝世后的采访。

弗洛伊德：如果我们能挤出时间……考虑到我在"天上"的各种事务，这可不容易……我一定会同意的。但下次，请少喝点咖啡，多抽点雪茄。

卡　　尔：虽然我不吸烟，但这仍将是我的荣幸。谢谢您！

弗洛伊德：谢谢……und auf Wiedersehen（还有，再会）。

卡　　尔：*再会，教授先生*。期待我们再次相见……

结 语

我是如何认识弗洛伊德的

显然,我从未有幸见过伟大的西格蒙德·弗洛伊德教授,他在我出生前很多年就去世了,尽管我当然希望自己能见到他。遗憾的是,我也从未见过他的女儿安娜·弗洛伊德,虽然我差点就见到她了。在我心理学本科学习的最后一年,我的一位教师希望举办一次关于精神分析的大型会议,他知道我对弗洛伊德有浓厚的兴趣,非常友好地请我协助他策划和组织会议。我们决定,最好给弗洛伊德小姐本人写信。遗憾的是,就在我们寄出这封信前不久,西格蒙德·弗洛伊德的小女儿就去世了,享年86岁。

虽然我错过了与西格蒙德·弗洛伊德以及安娜·弗洛伊德见面的机会——因为我们完全是不同时代的人——但我还是坚持不懈地努力,与尽可能多的、还在世的弗洛伊德身边的人交谈。当我进入心理健康领域时,弗洛伊德的大多数家人和学生都已经去世了。尽管如此,我还是不时地设法接触到了一些八九十岁的老人,他们可以提供一些历史背景信息,也许偶尔还能讲一两件弗洛伊德的逸事。

与著名的精神分析历史学家保罗·罗森(Paul Roazen)教授不同,他在20世纪60年代采访了许多弗洛伊德曾经的门生,并在这个过程中收集了大量的原始数据,而我只能够查到一些偶然发现的信息碎片。我进入弗洛伊德研究领域太晚了,而大多数见过他的人都已经去世了,所以我只能满足于一些奇闻逸事。

伟大的美国精神分析师和慈善家穆里尔·加德纳（Muriel Gardiner）博士很可能是我遇到的第一个与弗洛伊德本人有过接触的人。1983年，我邀请加德纳博士在牛津精神分析论坛（Oxford Psycho-Analytical Forum）上发表首次演说，该论坛是我在牛津大学（University of Oxford）创立的，旨在促进牛津大学成员与牛津郡地区卫生局（Oxfordshire Area Health Authority；该机构负责管理牛津的多家精神病医院）之间的精神分析对话。令我惊喜的是，加德纳博士友好地接受了我的邀请，她在大学实验心理学系的一个大演讲厅里向座无虚席的听众发表了演讲。加德纳博士与弗洛伊德并不十分相熟。我想，她在自己的精神分析师露丝·麦克·布伦瑞克（Ruth Mack Brunswick）博士的邀请下见过他，但她只见过他一次，布伦瑞克博士是一位当时在维也纳工作的美国同行。加德纳告诉我和在场的听众，她曾与弗洛伊德一起喝过茶，她觉得他很迷人，很有魅力，但她记不起更多的事情了。当我在讲座前后与加德纳博士私下交谈时，我试图从她那里获得更多关于弗洛伊德的信息，但她不记得任何其他值得注意的事情。然而，她确实回忆起了很多关于弗洛伊德的著名病人"狼人（der Wolfsmann）"的事情，她与"狼人"保持了长期的联系，她为我生动而详尽地描绘了这个男人的形象，这个人的悲惨人生故事构成了弗洛伊德最重要的案例史之一的基础。

两年后，也就是1985年，我结识了约瑟芬·斯特罗斯（Josefine Stross）博士，她是维也纳的一名儿科医生，后来也成了一名精神分析师，她曾于1938年6月4日在维也纳护送弗洛伊德上火车，并陪同他踏上了前往伦敦的最后一程，他们在巴黎短暂停留，两天后抵达伦敦。研究弗洛伊德的学者们都知道，弗洛伊德家族的长期家庭医生马克斯·舒尔此时患上了阑尾炎，因此无法陪伴他的病人逃离纳粹。在最后一刻，安娜·弗洛伊德的朋友斯特罗斯博士代替了马克斯·舒尔。我在安娜·弗洛伊德中心见到了斯特罗斯医生，该中心位于弗洛伊德最后的住所对面的梅尔斯菲尔德花园。她非常亲切地向我讲述了近50年前她是如何帮助弗洛伊德的。斯特罗斯医生是一位身材娇小的女士，她向我解释说，在虚弱的弗洛伊德登上那列将他永远带离祖国的火车时,她不得不用尽她所有的力气来扶稳他。我非常荣幸能和斯特罗斯博士——她的一些病人亲昵地称她为"斯特罗茜(Strossie)"——相处一段时间,我清楚地意识到她曾扮演的重要角色。让我感到有趣的是,后来我发现斯特罗斯博士和我在伦敦北部的圣约翰伍德(St John's Wood)看的是同一位牙医。

1985年年底,我与美国精神分析师玛格丽特·布伦曼-吉布森(Margaret Brenman-Gibson)教授建立了更为亲密的友谊,她和蔼可亲,如祖母般慈祥,我因为一档关于精神分析的电视节目采访过她。我们很快成了朋友,她很照顾我,并把我介绍给她圈子里的许多年长同行,尤其是埃里克·埃里克森(Erik Erikson)教授和他的妻子琼·埃里克森(Joan Erikson),他们二人与西格蒙德·弗洛伊德和整个弗洛伊德家族都有多年的交情。我年轻时读过艾里克森的作品,能亲自见到这位伟人,我深感触动,我觉得他非常讨人喜欢。令人难过的是,他的记忆已经开始衰退。而他的妻子琼的记忆力则敏锐很多,她告诉我,弗洛伊德家族雇佣过一位名叫维蒂(Vetti)的女佣,她与长期任职的管家葆拉·费希特尔一起工作。这个微小的细节——虽然看起来并不重要——却一直留在我的脑海里,因为这样的小信息片段无法从任何文献资料中获得,而只能从一个真正接触过弗洛伊德家庭内部的人的回忆中得知。埃里克森夫人还分享了一个关于弗洛伊德的小姨子明娜·伯奈斯的可爱故事。埃里克森夫人那时刚刚怀孕,有一天,伯奈斯小姐看到埃里克森夫人正舒服地躺在羽绒被上。明娜·伯奈斯一脸惊恐地看着琼·埃里克森,因为她有一种迷信观念,认为人不应该坐在羽毛上。埃里克森夫人仍然记得明娜·伯奈斯用德语说的原话:"Man sitzt nicht auf Federn",翻译过来就是"人不能坐在羽毛上"。我还和埃里克森夫妇一起闲聊,回忆起弗洛伊德早期圈子里的许多成员,包括葆拉·费希特尔小姐、奥古斯特·艾希霍恩(August Aichhorn)博士和路德维希·杰克尔斯(Ludwig Jekels)博士,等等。

大约在同一时间,在访问纽约市时,我有幸见到了露西·弗里曼(Lucy Freeman),她曾是《纽约时报》(*The New York Times*)心理健康专栏的作者,也是畅销回忆录《与恐惧斗争》(*Fight Against Fears*)的作者，这是第一本由病人撰写的严肃、完整的关于自己精神分析经历的作品。她是我们现在称之为"媒体心理学"的真正先驱，弗里曼夫人在20世纪中叶以严肃和尊重的态度普及精神分析，她在这方面所做的工作可能比其他任何人都多。在她漫长的职业生涯中，她撰写了几十本通俗易懂、文笔精湛的精神分析方面的书，还与许多著名的精神分析师合作著书。她甚至为那些既没有时间也没有能力自己写作的忙碌的分析师"代写"了不少著名的临床巨作。与露西的友谊让我感到荣幸，在之后近20年的时间里，我们一直保持着非常密切的联系，直到她2004年去世。她非常慷慨地把我介绍给了许多年长的精神分析师和他们的孩子。露西还为我描绘了许多已经去世的著名精神分析从业者的形象，这些都来自她的美好、真实的第一手记忆。通过露西·弗里曼，我近距离学习了精神分析界的人物传记，我忠实地记录了她的许多回忆，以及她对她的圈子里的杰出成员的印象，她很享受这些人多年来的陪伴，包括弗朗茨·亚历山大（Franz Alexander）、拉尔夫·格林森（Ralph Greenson）、哈罗德·格林沃尔德（Harold Greenwald）、马丁·格罗特雅恩（Martin Grotjahn）、欧内斯特·琼斯、劳伦斯·库比（Lawrence Kubie，也是她的表亲）、桑多尔·洛兰德（Sandor Lorand）、卡尔·门宁格（Karl Menninger）、特奥多尔·赖克、刘易斯·罗宾斯（Lewis Robbins）、海曼·斯波特尼茨（Hyman Spotnitz）、沃尔特·斯图尔特（Walter Stewart），以及西格蒙德·弗洛伊德的侄子爱德华·伯奈斯（Edward Bernays）、特奥多尔·赖克的女儿米里亚姆·赖克（Miriam Reik）、弗朗茨·亚历山大的女儿弗朗西斯卡·亚历山大［Francesca Alexander；大家都叫她"琪琪（Kiki）"］，以及其他不胜枚举的人。在回忆她与三代精神分析师的接触时，她为我提供了通往这个领域及其杰出人物的"路线图"，也让我接受了独特的历史教育。1986年，美国精神分析学会（American Psychoanalytic Association）为露西·弗里曼颁发了一项特别奖，以表彰她作为作家、广播员和心理学知识的推广者对该领域的贡献，我为此感到非常高兴。

令我又惊又喜的是，我那时年仅二十五六岁，就设法在伦敦新开的弗洛伊德博物馆找到了一份工作。我在那里待了一年，同时继续接受我在心理学和心理治疗方面的研究生训练。这个机会让我得以结识各种各样与弗洛伊德及其家族的世界有着有趣联系的人。在这种情况下，我见到了弗洛伊德的许多孙辈和曾孙辈，还有他的许多同事和病人的遗孀及孩子。

有一天，当我在弗洛伊德博物馆工作时，一位迷人、穿着时髦的女士告诉一位管理员，她想找一名工作人员谈谈，因为她和西格蒙德·弗洛伊德有关联。我的同事让我去和她聊聊。这位迷人的女士自我介绍说她叫埃塞尔·卡迪纳（Ethel Kardiner）。我立刻认出了她的姓氏，并问她是否是已故的艾布拉姆·卡迪纳（Abram Kardiner）博士的亲戚。艾布拉姆·卡迪纳博士是美国精神分析运动的创始人之一，也是西格蒙德·弗洛伊德（Sigmund Freud）以前的病人之一。埃塞尔·卡迪纳的朋友们都叫她"伊迪（Edie）"，她告诉我，她确实与已故的艾布拉姆·卡迪纳有过一段很长的婚姻，她想问我一些关于弗洛伊德博物馆的问题。卡迪纳夫人担心没有人会记得她的丈夫，我猜她挺开心我很熟悉并且非常钦佩她丈夫的著作——尤其是他那本文笔优美的回忆录《我与弗洛伊德的分析：回忆录》（*My Analysis with Freud: Reminiscences*），我几乎都能背下来！当我去纽约时，伊迪盛情邀请我去她位于公园大道的豪华住宅做客，我们愉快地交谈、吃饭。虽然我知道，她告诉我的许多关于弗洛伊德的故事我都已经知道了，这些故事是她从她已故的丈夫那里听到的——其中相当一部分已经写进了他的自传中——但她慷慨地给我看了她保存在公寓里的弗洛伊德的签名照片，以及她丈夫的许多未出版的笔记和演讲稿。

通过在弗洛伊德博物馆的工作，我还认识了西格蒙德·弗洛伊德侄孙的妻子安妮·马勒（Anne Marle）夫人。虽然她本人并不认识弗洛伊德，但她嫁给了弗洛伊德的侄孙欧姆里·马勒（Omri Marle），他是弗洛伊德最喜欢的侄女、著名的独白艺人莉莉·弗洛伊德–马勒（Lily Freud-Marle）的儿子。安妮·马勒当时年事已高，她与我分享了一些精彩的照片、信件和关于整个家庭的回忆，包括她对婆婆莉莉·弗洛伊德-马勒（Lily Freud-Marle）、玛莎·弗洛伊德（Martha Freud）夫人以及弗洛伊德的两个女儿玛蒂尔德·霍利切（Mathilde Hollitscher）夫人和索菲·哈伯施塔特夫人的生动印象。她还聊到了弗洛伊德在美国的侄子爱德华·伯奈斯。此后不久，我与美国公共关系运动的创始人伯奈斯先生通了信，他给了我一些重要的材料和信件。我记得在爱德华·伯奈斯95岁生日后不久，我就开始与他通信了！令人惊叹的是，他活到了103岁。我还有幸与弗洛伊德的孙子、著名的儿童精神分析师W.欧内斯特·弗洛伊德（W. Ernest Freud）通过信。

　　1986年，我非常荣幸地参加了在伦敦日耳曼研究所（Institute of Germanic Studies）举办的一次会议，此次会议由两位非常和蔼可亲的学者组织，分别是爱德华·蒂姆斯（Edward Timms）博士和娜奥米·西格尔（Naomi Segal）博士，他们当时都是剑桥大学的研究员，后来分别成了萨塞克斯大学和伦敦大学的教授。这次会议是为了纪念即将到来的弗洛伊德离开奥地利50周年。［1988年出版了一本题为《流亡中的弗洛伊德：精神分析及其变迁》（*Freud in Exile: Psychoanalysis and its Vicissitudes*）的会议论文集。］在这次会议上，我遇到了同为演讲者的恩斯特·费德恩（Ernst Federn）博士，他是一位著名的维也纳精神分析师保罗·费德恩（Paul Federn）博士的儿子，他是第五位加入弗洛伊德星期三晚间心理讨论会——Psychologische Mittwoch-Gesellschaft——的医生。费德恩的热情，他对 joie de vivre（*生活的兴趣*），以及他乐于谈论自己的父亲和从他儿时起就了解的弗洛伊德的故事，都给我留下了深刻的印象。

　　总的来说，这些经历为我提供的关于弗洛伊德的"新"信息很少。库尔特·艾斯勒和保罗·罗森等历史学家早已承担了记录关键回忆的大部分工作。但无论如何，会见与弗洛伊德有某种联系的人——比如他在美国的侄子、住在伦敦的侄孙媳、一个病人的遗孀、曾经和弗洛伊德一起喝过茶的女士，等等——让我产生了这样一种感觉：尽管我当时只是一个20多岁的年轻人，但我仍然能够获取第一手的背景信息，这样，也许有朝一日我能成为一名还算称职的心理学史学家。虽然这些早期的经历让我对尚不为人知的关于弗洛伊德的信息了解极为有限，但它们无疑为我提供了许多生动的细节，帮助我在进行口述历史访谈、记录和整理笔记、解读讲述者的动机、质疑记忆的准确性等方面收获颇丰，还通过让一些被遗忘的人物重新鲜活起来，填补了我知识上的空白。

在20世纪90年代，与早期维也纳精神分析有关联的人只有极少数还在世。但只要我有机会，我就会继续开展我正在进行的研究，我也会偶然发现一些有趣的小故事。玛格丽特·布伦曼-吉布森教授给我讲了一个关于弗洛伊德的病人的精彩故事，那是我之前从未听说过的。还有希尔达·舍恩菲尔德（Hilde Schoenfeld）夫人，她是我心理治疗的一名学生，她把我介绍给了她的"名誉"姑妈奥尔加·罗森伯格（Olga Rosenberg）夫人。奥尔加是一位上了年纪的女士，她已故的丈夫桑多尔·罗森伯格（Sandor Rosenberg）先生曾经卖给安娜·弗洛伊德一块地毯，然后他把地毯送到了弗洛伊德在维也纳的家中，在那里他见到了这位伟大的教授本人。还有一次，在20世纪90年代中期，我还意外地发现自己正在与弗洛伊德的一位完全不知名的病人的侄女交谈——事实上，这个病人是一名恋童癖患者——他在20世纪30年代的某个时候接受了弗洛伊德的分析。2010年，我甚至就这些鲜为人知的弗洛伊德的故事写了一篇小文章，于2010年发表在精神分析杂志《美国意象》（*American Imago*）——西格蒙德·弗洛伊德于1939年与他人共同创办的一份期刊——上，题为《四件不为人知的弗洛伊德逸事》（"Four Unknown Freud Anecdotes"）。

在整个20世纪80年代和90年代，我与早期精神分析运动的其他人物进行了许多颇有收获的交谈。罗伊·格林克（Roy Grinker）教授是心身医学领域的泰斗，也是弗洛伊德的被分析者之一，他友好地回应了我早期关于躺椅的一项研究问询。伊尔塞·赫尔曼（Ilse Hellman）博士回忆了玛莎·弗洛伊德教授夫人、安娜·弗洛伊德，以及她的家乡维也纳的许多其他人物，包括她的亲戚奥斯卡·里博士的家人，奥斯卡·里博士是弗洛伊德的儿科同事，也是他多年的私人好友。她还回忆起胡戈·冯·霍夫曼斯塔尔和理查德·施特劳斯（Richard Strauss）等维也纳文化界的传奇人物，他们都认识她的母亲。此外，她还和我谈到了伟大的维也纳儿童心理学家（也是弗洛伊德的反对者）夏洛特·比勒（Charlotte Bühler）教授，以及弗洛伊德的法国对手皮埃尔·雅内（Pierre Janet）教授。20世纪30年代，她曾陪同雅内教授在维也纳四处参观。海伦妮·伊利亚特·范德维尔德（Helene Eliat van de Velde）夫人向我讲述了卡尔·亚伯拉罕（Karl Abraham）博士、玛丽·波拿巴公主和汉斯·萨克斯博士等人的故事。威廉·吉莱斯皮（William Gillespie）博士和我谈到了爱德华·希奇曼（Eduard Hitschmann）博士。梅尔文·戈尔茨坦（Melvin Goldstein）教授、乔尔·肖尔（Joel Shor）博士以及杰罗姆·辛格（Jerome Singer）教授都回忆起了多才多艺的特奥多尔·赖克博士。莉迪亚·詹姆斯（Lydia James）夫人跟我谈了西格弗里德·伯恩费尔德（Siegfried Bernfeld）博士。利奥·阿布塞（Leo Abse）先生分享了许多他与伊娃·罗森菲尔德女士之间亲密友谊的逸事。莫蒂默·奥斯托（Mortimer Ostow）教授通过他生动的描绘让赫尔曼·努恩伯格博士的形象仿佛重现在眼前。罗伯特·兰格斯（Robert Langs）博士告诉了我很多关于马克斯·舒尔博士的事。布鲁玛·斯韦德洛夫（Bluma Swerdloff）博士谈到了桑多尔·拉多（Sándor Radó）博士；玛丽娜·吉尔曼（Marina Gilman）夫人（现在的吉尔曼博士）与我分享了她对祖母卡伦·霍尼（Karen Horney）博士的回忆；玛格丽特·布伦曼·吉布森教授谈到了格雷特·比布林（Grete Bibring）教授；著名歌剧演唱家安妮·埃文斯女爵士（Dame Anne Evans）向我讲述了她为赫伯特·格拉夫［Herbert Graf，更广为人知的名字是"小汉斯（Little Hans）"］工作的经历；威廉·尼德兰德（William Niederland）教授回忆起自己作为勒内·斯皮茨（René Spitz）博士的学生的时光。劳埃德·德莫塞（Lloyd deMause）先生回忆起了埃里希·弗洛姆（Erich Fromm）博士；约翰·哈里森（John Harrisson）先生谈到了他与弗洛伊德的侄子爱德华·伯奈斯的交往。扬夫人（Lady Young），奥蕾莉亚（Aurelia）分享了许多关于她父亲奥斯卡·内蒙（Oscar Nemon）的信息以及照片，他制作了最著名的西格蒙德·弗洛伊德雕塑。我还可以继续列举下去，但我希望这些重点事例能凸显出，并始终尊重年长者的回忆，人们依然能够获取大量关于早期维也纳精神分析运动的第一手历史资料（无论是文献、回忆，甚至是未经证实的传闻），了解西格蒙德·弗洛伊德、他的家人、他的病人和他早期追随者的情况。

此外，在20世纪80年代，在追寻弗洛伊德和早期维也纳精神分析师的"线索"时，我开始对英国精神分析史进行更广泛的研究，特别是唐纳德·温尼科特医生的生平，他于1971年去世，去世时间相对较晚。由于我身处英国，收集关于温尼科特的资料要容易得多，因为他大约在10年前才去世。因此，我顺利地见到了他的家人、病人、同事、熟人，甚至他长期以来的秘书，深受爱戴且被大家深深怀念的乔伊斯·科尔斯（Joyce Coles）夫人，她非常慷慨地向我展示了她所保存的文件档案和其他材料。

我与数百名精神分析领域的年长人士及其配偶、子女，甚至他们的病人有过亲身接触，这为我提供了丰富的学习经历。我相信，通过口述历史访谈和档案调查研究，我对精神分析及其文化的了解，远比我从几十年来接受的广泛的正规专业训练中学到的要多得多。而从那些帮助创立精神分析行业的人口中听到这个行业的基础要素，为我提供了极其真实且极具价值的知识积累，对此我永远心存感激。在过去的30多年里，我有了这么多的经历，现在我发现自己能够享受梳理这些丰富回忆的过程，并与下一代分享。

尽管大多数"伟人"早已去世，但即便时间流逝，人们仍然可以对我们这个行业的创立者们开展"第一手"研究。最近，我与伊伦卡·维尼尔·亚历山大（Ilonka Venier Alexander）夫人建立了友谊，她是弗洛伊德卓有成就的弟子弗朗茨·亚历山大博士的孙女。她给我讲了许多关于她那位著名祖父的生平故事，以及祖父与精神分析之父之间的关系，其中一些故事后来出现在她精彩的传记《弗朗茨·亚历山大的生活和时代：从布达佩斯到加利福尼亚》（*The Life and Times of Franz Alexander: From Budapest to California*）中，我有幸为这本书写了前言。

但我们为什么要再读一本关于弗洛伊德的书，而且是一本像咖啡桌读物那样的书呢？毕竟，关于西格蒙德·弗洛伊德的资料并不匮乏；我们的图书馆和书架上已经堆满了成千上万本关于这位伟人及其作品的研究的书。

即便如此，了解私人生活中的弗洛伊德仍然是一个挑战。很少有学者能轻松辨认他的笔迹，因为他是用哥特字体书写的。事实上，除了少数几位极为专注的学者外，没有人研究过弗洛伊德的全部著作（德文版），以及现存的大约 1.5 万封弗洛伊德的信件，更不用说大量未出版的资料，这些资料存放在诸如华盛顿特区的美国国会图书馆和英国伦敦的弗洛伊德博物馆等地。因此，对弗洛伊德的研究在质量上差异很大：一些作品仍然崇拜他，而另一些则诋毁他。在写这本《与弗洛伊德的咖啡漫语》的过程中，我希望能创作出这样一部作品：为新手提供对弗洛伊德的介绍，避免许多先前研究的两极分化，此外，还能提供一些在更传统的概括性调查中不容易找到的生平经历和历史背景信息。

我非常希望自己能有精力，至少再与弗洛伊德"会面"一次，和他讨论从 1900 年到 1939 年他去世期间的生平经历。但与此同时，我相信像《与弗洛伊德的咖啡漫语》及其前作《与温尼科特的茶会闲谈》这样的书——我努力进行的"逝世后的采访"，同时也是"想象的非虚构作品"的尝试——将有助于以一种更有趣、更亲近的方式将这些伟大的心理学人物鲜活地展现在读者眼前。我相信，这将有助于人们对他们的生活，还有他们的作品产生更多的兴趣。当然，我非常享受与温尼科特一起品茶，以及现在与弗洛伊德共饮咖啡，在这两本书中，都有我的许多受访者提供的未公开的历史回忆。我非常希望，融入这些生动的细节能够以鲜活的方式让这些早已离世的人物"复活"。

德语词汇表

我为那些不会说德语的读者准备了一份基础且希望足够简单易懂的词汇表。下面列出的许多词都有多种含义。但为了简单起见，我常常只给出某个特定术语在我与西格蒙德·弗洛伊德的对话中，或者在"结语"里出现时的含义。我避免了对德语中至关重要的特殊格（即宾格、与格、属格和主格）进行冗长的解释。

正如德语语言和文学学者深知的那样，在整个 19 世纪，某些单词在标准化之前有多种拼写方式。因此，读者会在本书中偶尔发现一些对现代读者来说看起来陌生的词。

例如，对于"讲师"这个词，我采用了两种不同的拼法来呈现——一种是"Dozent"，另一种是"Docent"，这取决于弗洛伊德和他的同事在特定情况下以及在某些文献中对这个词的使用方式。同样，对于"学院"一词，如今拼写为"Fakultät"，在弗洛伊德所处的时代，经常拼写为"Facultät"，更接近其拉丁语词源。同样，弗洛伊德在《神经病学中央杂志》（*NeuroLogisches Centralblatt*）上发表了文章，该杂志名称如今被拼写为 *NeuroLogisches Zentralblatt*。

这种拼写的多样性在历史文献中随处可见。人们常常会在各种文献中发现，对弗洛伊德父亲的称呼，有的地方写的是"Jakob Freud"，另一些地方写的是"Jacob Freud"。弗洛伊德的医学同事里（Rie）博士，在有些地方被拼写为"Oskar Rie"，而在另一些地方被拼写为"Oscar Rie"。研究弗洛伊德的学者必须学会容忍这类拼写差异所带来的困惑。

在所有情况下，我都遵循了那个时期第一手文献中出现的原始拼写方式，比如，在提到亚瑟·施尼茨勒的故事《古斯特少尉》时，使用的是"Lieutenant"，而不是更常用的"Leutenant"；以及选择约瑟夫·布洛伊尔医生在 Studienüber Hysterie 中最初使用的"Redecur"（即"谈话疗法"），而不是"Redekur"。

在整本书中，我将西格蒙德·弗洛伊德的所有德语单词和短语——无论是他已发表或未发表作品中的，还是我们"对话"中出现的——都用特别字体来呈现，以帮助读者阅读。

abb. = abbreviation（缩写词）
adj. = adjective（形容词）
adv. = adverb（副词）
art. = article（冠词）
conj. = conjunction（连词）
cont.= contraction（缩写形式）
excl.= exclamation（感叹词）

n. = noun（名词）
n.pl. = noun plural（复数名词）
prep. = preposition（介词）
pron. = pronoun（代词）
v. = verb（动词）
v.t. = verb tense（动词时态）

Aber (conj.) 但是
Aberglaubens (n.) 迷信
Abgeschmacktheit (n.) 平淡无味
Abschied (n.) 告别，离别
Absolute (adj.) 绝对的
Abstammung (n.) 血统，起源
Abstoßend (adj.) 令人厌恶的
Abwehr (n.) 防御，"抵御"
Abwehrmechanismen (n.pl.) 防御机制
Ach (excl.) 啊
Akademiker (n.) 受高等教育者，学者
Allgemeines (adj.) 公立的，综合的；如公立医院，综合医院
Alltagslebens (n.) 日常生活
Ambulatorium (n.) 无须预约的诊所
Amerikaner (n.) 美国人
An (prep.) 在……旁边，在……上面，到
Ändern (v.) 改变，改动
Aphasien (n.pl.) 失语症
Apostolische (adj.) 使徒的，使徒时代的
Appetit (n.) 食欲
Archiv (n.) 档案

Ärzte (n.pl.) 医生，医师

Ärzte-Correspondenzblatt (n.) 医学期刊

Ärztliche (adj.) 医学的

Aspirant (n.) 临床助理

Auch (adv.) 也，甚至，太

Auf (prep.) 在……上

Auffassung (n.) 意见，观点，概念

Aus (prep.) 来自

Austoben (v.) 释放

Ausweinen (v.) 哭出来

Bezirk (n.) 区，地区

Bier (n.) 啤酒

Bisschen (adv.) 一点

Bist (v.t.) 是

Blick (n.) 看，扫视

Börse (n.) 证券交易所

Börsenkrach (n.) 股市崩盘

Brauner (adj.) 棕色的

Brauner (n.) 棕色咖啡，一种咖啡类型

Briefe (n.pl.) 信件

Buchteln (n.pl.) 果酱面包卷

Bürgermeister (n.) 市长

Christlichsoziale (adj.) 基督教社会的

Danke (v.t.) 谢谢

Das (art.) 这，那

Dass (art.) 这，那

Dem (art.) 这，那

Den (art.) 这，那

Der (art.) 这，那

Des (art.) 的，表从属

Dessen (pron.) 他的，它的，谁的

Deutsch (n.;adj.) 德语；德语的

Dich (pron.) 你

Diese (pron.) 这些

Direktor (n.) 主管，主任

Docent (n.) 讲师

Doch (adv.) 毕竟

Doch (conj.) 但是

Doktor (n.) 博士，医生

Doppelgänger (n.) 分身

Dozent (n.) 讲师

Du (pron.) 你

Ein (art.) 一个

Eine (art.) 一个

Einer (art.) 一个

Einfall (n.) 想法，入侵

Einspänner (n.) 一种浓黑咖啡，上面加了很多鲜奶油

Elend (n.) 痛苦

England (n.) 英国

Entwurf (n.) 大纲、蓝图、草案

Er (pron.) 他，它

Erklärung (n.) 解释

Erscheinungen (n.pl.) 现象，外观，症状

Erste (adj.) 第一位的，最先的

Ersten (adj.) 第一位的，最先的

Erzherzog (n.) 大公

Facultät (n.) 学院

Familienroman (n.) 家庭罗曼史

Federn (n.pl.) 羽毛

Fehlleistungen (n.pl.) 疏漏，错误

Fledermaus (n.) 蝙蝠

Französisch (n.;adj.) 法语，法语的

Frau (n.) 女士，夫人

Frauenemancipation (n.) 妇女解放

Frauenklinik (n.) 妇科诊所

Fräulein (n.) 年轻女性，女士，小姐

Freie (adj.) 自由的

Freier (adj.) 自由的

Frühmittelalter (n.) 中世纪早期

Für (prep.) 对，给

Ganz (adj.) 完全的，整个的

Geburt (n.) 出生

Gedichte (n.pl.) 诗歌

Gefährlich (adj.) 危险的

Gegenwart (n.) 现在，当下

Gehen (v.) 去，走

Gehirnanatomie (n.) 大脑解剖学

Gehirnmythologie (n.) 大脑神话

Geistreiche (adj.) 灵巧的，巧妙的

Gemeines (adj.) 普遍的，共同的

Gentleman (n.) 先生，绅士

Geschlechtliche (adj.) 性，性的

Gesellschaft (n.) 协会

Getrunken (v.t.) 喝酒

Gewehrfabrik (n.) 步枪制造厂

Gewesen (v.) 存在

Gloriole (n.) 光环

Glücklich (adj.) 快乐的，幸福的

Gott (n.) 天哪

Größenteils (adv.) 主要是

Großer (adj.) 大的；如 Großer Brauner Kaffee（大杯棕色咖啡）

Großherzogin (n.) 大公夫人

Gruft (n.) 墓穴

Gründerkrach (n.) 股市崩盘

Gugelhupf (n.) 圆环蛋糕

Gut (adj.) 好的

Guten (adj.) 好的

Gymnasiast (n.) 高级中学学生

Gymnasiasten (n.pl.) 高级中学学生

Gymnasium (n.) 高级中学

Hamburger (adj.) 指来自德国汉堡的人或物

Hast (v.t.) 有

Hat (v.t.) 有

Heb (v.t.) 提升，抬起

Helden (n.pl.) 英雄

Heller (n.) 赫勒（货币单位）

Herr (n.) 先生

Herzliche (adj.) 诚挚的，衷心的

Hochschule (n.) 大学

Hysterie (n.) 癔症

Hysterische (adj.) 癔症的

Hysterische (n.) 癔症病人

Hysterisches (adj.) 癔症的

Ich (n.) 自我

Ich (pron.) 我

Ihnen (pron.) 你

Im［in dem］(prep., & cont.) 在

In (prep.) 在

Innere (adj.) 内在的

Innerlichkeit (n.) 内在性

Ins (prep., & art.) 在

Institut (n.) 研究所，协会

Interessant (adj.) 有趣的

Internationale (adj.) 国际的

Internationaler (adj.) 国际的

Ist (v.t.) 是

Ja (adv.) 对，是的

Jause (n.) 下午茶会，茶歇

Jeder (pron.) 每个，每

Jene (pron.) 那个，那些

Kaffee (n.) 咖啡

Kaffeehaus (n.) 咖啡馆

Kaffeehäuser (n.pl.) 咖啡馆（复数）

Kaiser (n.) 皇帝

Kaiserin (n.) 皇后

Kaiserlich (adj.) 帝国的

Kaiserliche (adj.) 帝国的

Kaiserschmarrn (n.) 皇家松饼，甜煎饼

Kaminfegen (n.) 清扫烟囱

Kindbettfieber (n.) 产褥热

Kinderanalyse (n.) 儿童分析

Kinderfräulein (n.) 保姆

Kinderheilkunde (n.) 儿科

Kipferln (n.pl.) 维也纳可颂

K.K.［Kaiserliche und Königliche］(abb.) 帝国和皇家

Kleiner (adj.) 小，小的

Kollege (n.) 同行，同事

Köln (n.) 科隆

König (n.) 国王

Königlich (adj.) 王室的

Königliche (adj.) 王室的

Korrekt (adj.) 正确的

Köstlich (adj.) 美味的，精美的

Krach (n.) 噪声，崩盘

Krankenhaus (n.) 医院

Kränkungen (n.pl.) 损伤，打击

Krapfen (n.) 甜甜圈

Kritische (adj.) 批判的

Krone (n.) 克朗（货币单位）

Kronprinz (n.) 王储

Kunstsalon (n.) 艺术沙龙

Leibarzt (n.) 私人医生

Leide (v.t.) 遭受

Liebling (n.) 宠儿

Majestät (n.) 陛下

Man (pron.) 你，有人

Männliche (adj.) 阳性的，男性的

Medizinische (adj.) 医学的

Medizinischen (adj.) 医学的

Mein (pron.) 我的

Meine (pron.) 我的

Menschen (n.pl.) 人，人类

Menschliche (adj.) 人的，人类的

Mit (prep.) 和……一起

Mittwoch (n.) 星期三

Mokka (n.) 摩卡

Mühselig (adj.) 艰辛的，困难的

Mundwasser (n.) 漱口水

Museum (n.) 博物馆

Mutter (n.) 母亲

Mythendeutung (n.) 神话阐释

Mythus (n.) 神话

Narrenturm (n.) 疯人塔

Narzisst (n.) 自恋者

Natürlich (adv.) 自然地

Nein (adv.) 不，不是

Nervenkrankheiten (n.) 神经疾病

Neue (adj.) 新的

Neurologie (n.) 神经学，神经病学

Neurotiker (n.) 神经症病人

Nicht (adv.) 不，不能

Nur (adv.) 只是，仅仅

Ober (n.) 服务员

Oberkellner (n.) 领班服务员

Okt.［Oktober］(abb.) 十月

Österreich (n.) 奥地利
Österreichischen (adj.) 奥地利的

Palais (n.) 宫殿，皇宫
Partei (n.) 政党
Physiologischen (adj.) 生理学的
Pikkolo (n.) 端水的男孩侍者
Polnischen (adj.) 波兰的
Polnischer (adj.) 波兰的
Presse (n.) 报刊，新闻界
Primaner (n.) 中学一年级学生
Prinzessin (n.) 公主
Privatdozent (n.) 编外讲师
Professor (n.) 教授
Prophet (n.) 预言家，先知
Prosa (n.) 散文
Psychiatrie (n.) 精神病学
Psychischen (adj.) 精神的，心理的
Psychoanalyse (n.) 精神分析
Psychoanalytische (adj.) 精神分析的
Psychoanalytischer (adj.) 精神分析的
Psychologie (n.) 心理学
Psychologische (adj.) 心理学的
Psychologischen (adj.) 心理学的
Psychopathologie (n.) 精神病理学

Quatsch (n.) 废话，胡说

Rattenmann (n.) 鼠人
Raucherecke (n.) 吸烟区，吸烟室
Redecur (n.) 谈话疗法
Reisestipendium (n.) 旅行奖学金
Reminiszenzen (n.pl.) 回忆
Rhein (n.) 莱茵河
Richtig (adj.) 对的，正确的
Richtiger (adj.) 真正的
Rindergulasch (n.) 牛肉炖菜
Ruft (v.t.) 呼唤，呼喊

Sacher Torte (n.) 萨赫蛋糕，维也纳巧克力蛋糕，以糖果商弗朗茨·萨赫（Franz Sacher）命名
Schachaufgabe (n.) 国际象棋问题
Schachhochschule (n.) 国际象棋学院
Schatten (n.pl.) 阴影
Schlagobers (n.) 掼奶油，打发奶油
Schnaps (n.) 烈酒，一种酒精饮料，常常兑有杜松子酒和水果
Schnitzel (n.) 炸肉排
Schön (adj.) 美丽的，漂亮的
Schöne (adj.) 美丽的，漂亮的
Schutzhaus (n.) 奥地利山间小屋，庇护所
Schwarzer (n.) 一种摩卡咖啡
Schwein (n.) 猪

Schweinerei (n.) 猪一样的垃圾

Seelenchirurgie (n.) 心灵手术

Seelenleben (n.) 精神生活

Sehr (adv.) 非常

Sei (v.t.) 是

Seine (pron.) 他的

Sekundararzt (n.) 助理医师，住院医师

Selbstmord (n.) 自杀

Semmelknödel (n.) 德式面包丸子

Sich (pron.) 自己

Sie (pron.) 您，他们，她

Sieh (v.t.) 看

Sitzt (v.t.) 坐

So (adv.) 如此，这么

Sohn (n.) 儿子

Sondern (conj.) 而是，相反

Sorgen (n.pl.) 担心

Soviel (conj.) 就……而言

Sprich (v.t.) 说话

Stadt (n.) 城镇

Stammgast (n.) 常客，老顾客

Steigt (v.t.) 攀登，上升

Strudel (n.) 一种多层的、夹有甜馅的酥皮点心

Studie (n.) 研究

Studien (n.pl.) 研究

Tafelspitz (n.) 煮牛肉

Tante (n.) 阿姨

Teilnahme (n.) 同情

Torte (n.) 奶油蛋糕、果馅饼

Toten (n.pl.) 死者

Tragisch (adj.) 悲剧的，悲惨的

Traumdeutung (n.) 梦的解析

Trinklied (n.) 饮酒歌

Türke (n.) 土耳其人

U［und］(abb.) 和

Über (prep.) 在……上面，关于

Übersetzungen (n.pl.) 译文，翻译

Ueber (prep.) 在……上面，关于 ["über"的另一种拼写方式，流行于19世纪]

Unbestrittene (adj.) 无可争议的

Und (conj.) 和

Unglück (n.) 不幸，苦恼

Universität (n.) 大学

Unsympathisch (adj.) 没有同情心的，不讨人喜欢的

Unzugänglich (adj.) 难以接近的

Urszene (n.) 原初场景

Vater (n.) 父亲

Verein (n.) 协会，俱乐部

Vereinigung (n.) 协会，组织

Vergisst (v.t.) 忘记

Verkehrt (adj.) 错误的，相反的（如 Kaffee Verkehrt，指牛奶比咖啡多的饮料）

Verlag (n.) 出版社

Versuch (n.) 尝试，试图

Von (prep.) ……的，来自……的

Walküre (n.pl.) 女武神

Was (pron.) 什么

Weiss (v.t.) 知道

Weiter (adv.) 此外

Weltkrieg (n.) 世界大战

Wenn (conj.) 如果，当

Wer (pron.) 谁

Wie (adv.) 如何

Wiedersehen (v.) 再见，再会

Wien (n.) 维也纳

Wiener (n.pl.;adj.) 维也纳人，维也纳语，维也纳的

Wiener Schnitzel (n.) 维也纳炸肉排，裹面包屑的煎小牛肉排

Willkommen (adj.) 受欢迎的，欢迎

Wirklich (adj.) 真的

Wolfsmann (n.) 狼人

Wort (n.) 单词

Zauberei (n.) 魔法，魔术

Zeigt (v.t.) 出现，显现

Zeitraubend (adj.) 耗时的

Zeitschrift (n.) 期刊

Zigarren (n.pl.) 雪茄

Zigeunerbaron (n.) 吉卜赛男爵

Zu (prep.) 朝，位于……

Zuchtwahl (n.) 人工选择，选种

Zum［zu dem］(cont.) 至，朝

Zur［zu der］(cont.) 在……之中、之上，至

Zweite (adj.) 第二的

Zweiten (adj.) 第二的

致　谢

首先，也是最重要的，我要感谢卡纳克图书公司的董事兼出版人奥利弗·拉思伯恩先生，感谢他对"与偶像对话"系列图书给予的无与伦比的支持。他热情地委托我创作了《与温尼科特的茶会闲谈》，现在他又支持了《与弗洛伊德的咖啡漫语》这本书的出版。奥利弗和他的整个团队多年来坚定而又友好地陪伴着我，他们值得我衷心感谢。我要感谢卡纳克图书公司所有敬业的工作人员，特别是塞西莉·布林奇（Cecily Blench）女士、康斯坦斯·戈文丁（Constance Govindin）女士、费尔南多·马克斯（Fernando Marques）先生、亚历克斯·马西（Alex Massey）先生、西沃恩·马尔卡希（Siobhan Mulcahy）女士、凯特·皮尔斯（Kate Pearce）女士、雷切尔·拉斯伯恩（Rachel Rathbone）夫人、塔内莎·史密斯（Taneisha Smith）女士、理查德·希姆恰克（Richard Szymczak）先生和罗德·特威迪（Rod Tweedy）博士。优秀的文字编辑埃里克·金（Eric King）先生和克拉拉·迈森尼·金（Klara Majthényi King）女士再一次证明了他们是最令人愉快的合作伙伴。

言语根本无法表达我对艾莉森·贝赫德尔（Alison Bechdel）女士的感激之情，她为西格蒙德·弗洛伊德绘制了美妙的画作[①]。贝赫德尔女士已经为我之前的书《与温尼科特的茶会闲谈》绘制了精美的插图，我很高兴她同意再次抽出宝贵的时间，施展她的艺术才华，为《与弗洛伊德的咖啡漫语》创作插图。她再次证明了自己是最令人愉快的合作伙伴。在我看来，她对弗洛伊德的描绘避免了许多艺术家所采用的讽刺手法。相反，艾莉森非常巧妙地捕

[①] 此处指英文版插图的绘制者，因版权原因，中文版未能使用英文版插图。为了让中文版读者获得同样良好的阅读体验，特请鑫雨为中文版绘制了插图。——中文版编辑注

捉到了这位深度心理学之父的深情和温柔。

苏茜·奥尔巴赫（Susie Orbach）博士、瓦莱丽·辛纳森（Valerie Sinason）博士和埃斯特拉·韦尔登（Estela Welldon）博士——这三位既是我亲爱的朋友，也是我的同事和教师——从一开始就支持这个项目。我尤其要感谢奥尔巴赫博士，他把我介绍给了艾莉森·贝赫德尔，并成了我的第一位读者。辛纳森博士既是一位才华横溢的诗人，也是一位杰出的临床医生，她以一贯的慷慨精神激发了我更具创造性的写作。"游戏女王"韦尔登博士让我明白，一个人的工作能够，而且确实必须，成为他的乐趣所在。

彼得·鲁德尼茨基（Peter Rudnytysky）教授是我极为钦佩的同行，也是一位精神分析历史学家，他以一贯的严谨阅读了本书的文稿。我感谢他提供的有益评论，感谢他提出的许多坦率的想法和见解，此外，我也感谢他包容我偶尔对弗洛伊德相关问题的不同解读。塔维斯托克医学心理研究所（Tavistock Institute of Medical Psychology）的塔维斯托克关系（Tavistock Relationships）研究中心的研究部主任卡特里奥娜·罗茨利（Catriona Wrottesley）夫人是精神分析艺术和优质作品的鉴赏家，她也给予了我热情的鼓励。

多罗塔·奥乔钦斯卡（Dorota Ochocinska）女士为我提供了关于波兰伏特加错综复杂、不可或缺的第一手知识，我对此表示感谢。延斯·奥利森（Jens Olesen）博士是一位出色的语言学家和学者，他以一贯的慷慨分享了他对19世纪奥地利和德语措辞及拼写的知识。我在伦敦巴林特咨询公司（The Balint Consultancy）的顾问同事们——苏珊娜·阿布塞（Susanna Abse）女士、克里斯托弗·克卢洛（Christopher Clulow）博士、简·哈柏林（Jane Haberlin）女士、苏茜·奥尔巴赫博士、阿米塔·塞加尔（Amita Sehgal）博士和莎拉·怀尼克（Sarah Wynick）博士——在这个项目的创作过程中都给予了我巨大的支持和鼓励。这些亲爱的人为我提供了许多同事间的支持。

我从1979年开始教授西格蒙德·弗洛伊德的作品，直到今天我仍然有幸继续这样做。我从不厌倦教授弗洛伊德的理论，我要感谢几十年来我的许多学生，他们听我讲课，与我辩论，批评我，并帮助我培养了一种能力，让我能够以一种我希望既通俗易懂又有实质内容的方式来讲解弗洛伊德的思想。

如果没有数以百计的精神分析历史学家的杰出工作，我的思考将会匮乏得多。因此，我向所有在我之前曾在弗洛伊德领域中辛勤耕耘的人表示深深的感谢。事实上，这些学者中有相当一部分人多年来都直接支持了我的工作——事实上，有这么多慷慨相助的人，我甚至无法向他们所有人表达我诚挚的谢意。然而，我要特别感谢伦敦弗洛伊德博物馆过去和现在的所有同事，自1986年以来，我有幸结识了其中的许多人，最早是穆里尔·加德纳（Muriel Gardiner）博士的孙女婿约翰·哈里森（John Harrisson）先生，他是第一个把我介绍到博物馆的人，之后又结识了其他许多人。弗洛伊德博物馆馆长卡罗尔·西格尔（Carol Seigel）女士、博物馆教育总监伊万·沃德（Ivan Ward）先生和前任馆长迈克尔·莫尔纳（Michael Molnar）先生都特别亲切，布莱奥妮·戴维斯（Bryony Davies）女士、索菲·莱顿（Sophie Leighton）女士和斯特凡·马里安斯基（Stefan Marianski）先生也是如此，更不用说出色的管理人员了，特别是已故的亚历山大·本托（Alexandre Bento）先生，以及他的继任者丹尼尔·本托（Daniel Bento）先生和弗朗西斯科·达席尔瓦（Francisco da Silva）先生，他们都非常热情地协助了我的研究工作。斯特凡·马里安斯基和伊万·沃德——对年轻学生教授弗洛伊德的完美教师——在本书出版前详细阅读了书稿，这让我深感荣幸。

我要特别感谢罗伯特·格林伍德（Robert Greenwood）先生，他是伦敦皇家医学会会员图书馆（Members' Library of the Royal Society of Medicine in London）的文物保护专员，2015年，我与他合作，携手伦敦弗洛伊德博物馆，共同策划了"医者弗洛伊德（Freud the Physician）"展览。我认为格林伍德是一位极为和蔼可亲且充满热情的学者，从我们许多富有启发性的讨论中，我学到了很多关于19世纪末医学背景下的弗洛伊德的知识。我还要感谢格林伍德先生多次指导我查阅英国皇家医学会（Royal Society of Medicine）令人惊叹的档案收藏。

另外，我想对华盛顿特区国会图书馆手稿部（the Manuscript Division of the Library of Congress）的工作人员表示感谢。多年来，他们为我多次参观提供了便利，并且友好地允许我查阅保存在詹姆斯·麦迪逊大楼（James Madison Building）手稿阅览室仓库中的许多弗洛伊德藏品。我特别要感谢文献和读者服务部（the Reference and Reader Services Section）主任杰弗里·弗兰纳里（Jeffrey Flannery）先生给予我的诸多帮助。

我还必须感谢已故的库尔特·艾斯勒博士，他是西格蒙德·弗洛伊德档案馆的首任秘书，早在1986年，我就与他进行了一次令人难忘的谈话，他为我提供了有益的鼓励。我还必须感谢已故的汉斯·瓦尔特·兰格（Hanns Walter Lange）先生，他慷慨地送给我一份他多年来精心绘制的弗洛伊德家谱。桑德·吉尔曼（Sander Gilman）教授、已故的珀尔·金（Pearl King）小姐、医学博士乌韦·亨里克·彼得斯（Uwe Henrik Peters）教授、已故的保罗·罗森教授和已故的布鲁玛·斯韦德洛夫（Bluma Swerdloff）博士，他们都热情地支持了我刚刚起步的努力。

在家庭方面，我一如既往地感谢我的家人，感谢他们始终如一的爱和支持，尤其是我的妻子金姆（Kim），是她最先让我领略到了维也纳兰特曼咖啡馆的魅力。如果没有她的鼓励，我也不会前往这家热情好客的*咖啡馆*朝圣，它现在已经成为一家由亲切的工作人员打理的高档餐厅。而且，如果没有这些年来与家人一起前往维也纳的那些难忘的旅行经历，这本书恐怕也不会问世。

参考文献

对于我直接引用的作品，以及在访谈正文和结语中所提及的所有作品，我都给出了参考文献的引用信息。在任何情况下，我都力求采用这些作品的原始出版版本。

Albrecht, Adelbert (1909). Professor Sigmund Freud. In Hendrik M. Ruitenbeek (Ed.). (1973). *Freud as We Knew Him*, pp. 22–27. Detroit, Michigan: Wayne State University Press.

Alexander, Fran G., and Selesnick, Sheldon T. (1966). *The History of Psychiatry: An Evaluation of Psychiatric Thought and Practice from Prehistoric Times to the Present*. New York: Harper and Row, Publishers.

Alexander, Ilonka Venier (2015). *The Life and Times of Franz Alexander: From Budapest to California*. London: Karnac Books.

Anonymous [Sigmund Freud] (1883). Spina's Studies on the Bacillus Tuberculosis. *Medical News*. 7th April, pp. 401–402.

Anonymous [Sigmund Freud] (1884a). Cocaine. *Medical News*. 1st November, p. 502.

Anonymous [Sigmund Freud] (1884b). The Bacillus of Syphilis. *Medical News*. 13th December, pp. 673–674.

Auden, Wystan H. (1940). For Sigmund Freud. *Kenyon Review*, 2, 30–34.

Auden, Wystan H. (1940). In Memory of Sigmund Freud (d. Sept. 1939). In Wystan H. Auden. *Another Time: Poems*, pp. 102–106. New York: Random House.

Bernheim, Hippolyte (1884). *De la suggestion dans l'état hypnotique et dans l'état de veille*. Paris: Octave Doin, Éditeur.

Bernheim, Hippolyte (1886). *De la suggestion et de ses applications à la thérapeutique*. Paris: Octave Doin, Éditeur.

Bernheim, Hippolyte (1888a). *De la suggestion et de ses applications à la thérapeutique: Deuxième édition corrigée et augmentée*. Paris: Octave Doin, Éditeur.

Bernheim, Hippolyte (1888b). *Die Suggestion und ihre Heilwirkung*. Sigmund Freud (Transl.). Vienna: Franz Deuticke.

Bernheim, Hippolyte (1891). *Hypnotisme Suggestion Psychothérapie: Études nouvelles*. Paris: Octave Doin, Éditeur.

Bernheim, Hippolyte (1892). *Neue Studien ueber Hypnotismus, Suggestion und Psychotherapie*. Sigmund Freud (Transl.). Vienna: Franz Deuticke.

Bettelheim, Bruno (1986). La Vienne de Freud. Théo Carlier (Transl.). In Jean Clair (Ed.). *Vienne: 1880–1938. L'Apocalypse joyeuse*, pp. 30–45. Paris: Éditions du Centre Pompidou.

Bettelheim, Bruno (1990). *Freud's Vienna and Other Essays*. New York: Alfred A. Knopf.

Blank, Ronald J. (1976a). A White-Coated Tale. *American Journal of Psychiatry, 133*, 347–348.

Blank, Ronald J. (1976b). Dr. Blank Replies. *American Journal of Psychiatry, 133*, 1097.

Bonaparte, Marie (1933a). *Edgar Poe: Étude psychanalytique. Volume I*. Paris: Les Éditions Denoël et Steele.

Bonaparte, Marie (1933b). *Edgar Poe: Étude psychanalytique. Volume II*. Paris: Les Éditions Denoël et Steele.

Bonaparte, Marie (1938). Information Given by Mrs Freud: (April 1938). FA/ CON 57. Box 33D. Freud Museum, Swiss Cottage, London.

Breuer, Josef (1895a). Beobachtung I. Frl. Anna O . . . In Josef Breuer and Sigmund Freud. *Studien über Hysterie*, pp. 15–37. Vienna: Franz Deuticke.

Breuer, Josef (1895b). Theoretisches. In Josef Breuer and Sigmund Freud. *Studien über Hysterie*, pp. 161–221. Vienna: Fran Deuticke.

Breuer, Josef (1909). Vorwort zur zweiten Auflage. In Josef Breuer and Sigmund Freud, *Studien über Hysterie: Zweite, unveränderte Auflage*, p. v. Vienna: Franz Deuticke.

Breuer, Josef, and Freud, Sigmund (1893a). Ueber den psychischen Mechanismus hysterischer Phänomene (Vorläufige Mittheilung). [Part One]. *Neurologisches Centralblatt, 12*, 4–10.

Breuer, Josef, and Freud, Sigmund (1893b). Ueber den psychischen Mechanismus hysterischer Phänomene (Vorläufige Mittheilung). [Part Two]. *Neurologisches Centralblatt, 12*, 43–47.

Breuer, Josef, and Freud, Sigmund (1893c). On the Psychical Mechanism of Hysterical Phenomena: Preliminary Communication. James Strachey and Alix Strachey (Transls.). In Sigmund Freud (1955). *The Standard Edition of the Complete Psychological Works of Sigmund Freud: Volume II. (1893–1895). Studies on Hysteria*. James Strachey, Anna Freud, Alix Strachey, and Alan Tyson (Eds. and Transls.), pp. 3–17. London: Hogarth Press and the Institute of Psycho-Analysis.

Breuer, Josef, and Freud, Sigmund (1895a). *Studien über Hysterie*. Vienna: Fran Deuticke.

Breuer, Josef, and Freud, Sigmund (1895b). *Studies on Hysteria*. James Strachey and Alix Strachey (Transls.). In Sigmund Freud (1955). *The Standard Edition of the Complete Psychological Works of Sigmund Freud: Volume II. (1893–1895). Studies on Hysteria*. James Strachey, Anna Freud, Alix Strachey, and Alan Tyson (Eds. and Transls.), pp. xxix–305. London: Hogarth Press and the Institute of Psycho-Analysis.

Breuer, Josef, and Freud, Sigmund (1895c). Vorwort. In Josef Breuer and Sigmund Freud. *Studien über Hysterie*, pp. [i-ii]. Vienna: Franz Deuticke.

Breuer, Josef, and Freud, Sigmund (1909). *Studien über Hysterie: Zweite, unveränderte Auflage*. Vienna: Franz Deuticke.

Butlin, Heinrich T. [Henry T. Butlin] (1887). *Krankheiten der Zunge*. Julius Beregszászy (Ed. and Transl.). Vienna: Wilhelm Braumüller/K. K. Hof- und Universitätsbuchhändler.

Butlin, Henry T. (1885). *Diseases of the Tongue*. London: Cassell and Company.

Byron, Lord [George Gordon] (1815a). Saul. In *Hebrew Melodies*, pp. 26–27. London: John Murray.

Byron, Lord [George Gordon] (1815b). Saul. Anna Freud (Transl.). In Anna Freud (2014). *Anna Freud: Gedichte. Prosa. Übersetzungen*. Brigitte Spreitzer (Ed.), pp. 243–244. Vienna: Böhlau Verlag.

Charcot, Jean-Martin (1886a). *Neue Vorlesungen über die Krankheiten des Nervensystems insbesondere über Hysterie*. Sigmund Freud (Transl.). Vienna: Toeplitz und Deuticke.

Charcot, Jean-Martin (1886b). Ueber einen Fall von hysterischer Coxalgie aus traumatischer Ursache bei einem Manne. [Part One]. Sigmund Freud (Transl.).

Wiener Medizinische Wochenschrift. 15th May, pp. 711–715.

Charcot, Jean-Martin (1886c). Ueber einen Fall von hysterischer Coxalgie aus traumatischer Ursache bei einem Manne. [Part Two]. Sigmund Freud (Transl.). *Wiener Medizinische Wochenschrift.* 22nd May, pp. 756–759.

Charcot, Jean-Martin (1887). *Leçons du mardi à la Salpêtrière: Policliniques. 1887–1888. Notes de cours de M.M. Blin, Charcot et Colin.* Paris: Bureaux du Progrès Médical/Librairie A. Delahaye et Émile Lecrosnier.

Charcot, Jean-Martin (1889). *Leçons du mardi à la Salpêtrière: Policlinique. 1888–1889. Notes de cours de M.M. Blin, Charcot, Henri Colin. Élèves du service.* Paris: Bureaux du Progrès Médical/E. Lecrosnier et Babé Éditeurs.

Charcot, Jean-Martin (1892). *Poliklinische Vorträge: I. Band. Schuljahr 1887/88.* Sigmund Freud (Transl.). Vienna: Franz Deuticke.

Coleridge, Samuel Taylor (1805). Notebook Entry. 2670. 15.175. 15th September. In Samuel Taylor Coleridge (1961). *The Notebooks of Samuel Taylor Coleridge: Volume 2. 1804–1808. Text.* Kathleen Coburn (Ed.), pp. 2667–2671. New York: Pantheon Books, Random House/Bollingen Foundation.

Darkschewitsch, Liverij, and Freud, Sigmund (1886). Ueber die Beziehung des Strickkörpers zum Hinterstrang und Hinterstrangskern nebst Bemerkungen über zwei Felder der Oblongata. *Neurologisches Centralblatt, 5,* 121–129.

Darwin, Charles (1859a). *On the Origin of Species by Means of Natural Selection, or the Preservation of Favoured Races in the Struggle for Life.* London: John Murray.

Darwin, Charles (1859b). Letter to Thomas H. Huxley. 24th November. In Charles Darwin (1991). *The Correspondence of Charles Darwin: Volume 7. 1858–1859. Supplement to the Correspondence. 1821–1857.* Frederick Burkhardt, Sydney Smith, Janet Browne, Marsha Richmond, Stephen Pocock, Peter Saunders, Sarah Benton, Charlotte Bowman, Heidi Bradshaw, and Anne Secord (Eds.), p. 393. Cambridge: Cambridge University Press.

Darwin, Charles (1871a). *The Descent of Man, and Selection in Relation to Sex: In Two Volumes – Vol. I.* London: John Murray.

Darwin, Charles (1871b). *The Descent of Man, and Selection in Relation to Sex: In Two Volumes – Vol. II.* London: John Murray.

Darwin, Charles (1875a). *Die Abstammung des Menschen und die geschlechtliche Zuchtwahl: In zwei Bänden. I. Band. Dritte gänzlich umgearbeitete Auflage.* J. Victor

Carus (Transl.). *Ch. Darwin's gesammelte Werke: Autorisirte deutsche Ausgabe. Fünfter Band. Die Abstammung des Menschen. I. Band*, pp. viii–432. Stuttgart: E. Schweizerbart'sche Verlagshandlung (E. Koch).

Darwin, Charles (1875b). *Die Abstammung des Menschen und die geschlechtliche Zuchtwahl: In zwei Bänden. II. Band. Dritte gänzlich umgearbeitete Auflage*. J. Victor Carus (Transl.). *Ch. Darwin's gesammelte Werke: Autorisirte deutsche Ausgabe. Sechster Band. Die Abstammung des Menschen. II. Band*, pp. iii–446. Stuttgart: E. Schweizerbart'sche Verlagshandlung (E. Koch).

Earle, Pliny (1853). Institutions for the Insane in Prussia, Austria and Germany. *American Journal of Insanity, 9*, 305–364.

Eissler, Kurt R. (1954). *Tape 89 Dr W. Schmideberg, 20. Juli ohne Angabe von Jahreszahl*. Unpublished Transcript. Box 122. Folder 11. Sigmund Freud Papers. Sigmund Freud Collection. Manuscript Reading Room, Room 101, Manuscript Division, James Madison Memorial Building, Library of Congress, Washington, DC, USA.

Embden, Heinrich Georg (1910). Ärztlicher Verein zu Hamburg: Sitzung vom 29. März 1910. *Neurologisches Centralblatt, 29*, 659–662.

Eng, Erling (1984). Coleridge's "Psycho-Analytical Understanding" and Freud's "Psychoanalysis". *International Review of Psycho-Analysis, 11*, 463–466.

Enquist, Per Olov (2004). *Boken om Blanche och Marie: Roman*. Stockholm: Norstedts/Norstedts Förlag.

Erikson, Erik H. (1950). *Childhood and Society*. New York: W.W. Norton and Company.

Erikson, Erik H. (1959). *Identity and the Life Cycle: Selected Papers*. New York: International Universities Press.

Erikson, Erik H. (1964). *Insight and Responsibility: Lectures on the Ethical Implications of Psychoanalytic Insight*. New York: W.W. Norton and Company.

Erikson, Erik H. (1969). *Gandhi's Truth: On the Origins of Militant Nonviolence*. New York: W.W. Norton and Company.

Erikson, Erik H. (1974). *Dimensions of a New Identity: The 1973 Jefferson Lectures in the Humanities*. New York: W.W. Norton and Company.

Erikson, Erik H. (1975). *Life History and the Historical Moment*. New York: W.W. Norton and Company.

Erikson, Erik H. (1977). *Toys and Reasons: Stages in the Ritualization of Experience*.

New York: W.W. Norton and Company.

Erikson, Erik H. (1982). *The Life Cycle Completed: A Review*. New York: W.W. Norton and Company.

Erikson, Erik H., and Newton, Huey P. (1973). *In Search of Common Ground: Conversations with Erik H. Erikson and Huey P. Newton*. New York: W.W. Norton and Company.

Exner, Sigmund (1894). *Entwurf zu einer physiologischen Erklärung der psychischen Erscheinungen: I. Theil*. Vienna: Franz Deuticke.

Ferenczi, Sándor (1911). Letter to Sigmund Freud. 16th February. In Sigmund Freud and Sándor Ferenczi (1993). *Briefwechsel: Band I/1. 1908–1911*. Eva Brabant, Ernst Falzeder, Patrizia Giampieri-Deutsch, and André Haynal (Eds.), pp. 354–355. Vienna: Böhlau Verlag/Böhlau Verlag Gesellschaft.

Fichtner, Gerhard (2007). "Was ist doch menschliches Glück . . . ": Ein Brief Freuds an Samuel Hammerschlag aus dem Jahre 1885. *Jahrbuch der Psychoanalyse*, 55, 167–175.

Fichtner, Gerhard (2010). Freud and the Hammerschlag Family: A Formative Relationship. *International Journal of Psychoanalysis*, 91, 1137–1156.

Freeman, Lucy (1951). *Fight Against Fears*. New York: Crown Publishers.

Freeman, Lucy (1969a). *Exploring the Mind of Man: Sigmund Freud and the Age of Psychology*. New York: Grosset and Dunlap Publishers.

Freeman, Lucy (1969b). *Farewell to Fear*. New York: G.P. Putnam's Sons.

Freeman, Lucy (1969c). *The Cry for Love: Understanding and Overcoming Human Depression*. New York: Macmillan Company.

Freeman, Lucy (1972). *The Story of Anna O*. New York: Walker and Company.

Freeman, Lucy (1973). *Your Mind Can Stop the Common Cold*. New York: Peter H. Wyden.

Freeman, Lucy (1978). *What Do Women Want?: Self-Discovery Through Fantasy*. New York: Human Sciences Press.

Freeman, Lucy (1979). *Who is Sylvia?* New York: Arbor House/Arbor House Publishing Company.

Freeman, Lucy (1980). *Freud Rediscovered*. New York: Arbor House/Arbor House Publishing Company.

Freeman, Lucy (1984). *Listening to the Inner Self*. New York: Jason Aronson.

Freeman, Lucy (1989). *The Beloved Prison: A Journey into the Unknown Self.* New York: St. Martin's Press.

Freeman, Lucy (1992). *Why Norma Jean Killed Marilyn Monroe.* Chicago, Illinois: Global Rights.

Freeman, Lucy, and Greenwald, Harold (1961). *Emotional Maturity in Love and Marriage.* New York: Harper Brothers.

Freeman, Lucy, and Kupferman, Kerstin (1988). *The Power of Fantasy: Where Our Daydreams Come from and How They Can Help or Harm Us.* New York: Continuum Publishing Company.

Freeman, Lucy, and Strean, Herbert S. (1981). *Freud and Women.* New York: Frederick Ungar Publishing Company.

Freud, Anna (1936). *Das Ich und die Abwehrmechanismen.* Vienna: Internationaler Psychoanalystischer Verlag.

Freud, Anna (1937). *The Ego and the Mechanisms of Defence.* Cecil Baines (Transl.). London: Leonard and Virginia Woolf at the Hogarth Press, and the Institute of Psycho-Analysis.

Freud, Anna (1980). Foreword to *Topsy* by Marie Bonaparte. In Anna Freud (1981). *The Writings of Anna Freud: Volume VIII. Psychoanalytic Psychology of Normal Development. 1970–1980*, pp. 358–361. New York: International Universities Press.

Freud, Anna (1981). Vorwort zur Neuausgabe. In Marie Bonaparte. *Topsy: Der goldhaarige Chow.* Anna Freud and Sigmund Freud (Transls.), pp. 7–10. Frankfurt am Main: Fischer Taschenbuch Verlag.

Freud, Martin (1957). *Glory Reflected: Sigmund Freud-Man and Father.* London: Angus and Robertson.

Freud, Sigmund (1871). Zerstreute Gedanken. *Musarion*, p. 8. Doc W. Box 25A. Freud Museum, Swiss Cottage, London.

Freud, Sigmund (1874). Letter to Eduard Silberstein. 13th August. In Sigmund Freud. *Jugendbriefe an Eduard Silberstein: 1871–1881.* Walter Boehlich (Ed.), pp. 57–62. Frankfurt am Main: S. Fischer Verlag.

Freud, Sigmund (1877a). Über den Ursprung der hinteren Nervenwurzeln im Rückenmark von Ammocoetes (Petromyzon Planeri). *Sitzungsberichte der Mathematisch-Naturwissenschaftlichen Classe der Kaiserlichen Akademie der Wissenschaften, 75,* 15–27.

Freud, Sigmund (1877b). Beobachtungen über Gestaltung und feineren Bau der als Hoden beschriebenen Lappenorgane des Aals. *Sitzungsberichte der Mathematisch-Naturwissenschaftlichen Classe der Kaiserlichen Akademie der Wissenschaften, 75,* 419–430.

Freud, Sigmund (1878). Über Spinalganglien und Rückenmark des Petromyzon. *Sitzungsberichte der Mathematisch-Naturwissenschaftlichen Classe der Kaiserlichen Akademie der Wissenschaften, 78,* 81–167.

Freud, Sigmund (1884). A New Histological Method for the Study of NerveTracts in the Brain and Spinal Chord. *Brain, 7,* 86–88.

Freud, Sigmund (1885a). Zur Kenntnis der Olivenzwischenschicht. *Neurologisches Centralblatt, 4,* 268–270.

Freud, Sigmund (1885b). Beitrag zur Kenntniss der Cocawirkung. *Wiener Medizinische Wochenschrift.* 31st January, pp. 129–133.

Freud, Sigmund (1885c). Letter to Martha Bernays. 21st January. In Sigmund Freud (1960). *Briefe: 1873–1939.* Ernst L. Freud (Ed.), pp. 131–132. Frankfurt am Main: S. Fischer Verlag.

Freud, Sigmund (1885d). Letter to Martha Bernays. 28th April. In Sigmund Freud (1960). *Briefe: 1873–1939.* Ernst L. Freud (Ed.), pp. 135–137. Frankfurt am Main: S. Fischer Verlag.

Freud, Sigmund (1885e). Letter to Martha Bernays. 8th November. In Sigmund Freud (1960). *Briefe: 1873–1939.* Ernst L. Freud (Ed.), pp. 173–176. Frankfurt am Main: S. Fischer Verlag.

Freud, Sigmund (1885f). Letter to Martha Bernays. 24th November. In Sigmund Freud (1960). *Briefe: 1873–1939.* Ernst L. Freud (Ed.), pp. 179–180. Frankfurt am Main: S. Fischer Verlag.

Freud, Sigmund (1885g). Letter to Martha Bernays. 24th November. In Sigmund Freud (1960). *Letters of Sigmund Freud.* Ernst L. Freud (Ed.). Tania Stern and James Stern (Transls.), pp. 184–185. New York: Basic Books.

Freud, Sigmund (1886a). Ueber den Ursprung des N. acusticus. [Part One]. *Monatsschrift für Ohrenheilkunde sowie für Kehlkopf-, Nasen-, Rachen-Krankheiten, 20,* pp. 245–251.

Freud, Sigmund (1886b). Ueber den Ursprung des N. acusticus. [Part Two]. *Monatsschrift für Ohrenheilkunde sowie für Kehlkopf-, Nasen-, Rachen-Krankheiten,*

20, pp. 277–282.

Freud, Sigmund (1886c). Beiträge zur Kasuistik der Hysterie: I. Beobachtung einer hochgradigen Hemianästhesie bei einem hysterischen Manne. *Wiener Medizinische Wochenschrift*. 4th December, pp. 1634–1638.

Freud, Sigmund (1886d). Beiträge zur Kasuistik der Hysterie: II. Beobachtung einer hochgradigen Hemianästhesie bei einem hysterischen Manne. *Wiener Medizinische Wochenschrift*. 11th December, pp. 1674–1676.

Freud, Sigmund (1886e). Letter to Martha Bernays. 20th January. In Sigmund Freud (1960). *Briefe: 1873–1939*. Ernst L. Freud (Ed.), pp. 188–191. Frankfurt am Main: S. Fischer Verlag.

Freud, Sigmund (1887a). Bemerkungen über Cocaïnsucht und Cocaïnfurcht: Mit Beziehung auf einem Vortrag W.A. Hammond's. *Wiener Medizinische Wochenschrift*. 9th July, pp. 930–931.

Freud, Sigmund (1887b). Letter to Wilhelm Fliess. 24th November. In Sigmund Freud (1950). *Aus den Anfängen der Psychoanalyse: Briefe an Wilhelm Fliess, Abhandlungen und Notizen aus den Jahren 1887–1902*. Marie Bonaparte, Anna Freud, and Ernst Kris (Eds.), pp. 59–60. London: Imago Publishing Company.

Freud, Sigmund (1888a). Hysterie. In Albert Villaret (Ed.). *Handwörterbuch der gesamten Medizin: Zwei Bände. I. Band*, pp. 886–892. Stuttgart: Verlag von Ferdinand Enke.

Freud, Sigmund (1888b). Hysteria. James Strachey (Transl.). In Sigmund Freud (1966). *The Standard Edition of the Complete Psychological Works of Sigmund Freud: Volume I. (1886–1899). Pre-Psycho-Analytic Publications and Unpublished Drafts*. James Strachey, Anna Freud, Alix Strachey, and Alan Tyson (Eds. and Transls.), pp. 41–57. London: Hogarth Press and the Institute of Psycho-Analysis.

Freud, Sigmund (1888c). Ueber Hemianopsie im frühesten Kindesalter. [Part One]. *Wiener Medizinische Wochenschrift*. 11th August, pp. 1081–1086.

Freud, Sigmund (1888d). Ueber Hemianopsie im frühesten Kindesalter. [Part Two]. *Wiener Medizinische Wochenschrift*. 18th August, pp. 1116–1121.

Freud, Sigmund (1888e). Vorrede des Ueberset ers. In Hippolyte Bernheim. *Die Suggestion und ihre Heilwirkung*. Sigmund Freud (Transl.), pp. iii–xii. Vienna: Fran Deuticke.

Freud, Sigmund (1888f). Preface to the Translation of Bernheim's *Suggestion*. James

Strachey (Transl.). In Sigmund Freud (1966). *The Standard Edition of the Complete Psychological Works of Sigmund Freud: Volume I. (1886–1899). Pre-Psycho-Analytic Publications and Unpublished Drafts.* James Strachey, Anna Freud, Alix Strachey, and Alan Tyson (Eds. and Transls.), pp. 75–85. London: Hogarth Press and the Institute of Psycho-Analysis.

Freud, Sigmund (1891). *Zur Auffassung der Aphasien: Eine kritische Studie.* Vienna: Franz Deuticke.

Freud, Sigmund (1892). Vorwort des Ueberset ers. In Jean-Martin Charcot. *Poliklinische Vorträge: I. Band. Schuljahr 1887/88.* Sigmund Freud (Transl.), pp. iii–vi. Vienna: Franz Deuticke.

Freud, Sigmund (1893a). *Zur Kenntniss der cerebralen Diplegien des Kindesalters: (Im Anschluss an die Little'sche Krankheit).* Vienna: Franz Deuticke.

Freud, Sigmund (1893b). Quelques considérations pour une étude comparative des paralysies motrices organiques et hystériques. *Archives de Neurologie*, 26, 29–43.

Freud, Sigmund (1895a). Frau Emmy v. N . . . , 40 Jahre, aus Livland. In Josef Breuer and Sigmund Freud. *Studien über Hysterie*, pp. 37–89. Vienna: Fran Deuticke.

Freud, Sigmund (1895b). Miss Lucy R., 30 J. In Josef Breuer and Sigmund Freud. *Studien über Hysterie*, pp. 90–106. Vienna: Franz Deuticke.

Freud, Sigmund (1895c). Katharina. . . . In Josef Breuer and Sigmund Freud. *Studien über Hysterie*, pp. 106–116. Vienna: Franz Deuticke.

Freud, Sigmund (1895d). Fräulein Elisabeth v. R . . . In Josef Breuer and Sigmund Freud. *Studien über Hysterie*, pp. 116–160. Vienna: Franz Deuticke.

Freud, Sigmund (1895e). Fräulein Elisabeth von R., pp. 135–181. In Josef Breuer and Sigmund Freud. *Studies on Hysteria.* James Strachey and Alix Strachey (Transls.). In Sigmund Freud (1955). *The Standard Edition of the Complete Psychological Works of Sigmund Freud: Volume II. (1893–1895). Studies on Hysteria.* James Strachey, Anna Freud, Alix Strachey, and Alan Tyson (Eds. and Transls.), pp. xxix–305. London: Hogarth Press and the Institute of Psycho-Analysis.

Freud, Sigmund (1895f). Zur Psychotherapie der Hysterie. In Josef Breuer and Sigmund Freud. *Studien über Hysterie*, pp. 222–269. Vienna: Fran Deuticke.

Freud, Sigmund (1895g). Psychotherapy of Hysteria, pp. 255–305. In Josef Breuer and Sigmund Freud. *Studies on Hysteria.* James Strachey and Alix Strachey (Transls.). In Sigmund Freud (1955). *The Standard Edition of the Complete Psychological Works of Sigmund Freud: Volume II. (1893–1895). Studies on Hysteria.* James Strachey, Anna Freud, Alix Strachey, and Alan Tyson (Eds. and Transls.), pp. xxix–305. London: Hogarth Press and the Institute of Psycho-Analysis.

Freud, Sigmund (1895h). Entwurf einer Psychologie. In Sigmund Freud (1950). *Aus den Anfängen der Psychoanalyse: Briefe an Wilhelm Fliess, Abhandlungen und Notizen aus den Jahren 1887–1902.* Marie Bonaparte, Anna Freud, and Ernst Kris (Eds.), pp. 373–466. London: Imago Publishing Company.

Freud, Sigmund (1895i). Project for a Scientific Psychology. James Strachey (Transl.). In Sigmund Freud (1966). *The Standard Edition of the Complete Psychological Works of Sigmund Freud: Volume I. (1886–1899). Pre-Psycho-Analytic Publications and Unpublished Drafts.* James Strachey, Anna Freud, Alix Strachey, and Alan Tyson (Eds. and Transls.), pp. 295–387. London: Hogarth Press and the Institute of Psycho-Analysis.

Freud, Sigmund (1895j). Letter to Wilhelm Fliess. 4th March. In Sigmund Freud (1986). *Briefe an Wilhelm Fliess 1887–1904: Ungekürzte Ausgabe.* Jeffrey Moussaieff Masson and Michael Schröter (Eds.), pp. 112–115. Frankfurt am Main: S. Fischer/S. Fischer Verlag.

Freud, Sigmund (1895k). Letter to Wilhelm Fliess. 4th March. In Sigmund Freud (1985). *The Complete Letters of Sigmund Freud to Wilhelm Fliess: 1887–1904.* Jeffrey Moussaieff Masson (Ed.). Lottie Newman, Marianne Loring, and Jeffrey Moussaieff Masson (Transls.), pp. 113–115. Cambridge, Massachusetts: Belknap Press of Harvard University Press.

Freud, Sigmund (1896a). Zur Ätiologie der Hysterie. In Sigmund Freud (1906). *Sammlung kleiner Schriften zur Neurosenlehre aus den Jahren 1893–1906*, pp. 149–180. Vienna: Franz Deuticke.

Freud, Sigmund (1896b). L'Hérédité et l'étiologie des névroses. *Revue Neurologique*, 4, 161–169.

Freud, Sigmund (1897). Letter to Wilhelm Fliess. 3rd October. In Sigmund Freud (1950). *Aus den Anfängen der Psychoanalyse: Briefe an Wilhelm Fliess, Abhandlungen und Notizen aus den Jahren 1887–1902.* Marie Bonaparte, Anna Freud, and Ernst Kris (Eds.), pp. 232–234. London: Imago Publishing Company.

Freud, Sigmund (1899a). Letter to Wilhelm Fliess. 25th May. In Sigmund Freud (1986). *Briefe an Wilhelm Fliess 1887–1904: Ungekürzte Ausgabe.* Jeffrey Moussaieff

Masson and Michael Schröter (Eds.), pp. 384–386. Frankfurt am Main: S. Fischer/S. Fischer Verlag.

Freud, Sigmund (1899b). Letter to Wilhelm Fliess. 25th May. In Sigmund Freud (1985). *The Complete Letters of Sigmund Freud to Wilhelm Fliess: 1887–1904*. Jeffrey Moussaieff Masson (Ed.). Lottie Newman, Marianne Loring, and Jeffrey Moussaieff Masson (Transls.), pp. 351–352. Cambridge, Massachusetts: Belknap Press of Harvard University Press.

Freud, Sigmund (1899c). Letter to Wilhelm Fliess. 27th October. In Sigmund Freud (1950). *Aus den Anfängen der Psychoanalyse: Briefe an Wilhelm Fliess, Abhandlungen und Notizen aus den Jahren 1887–1902*. Marie Bonaparte, Anna Freud, and Ernst Kris (Eds.), pp. 321–322. London: Imago Publishing Company.

Freud, Sigmund (1899d). Letter to Wilhelm Fliess. 28th October. In Sigmund Freud (1986). *Briefe an Wilhelm Fliess 1887–1904: Ungekürzte Ausgabe*. Jeffrey Moussaieff Masson and Michael Schroter (Eds.), pp. 418–419. Frankfurt am Main: S. Fischer/S. Fischer Verlag.

Freud, Sigmund (1899e). Letter to Wilhelm Fliess. 28th October. In Sigmund Freud (1985). *The Complete Letters of Sigmund Freud to Wilhelm Fliess: 1887–1904*. Jeffrey Moussaieff Masson (Ed.). Lottie Newman, Marianne Loring, and Jeffrey Moussaieff Masson (Transls.), p. 381. Cambridge, Massachusetts: Belknap Press of Harvard University Press.

Freud, Sigmund (1900a). *Die Traumdeutung*. Vienna: Franz Deuticke.

Freud, Sigmund (1900b). *The Interpretation of Dreams*. James Strachey (Transl.). In Sigmund Freud (1953). *The Standard Edition of the Complete Psychological Works of Sigmund Freud: Volume IV. (1900). The Interpretation of Dreams. (First Part)*. James Strachey, Anna Freud, Alix Strachey, and Alan Tyson (Eds. and Transls.), pp. xxiii–338. London: Hogarth Press and the Institute of Psycho-Analysis.

Freud, Sigmund (1900c). *The Interpretation of Dreams*. James Strachey (Transl.). In Sigmund Freud (1953). *The Standard Edition of the Complete Psychological Works of Sigmund Freud: Volume V (1900–1901). The Interpretation of Dreams (Second Part) and On Dreams*. James Strachey, Anna Freud, Alix Strachey, and Alan Tyson (Eds. and Transls.), pp. 339–621. London: Hogarth Press and the Institute of Psycho-Analysis.

Freud, Sigmund (1900d). Letter to Wilhelm Fliess. 20th May. In Sigmund Freud (1986).

Briefe an Wilhelm Fliess 1887–1904: Ungekürzte Ausgabe. Jeffrey Moussaieff Masson and Michael Schröter (Eds.), pp. 455–456. Frankfurt am Main: S. Fischer/S. Fischer Verlag.

Freud, Sigmund (1900e). Letter to Wilhelm Fliess. 20th May. In Sigmund Freud (1985). *The Complete Letters of Sigmund Freud to Wilhelm Fliess: 1887–1904*. Jeffrey Moussaieff Masson (Ed.). Lottie Newman, Marianne Loring, and Jeffrey Moussaieff Masson (Transls.), pp. 415–416. Cambridge, Massachusetts: Belknap Press of Harvard University Press.

Freud, Sigmund (1901a). Zur Psychopathologie des Alltagslebens: (Vergessen, Versprechen, Vergreifen) nebst Bemerkungen über eine Wurzel des Aberglaubens. [Part One]. *Monatsschrift für Psychiatrie und Neurologie, 10,* 1–32.

Freud, Sigmund (1901b). Zur Psychopathologie des Alltagslebens: (Vergessen, Versprechen, Vergreifen) nebst Bemerkungen über eine Wurzel des Aberglaubens. [Part Two]. *Monatsschrift für Psychiatrie und Neurologie, 10,* 95–143.

Freud, Sigmund (1901c). *The Psychopathology of Everyday Life: Forgetting, Slips of the Tongue, Bungled Actions, Superstitions and Errors*. Alan Tyson (Transl.). In Sigmund Freud (1960). *The Standard Edition of the Complete Psychological Works of Sigmund Freud: Volume VI (1901). The Psychopathology of Everyday Life*. James Strachey, Anna Freud, Alix Strachey, and Alan Tyson (Eds. and Transls.), pp. 1–279. London: Hogarth Press and the Institute of Psycho-Analysis.

Freud, Sigmund (1904). *Zur Psychopathologie des Alltagslebens: (Über Vergessen, Versprechen, Vergreifen, Aberglaube und Irrtum*. Berlin: Verlag von S. Karger.

Freud, Sigmund (1905a). *Der Witz und seine Beziehung zum Unbewussten*. Vienna: Fran Deuticke.

Freud, Sigmund (1905b). Bruchstück einer Hysterie-Analyse. [Part I]. *Monatsschrift für Psychiatrie und Neurologie, 18,* 285–309.

Freud, Sigmund (1905c). Bruchstück einer Hysterie-Analyse. [Part II]. *Monatsschrift für Psychiatrie und Neurologie, 18,* 408–467.

Freud, Sigmund (1905d). Fragment of an Analysis of a Case of Hysteria. Alix Strachey and James Strachey (Transls.). In Sigmund Freud (1953). *The Standard Edition of the Complete Psychological Works of Sigmund Freud: Volume VII (1901–1905). A Case of Hysteria. Three Essays on Sexuality and Other Works*. James Strachey, Anna Freud, Alix Strachey, and Alan Tyson (Eds. and Transls.), pp. 7–122. London:

Hogarth Press and the Institute of Psycho-Analysis.

Freud, Sigmund (1909a). Bemerkungen über einen Fall von Zwangsneurose. *Jahrbuch für psychoanalytische und psychopathologische Forschungen*, *1*, 357–421.

Freud, Sigmund (1909b). Untitled Contribution. [Page-Heading Titles: Die Ablösung des Kindes von den Eltern; Die Familienromane der Neurotiker; Die neurotischen Phantasien von hoher Abkunft; Deutung und Rechtfertigung dieser Phantasien; Der Familienroman wird]. In Otto Rank. *Der Mythus von der Geburt des Helden: Versuch einer psychologischen Mythendeutung*, pp. 64–68. Vienna: Franz Deuticke.

Freud, Sigmund (1909c). Family Romances. James Strachey (Transl.). In Sigmund Freud (1959). *The Standard Edition of the Complete Psychological Works of Sigmund Freud: Volume IX (1906–1908). Jensen's "Gradiva" and Other Works*. James Strachey, Anna Freud, Alix Strachey, and Alan Tyson (Eds. and Transls.), pp. 237–241. London: Hogarth Press and the Institute of Psycho-Analysis.

Freud, Sigmund (1909d). Vorwort zur weiten Auflage. In Josef Breuer and Sigmund Freud. *Studien über Hysterie: Zweite, unveränderte Auflage*, pp. v–vi. Vienna: Franz Deuticke.

Freud, Sigmund (1910a). The Origin and Development of Psychoanalysis. Harry W. Chase and Sigmund Freud (Transls.). *American Journal of Psychology*, *21*, 181–218.

Freud, Sigmund (1910b). *Über Psychoanalyse: Fünf Vorlesungen gehalten zur 20Jährigen Gründungsfeier der Clark University in Worcester Mass. September 1909*. Vienna: Franz Deuticke.

Freud, Sigmund (1911a). Letter to Carl Gustav Jung. 12th February. In Sigmund Freud and Carl Gustav Jung (1974). *Briefwechsel*. William McGuire and Wolfgang Sauerländer (Eds.), pp. 431–432. Frankfurt am Main: S. Fischer/S. Fischer Verlag.

Freud, Sigmund (1911b). Letter to Carl Gustav Jung. 12th February. In Sigmund Freud and Carl Gustav Jung (1974). *The Freud/Jung Letters: The Correspondence Between Sigmund Freud and C.G. Jung*. William McGuire (Ed.). Ralph Manheim and Richard F.C. Hull (Transls.), pp. 390–391. Princeton, New Jersey: Princeton University Press.

Freud, Sigmund (1911c). Letter to Carl Gustav Jung. 17th February. In Sigmund Freud and Carl Gustav Jung (1974). *Briefwechsel*. William McGuire and Wolfgang Sauerländer (Eds.), pp. 434–437. Frankfurt am Main: S. Fischer/S. Fischer Verlag.

Freud, Sigmund (1913a). Weitere Ratschläge zur Technik der Psychoanalyse: I. Zur Einleitung der Behandlung. *Internationale Zeitschrift für ärztliche Psychoanalyse*, *1*,

1–10.

Freud, Sigmund (1913b). Further Recommendations on the Technique of Psycho-Analysis: On Beginning the Treatment. The Question of the First Communications. The Dynamics of the Cure. Joan Riviere (Transl.). In Sigmund Freud (1924). *Collected Papers: Vol. II.* Joan Riviere (Transl.), pp. 342–365. London: Leonard and Virginia Woolf at the Hogarth Press, and the Institute of Psycho-Analysis.

Freud, Sigmund (1913c). On Beginning the Treatment: (Further Recommendations on the Technique of Psycho-Analysis. I). Joan Riviere and James Strachey (Transls.). In Sigmund Freud (1958). *The Standard Edition of the Complete Psychological Works of Sigmund Freud: Volume XII (1911–1913). The Case of Schreber. Papers on Technique and Other Works.* James Strachey, Anna Freud, Alix Strachey, and Alan Tyson (Eds. and Transls.), pp. 123–144. London: Hogarth Press and the Institute of Psycho-Analysis.

Freud, Sigmund (1914a). *Die Traumdeutung: Vierte, vermehrte Auflage. Mit Beiträgen von Dr Otto Rank.* Vienna: Franz Deuticke.

Freud, Sigmund (1914b). Zur Geschichte der psychoanalytischen Bewegung. *Jahrbuch der Psychoanalyse*, 6, 207–260.

Freud, Sigmund (1917a). Eine Schwierigkeit der Psychoanalyse. *Imago*, 5, 1–7.

Freud, Sigmund (1917b). Eine Kindheitserinnerung aus "Dichtung und Wahrheit". *Imago*, 5, 49–57.

Freud, Sigmund (1917c). A Childhood Recollection from *Dichtung und Wahrheit*. Caroline J.M. Hubback and James Strachey (Transls.). In Sigmund Freud (1955). *The Standard Edition of the Complete Psychological Works of Sigmund Freud: Volume XVII (1917–1919). An Infantile Neurosis and Other Works.* James Strachey, Anna Freud, Alix Strachey, and Alan Tyson (Eds. and Transls.), pp. 147–156. London: Hogarth Press and the Institute of Psycho-Analysis.

Freud, Sigmund (1918a). Aus der Geschichte einer infantilen Neurose. In *Sammlung kleiner Schriften zur Neurosenlehre: Vierte Folge*, pp. 578–717. Vienna: Hugo Heller und Compagnie.

Freud, Sigmund (1918b). Letter to Sándor Ferenczi. 17th February. In Sigmund Freud and Sándor Ferenczi (1996). *Briefwechsel: Band II/2: 1917–1919.* Ernst Falzeder, Eva Brabant, Patrizia Giampieri-Deutsch, and André Haynal (Eds.), p. 133. Vienna: Böhlau Verlag/Böhlau Verlag Gesellschaft.

Freud, Sigmund (1920a). Gutachten über die elektrische Behandlung der Kriegsneurotiker. Doc W. Box 25B. Freud Museum, Swiss Cottage, London.

Freud, Sigmund (1920b). Gutachten über die elektrische Behandlung der Kriegsneurotiker von Prof. Dr. Sigmund Freud, pp. 942–945. In Renée Gicklhorn (Ed.). (1972). Sigmund Freud über Kriegsneurosen, Elektrotherapie und Psychoanalyse: Ein Aus zug aus dem Protokoll des Untersuchungsverfahrens gegen Wagner-Jauregg im Oktober 1920. *Psyche, 26*, 939–951.

Freud, Sigmund (1920c). Memorandum on the Electrical Treatment of War Neurotics. James Strachey (Transl.). In Sigmund Freud (1955). *The Standard Edition of the Complete Psychological Works of Sigmund Freud: Volume XVII (1917–1919). An Infantile Neurosis and Other Works.* James Strachey, Anna Freud, Alix Strachey, and Alan Tyson (Eds. and Transls.), pp. 211–215. London: Hogarth Press and the Institute of Psycho-Analysis.

Freud, Sigmund (1930a). *Das Unbehagen in der Kultur*. Vienna: Internationaler Psychoanalytischer Verlag.

Freud, Sigmund (1930b). *Civilization and its Discontents*. Joan Riviere and James Strachey (Transls.). In Sigmund Freud (1961). *The Standard Edition of the Complete Psychological Works of Sigmund Freud: Volume XXI (1927–1931). The Future of an Illusion. Civilization and its Discontents and Other Works.* James Strachey, Anna Freud, Alix Strachey, and Alan Tyson (Eds. and Transls.), pp. 64–145. London: Hogarth Press and the Institute of Psycho-Analysis.

Freud, Sigmund (1931). Letter to Stefan Zweig. 7th February. In Sigmund Freud (1960). *Briefe: 1873–1939*. Ernst L. Freud (Ed.), pp. 398–399. Frankfurt am Main: S. Fischer Verlag.

Freud, Sigmund (1936). Letter to H.D. [Hilda Doolittle]. 24th May. In H.D. [Hilda Doolittle] (1956). *Tribute to Freud: With Unpublished Letters by Freud to the Author*, pp. 179–180. New York: Pantheon/Pantheon Books.

Freud, Sigmund (1937). Brief an Romain Rolland: Für eine Festschrift zu Romain Rollands 70. Geburtstag bestimmt. *Almanach der Psychoanalyse: 1937*, pp. 9–21. Vienna: Internationaler Psychoanalytischer Verlag.

Freud, Sigmund (1939a). *Der Mann Moses und die monotheistische Religion: Drei Abhandlungen*. Amsterdam: Verlag Allert de Lange.

Freud, Sigmund (1939b). *Moses and Monotheism*. Katherine Jones (Transl.). London:

Hogarth Press and the Institute of Psycho-Analysis.

Freud, Sigmund (1939c). *Moses and Monotheism*. Katherine Jones (Transl.). New York: Alfred A. Knopf.

Freud, Sigmund (1939d). *Moses and Monotheism: Three Essays*. James Strachey (Transl.). In Sigmund Freud (1964). *The Standard Edition of the Complete Psychological Works of Sigmund Freud: Volume XXIII (1937–1939). Moses and Monotheism. An Outline of Psycho-Analysis and Other Works*. James Strachey, Anna Freud, Alix Strachey, and Alan Tyson (Eds. and Transls.), pp. 6–137. London: Hogarth Press and the Institute of Psycho-Analysis.

Freud, Sigmund (1950). *Aus den Anfängen der Psychoanalyse: Briefe an Wilhelm Fliess, Abhandlungen und Notizen aus den Jahren 1887–1902*. Marie Bonaparte, Anna Freud, and Ernst Kris (Eds.). London: Imago Publishing Company.

Freud, Sigmund (1953). *On Aphasia: A Critical Study*. Erwin Stengel (Transl.). London: Imago Publishing Company.

Freud, Sigmund (1963). *The Cocaine Papers*. Vienna: Dunquin Press.

Freud, Sigmund (1974). *Cocaine Papers*. Robert Byck (Ed.). New York: Stonehill/Stonehill Publishing Company.

Freud, Sigmund (1986). *Briefe an Wilhelm Fliess 1887–1904: Ungekürzte Ausgabe*. Jeffrey Moussaieff Masson and Michael Schröter (Eds.). Frankfurt am Main: S. Fischer/S. Fischer Verlag.

Freud, Sigmund (1989). *Jugendbriefe an Eduard Silberstein: 1871–1881*. Walter Boehlich (Ed.). Frankfurt am Main: S. Fischer Verlag.

Freud, Sigmund, and Bernays, Martha (2011a). *Die Brautbriefe: Band 1. Sei mein, wie ich mir's denke. Juni 1882 – Juli 1883*. Gerhard Fichtner, Ilse Grubrich-Simitis, and Albrecht Hirschmüller (Eds.). Frankfurt am Main: S. Fischer/S. Fischer Verlag.

Freud, Sigmund, and Bernays, Martha (2011b). *Die Brautbriefe: Band 2. Unser "Roman in Fortsetzungen". Juli 1883 – Dezember 1883*. Gerhard Fichtner, Ilse Grubrich-Simitis, Albrecht Hirschmüller, and Wolfgang Kloft (Eds.). Frankfurt am Main: S. Fischer/S. Fischer Verlag.

Freud, Sigmund, and Bernays, Martha (2015). *Die Brautbriefe: Band 3. Warten in Ruhe und Ergebung, Warten in Kampf und Erregung. Januar 1884 – September 1884*. Gerhard Fichtner, Ilse Grubrich-Simitis, Albrecht Hirschmüller, and Wolfgang Kloft (Eds.). Frankfurt am Main: S. Fischer/S. Fischer Verlag.

Freud, Sigmund, and Rie, Oscar (1891). *Klinische Studie über die halbseitige Cerebrallähmung der Kinder*. Vienna: Verlag von Moritz Perles.

Friedman, Paul (Ed.). (1967). *Discussions of the Vienna Psychoanalytic Society – 1910: On Suicide. With Particular Reference to Suicide Among Young Students. With Contributions by Alfred Adler, Sigmund Freud, Josef K. Friedjung, Karl Molitor, David Ernst Oppenheim, Rudolf Reitler, J. [Isidor] Sadger, Wilhelm Stekel*. New York: International Universities Press.

Gomperz, Theodor (1864). *Demosthenes der Staatsmann: Ein populärer Vortrag. Gehalten zu Brünn den 17. März 1864*. Vienna: Druck und Verlag von Carl Gerold's Sohn.

Gomperz, Theodor (1866). *Traumdeutung und Zauberei: Ein Blick auf das Wesen des Aberglaubens. Ein Vortrag zum Besten der deutschen Schiller-Stiftung gehalten zu Brünn am 9. April 1866*. Vienna: Verlag von Carl Gerold's Sohn.

Griesinger, Wilhelm (1871). *Die Pathologie und Therapie der psychischen Krankheiten für Aerzte und Studirende: Dritte Auflage*. Braunschweig: Verlag von Friedrich Wreden.

Grinker, Roy R., Sr. (1979). *Fifty Years in Psychiatry: A Living History*. Springfield, Illinois: Charles C Thomas, Publisher.

Grinker, Roy, Sr. (1985). A Memoir of My Psychoanalytic Education. Jay Martin (Ed.). *Psychoanalytic Education, 4*, 3–12.

Heer, Friedrich (1972). Freud, the Viennese Jew. W.A. Littlewood (Transl.). In Jonathan Miller (Ed.). *Freud: The Man, His World, His Influence*, pp. 1–20. London: George Weidenfeld and Nicolson.

Hirschmüller, Albrecht (1991). *Freuds Begegnung mit der Psychiatrie: Von der Hirnmythologie zur Neurosenlehre*. Tübingen: edition diskord.

Hirschmüller, Albrecht (1992). Freud at Meynert's Clinic: The Paradoxical Influence of Psychiatry on the Development of Psychoanalysis. In Emanuel E. Garcia (Ed.). *Understanding Freud: The Man and His Ideas*, pp. 39–54. New York: New York University Press.

Jones, Ernest (1953). *The Life and Work of Sigmund Freud: Volume 1. The Formative Years and the Great Discoveries. 1856–1900*. New York: Basic Books.

Jones, Ernest (1955). *The Life and Work of Sigmund Freud: Volume 2. Years of Maturity. 1901–1919*. New York: Basic Books.

Jones, Ernest (1957). *The Life and Work of Sigmund Freud: Volume 3. The Last Phase. 1919–1939.* New York: Basic Books.

Kahr, Brett (1986a). Interview with Erik Erikson. 7th October.

Kahr, Brett (1986b). Interview with Joan Erikson. 7th October.

Kahr, Brett (2007). *Sex and the Psyche.* London: Allen Lane/Penguin Books, Penguin Group.

Kahr, Brett (2008). *Who's Been Sleeping in Your Head?: The Secret World of Sexual Fantasies.* New York: Basic Books/Perseus Books Group.

Kahr, Brett (2010). Four Unknown Freud Anecdotes. *American Imago, 67,* 301–312.

Kahr, Brett (2015a). Series Editor's Foreword. In Ilonka Venier Alexander. *The Life and Times of Franz Alexander: From Budapest to California,* pp. xiii–xxvii. London: Karnac Books.

Kahr, Brett (2015b). The Life of Fran Alexander: Pioneer of Psychosomatic Medicine. Professor Brett Kahr Interviews Ilonka Venier Alexander, the Granddaughter of Sigmund Freud's Pupil Fran Alexander, Exclusively for Karnacology. Karnacology.

Kahr, Brett (2016). *Tea with Winnicott.* London: Karnac Books.

Kardiner, Abram (1977). *My Analysis with Freud: Reminiscences.* New York: W.W. Norton and Company.

Knapp, Hermann (1884). On Cocaine and its Use in Ophthalmic and General Surgery. *Archives of Ophthalmology, 13,* 402–448.

Lillywhite, Bryant (1963). *London Coffee Houses: A Reference Book of Coffee Houses of the Seventeenth Eighteenth and Nineteenth Centuries.* London: George Allen and Unwin.

Maciejewski, Franz (2008a). *Freud in Maloja: Die Engadiner Reise mit Minna Bernays.* Berlin: Osburg Verlag/Osburg Verlag Berlin.

Maciejewski, Franz (2008b). Minna Bernays as "Mrs. Freud": What Sort of Relationship Did Sigmund Freud Have with His Sister-in-Law? *American Imago, 65,* 5–21.

Metzentin, Carl (1899a). Ueber wissenschaftliche Traumdeutung. In Gerd Kimmerle (Ed.). (1986). *Freuds Traumdeutung: Frühe Rezensionen. 1899–1903,* pp. 9–19. Tübingen: Archiv der Edition Diskord/edition diskord.

Met zentin, Carl (1899b). Scientific Interpretation of Dreams. Vladimir Rus (Transl.). In Norman Kiell (Ed.). (1988). *Freud Without Hindsight: Reviews of His Work. (1893–1939).* Vladimir Rus and Denise Boreau (Transls.), pp. 92–99. Madison, Connecticut:

International Universities Press.

Mill, John Stuart (1869). *The Subjection of Women.* London: Longmans, Green, Reader, and Dyer.

Mill, John Stuart (1880a). *John Stuart Mill's Gesammelte Werke: Zwölfter Band. Ueber Frauenemancipation. Plato. Arbeiterfrage. Socialismus.* Theodor Gomper (Ed.). Siegmund Freud (Transl.). Leipzig: Fues's Verlag (R. Reisland).

Mill, John Stuart (1880b). Frauenemancipation. In *John Stuart Mill's Gesammelte Werke: Zwölfter Band. Ueber Frauenemancipation. Plato. Arbeiterfrage. Socialismus.* Theodor Gomperz (Ed.). Siegmund Freud (Transl.), pp. 1–29. Leipzig: Fues's Verlag (R. Reisland).

Mill, John Stuart (1880c). Plato. In *John Stuart Mill's Gesammelte Werke: Zwölfter Band. Ueber Frauenemancipation. Plato. Arbeiterfrage. Socialismus.* Theodor Gomperz (Ed.). Siegmund Freud (Transl.), pp. 30–110. Leipzig: Fues's Verlag (R. Reisland).

Mill, John Stuart (1880d). Die Arbeiterfrage. In *John Stuart Mill's Gesammelte Werke: Zwölfter Band. Ueber Frauenemancipation. Plato. Arbeiterfrage. Socialismus.* Theodor Gomperz (Ed.). Siegmund Freud (Transl.), pp. 111–159. Leipzig: Fues's Verlag (R. Reisland).

Mill, John Stuart (1880e). Der Socialismus. In *John Stuart Mill's Gesammelte Werke: Zwölfter Band. Ueber Frauenemancipation. Plato. Arbeiterfrage. Socialismus.* Theodor Gomperz (Ed.). Siegmund Freud (Transl.), pp. 160–226. Leipzig: Fues's Verlag (R. Reisland).

Nunberg, Herman, and Federn, Ernst (Eds.). (1962). *Minutes of the Vienna Psychoanalytic Society: Volume I: 1906–1908.* Margarethe Nunberg (Transl.). New York: International Universities Press.

Nunberg, Herman, and Federn, Ernst (Eds.). (1967). *Minutes of the Vienna Psychoanalytic Society: Volume II: 1908–1910.* Margarethe Nunberg (Transl.). New York: International Universities Press.

Nunberg, Herman, and Federn, Ernst (Eds.). (1974). *Minutes of the Vienna Psychoanalytic Society: Volume III: 1910–1911.* Margarethe Nunberg and Harold Collins (Transls.). New York: International Universities Press.

Nunberg, Herman, and Federn, Ernst (Eds.). (1975). *Minutes of the Vienna Psychoanalytic Society: Volume IV: 1912–1918.* Margarethe Nunberg and Harold Collins

(Transls.). New York: International Universities Press.

Nunberg, Herman, and Federn, Ernst (Eds.). (1976). *Protokolle der Wiener Psychoanalytischen Vereinigung: Band I. 1906–1908.* Frankfurt am Main: S. Fischer/S. Fischer Verlag.

Nunberg, Herman, and Federn, Ernst (Eds.). (1977). *Protokolle der Wiener Psychoanalytischen Vereinigung: Band II. 1908–1910.* Frankfurt am Main: S. Fischer/S. Fischer Verlag.

Nunberg, Herman, and Federn, Ernst (Eds.). (1979). *Protokolle der Wiener Psychoanalytischen Vereinigung: Band III. 1910–1911.* Frankfurt am Main: S. Fischer/S. Fischer Verlag.

Nunberg, Herman, and Federn, Ernst (Eds.). (1981). *Protokolle der Wiener Psychoanalytischen Vereinigung: Band IV. 1912–1918. Mit Gesamtregister der Bände I–IV.* Frankfurt am Main: S. Fischer/S. Fischer Verlag.

Philippon, Jacques, and Poirier, Jacques (2009). *Joseph Babinski: A Biography.* New York: Oxford University Press.

Pokorny, Alois (1854). *Vorarbeiten zur Kryptogamenflora von Unter-Oesterreich: I. Revision der Literatur. Nebst einer systematischen Aufzählung sämmtlicher in der vorhandenen Literatur angeführten Kryptogamen aus Unter-Oesterreich.* Vienna: Karl Ueberreuter.

Pokorny, Alois (1868). *Illuftrirte Naturgesfchichte des Pflanzenreiches: Für die untern Claffen der Mittelfchulen. Sechste vermehrte und verbefferte Auflage mit 342 Abbildungen.* Prague: Verlag von Friedrich Tempsky.

Pokorny, Alois (1870). *Illuftrirte Naturgesfchichte des Pflanzenreiches: Für die untern Claffen der Mittelfchulen. Achte vermehrte und verbefferte Auflage mit 339 Abbildungen. Mit böhmifcher Terminologie.* Prague: Verlag von Friedrich Tempsky.

Pokorny, Alois (1871). *Illuftrirte Naturgesfchichte des Thierreiches: Für die untern Claffen der Mittelfchulen. Zehnte Auflage mit 480 Abbildungen.* Prague: Verlag von Friedrich Tempsky.

Pribram, Karl H. (1962). The Neuropsychology of Sigmund Freud. In Arthur J. Bachrach (Ed.). *Experimental Foundations of Clinical Psychology*, pp. 442–468. New York: Basic Books/Basic Books Publishing Company.

Pribram, Karl (1965). Freud's Project: An Open, Biologically Based Model for Psychoanalysis. In Norman S. Greenfield and William C. Lewis (Eds.),

Psychoanalysis and Current Biological Thought, pp. 81–92. Madison, Wisconsin: University of Wisconsin Press.

Pribram, Karl H., and Gill, Merton M. (1976). *Freud's "Project" Re-Assessed: Preface to Contemporary Cognitive Theory and Neuropsychology*. New York: Basic Books.

Rank, Otto (1909). *Der Mythus von der Geburt des Helden: Versuch einer psychologischen Mythendeutung*. Vienna: Franz Deuticke.

Rank, Otto (1914). *The Myth of the Birth of the Hero: A Psychological Interpretation*. F. Robbins and Smith Ely Jelliffe (Transls.). New York: Journal of Nervous and Mental Disease Publishing Company.

Reik, Theodor (1913). *Arthur Schnitzler als Psycholog*. Minden (Westfalen): Verlage von J.C.C. Bruns.

Rodman, F. Robert (1986). *Keeping Hope Alive: On Becoming a Psychotherapist*. New York: Harper and Row, Publishers.

Roos, Peter, and Fabry, Clemens (n.d.). *Der Engel im Kaffeehaus: "Herr Robert", Café Landtmann, Wien und die Welt*. Friederike Hassauer (Ed.). Weitra: Verlag *publication PN° 1*/Bibliothek der Provinz.

Roudinesco, Élisabeth (2014). *Sigmund Freud en son temps et dans le nôtre*. Paris: Éditions du Seuil.

Roudinesco, Élisabeth (2016). *Freud: In His Time and Ours*. Catherine Porter (Transl.). Cambridge, Massachusetts: Harvard University Press.

Sargent, Douglas A. (1976). Pulling a White-Coated Tale. *American Journal of Psychiatry*, *133*, 1096–1097.

Schnitzler, Arthur (1901). *Lieutenant Gustl: Novelle*. Berlin: S. Fischer, Verlag.

Schur, Max (1972). *Freud: Living and Dying*. New York: International Universities Press.

Shengold, Leonard (1971). Freud and Joseph. In Mark Kan er (Ed.). *The Unconscious Today: Essays in Honor of Max Schur*, pp. 473–494. New York: International Universities Press.

Stekel, Wilhelm (1926). Zur Geschichte der analytischen Bewegung. *Fortschritte der Sexualwissenschaft und Psychanalyse*, *2*, 539–575.

Strean, Herbert S., and Freeman, Lucy (1988a). *Behind the Couch: Revelations of a Psychoanalyst*. New York: John Wiley and Sons.

Strean, Herbert S., and Freeman, Lucy (1988b). *Raising Cain: How to Help Your Child*

Achieve a Happy Sibling Relationship. New York: Facts on File Publications.

Strean, Herbert S., and Freeman, Lucy (1990). *The Severed Soul: A Psychoanalyst's Heroic Battle to Heal the Mind of a Schizophrenic*. New York: St. Martin's Press.

Strean, Herbert S., and Freeman, Lucy (1991). *Our Wish to Kill: The Murder in All Our Hearts*. New York: St. Martin's Press.

Strean, Herbert S., and Freeman, Lucy (1992). *Why People Fail: Breaking the Cycle of Self-Defeating Behavior*. Tarrytown, New York: Wynwood Press.

Swales, Peter J. (1988). Freud, Katharina, and the First "Wild Analysis". In Paul E. Stepansky (Ed.). *Freud: Appraisals and Reappraisals. Contributions to Freud Studies. Volume 3*, pp. 81–164. Hillsdale, New Jersey: Analytic Press.

Taylor, Eugene (1983). *William James on Exceptional Mental States: The 1896 Lowell Lectures*. New York: Charles Scribner's Sons.

Timms, Edward, and Segal, Naomi (Eds.). (1988). *Freud in Exile: Psychoanalysis and its Vicissitudes*. New Haven, Connecticut: Yale University Press.

Tögel, Christfried (1996). *Freuds Wien: Eine biographische Skizze nach Schauplätzen*. Vienna: Turia und Kant/Verlag Turia und Kant.

Tögel, Christfried (2015). *Freuds Wien: Eine biographische Skizze nach Schauplätzen*. Vienna: Turia und Kant/Verlag Turia und Kant.

Über den Selbstmord insbesondere den Schüler-Selbstmord (1910). Wiesbaden: Verlag von J.F. Bergmann.

Villaret, Albert (Ed.). (1888). *Handwörterbuch der gesamtem Medizin: Zwei Bände. I. Band*. Stuttgart: Verlag von Ferdinand Enke.

von Berger, Alfred Freiherr (1896a). Die Dichter hat sie für sich. *Almanach der Psychoanalyse: 1933*, pp. 285–289. Vienna: Internationaler Psychoanalytischer Verlag.

von Berger, Alfred Freiherr (1896b). The Poets Are on Their Side. Vladimir Rus (Transl.). In Norman Kiell (Ed.). (1988). *Freud Without Hindsight: Reviews of His Work. (1893–1939)*. Vladimir Rus and Denise Boreau (Transls.), pp. 69–72. Madison, Connecticut: International Universities Press.

Wechsberg, Joseph (1979). *The Vienna I Knew: Memories of a European Childhood*. Garden City, New York: Doubleday and Company.

Weiss, Edoardo (1970). My Recollections of Sigmund Freud. In Edoardo Weiss. *Sigmund Freud as a Consultant: Recollections of a Pioneer in Psychoanalysis*, pp.

1–22. New York: Intercontinental Medical Book Corporation.

Wittels, Fritz (1924). *Sigmund Freud: Der Mann. Die Lehre. Die Schule*. Leipzig: E.P. Tal und Compagnie Verlag.